全国高等职业院校营销管理专业改革创新示范教材

市场营销学

主　编　张再谦　苏巧娜
副主编　刘春富　赵　原
　　　　许娓娓　高　雅
　　　　王　莉　赵汉斌
　　　　王红柳

中国商业出版社

图书在版编目(CIP)数据

市场营销学/张再谦,苏巧娜主编.—北京:中国商业出版社,2007.9(2022.9重印)
ISBN 978－7－5044－5820－9

Ⅰ.市… Ⅱ.①张…②苏… Ⅲ.市场营销学 Ⅳ.F713.50

中国版本图书馆 CIP 数据核字(2007)第 016754 号

责任编辑:龚凯进

中国商业出版社出版发行
(100053 北京广安门内报国寺 1 号)
新华书店经销
北京军迪印刷有限责任公司印刷

*

787 毫米×1092 毫米 16 开 15 印张 280 千字
2007 年 9 月第 1 版 2022 年 9 月第 3 次印刷

定价:36.80 元

* *

(如有印装质量问题可更换)

前 言

市场营销学是建立在经济科学、行为科学和现代管理理论基础上的应用性、综合性的边缘科学。它在近百年的发展中，已从生产、经营等赢利性组织渗透到社会各个领域，发挥着重要作用，并引起各界的高度重视。为了进一步贯彻和落实教育部提出的职业教育课程改革和建设的规划，为了更好地满足当前我国企业在激烈的市场竞争中求生存、求发展的迫切需要，也为了培养合格的市场营销专业人才，我们编写了这本教材。

本教材具有新、实、活、简的特点：

1.新——内容新。本教材在立足准确阐述市场营销的基本理论、基本技能的同时，努力吸收国内外最新科研成果、最新营销理念，尽力汇集了国内外的一些成功经验和成熟做法，试图汲取现有市场营销类教材的长处，反映了现代市场营销的最新发展方向。

2.实——实用。本教材在紧密结合社会实际、从社会实际需要出发，深入浅出地阐述市场营销理论与实务，具有可操作性；同时，我们还充分考虑到学生学习及教师教学的需要，运用灵活多样的形式突出讲解基本理论概念、基本理论、基本技能，并在每章内容后，根据本课程教学目标和职业技能鉴定的要求，精心编写了课后练习(包括名词解释、选择、回答问题、案例讨论等)便于检测学习及教学效果，有利于调动学习的主动性、积极性，利于培养探索、创新精神。

3.活——活泼。本教材的体例结构为：每章都有学习目标，并以引导案例开头引出正文，又以复习思考题——案例讨论结束内容，中间的正文内容中穿插了大量的国内外企业营销案例和一些直观性较强的图表及专家提示窗口等。这种具有启发性、趣味性、形式多样的版面形式，对于吸引读者的注意力，激发其阅读兴趣，利于其学习等，会起到良好的效果。

4.简——简约。我们在编写本教材时，在妥善处理学科体系与教学重点之间的关系、在保持必要的学科体系的基础上坚持实用、够用的原则，尽量少而精。力求文字表达通俗易懂、形象生动、重点突出、简洁明了。

参加本书编写的有：张再谦老师（第七章）、苏巧娜老师（第六章）、刘春富老师（第一章）、赵原老师（第二章）、许娓娓老师（第三章）、高雅老师（第五章）、王莉老师（第四章）、赵汉斌老师（第八章）、王红柳老师（第九章）。本书是由高级讲师张再谦、苏巧娜主编，并对全书进行总纂、统稿。

在本书编写中，我们借鉴了国内外诸多专家学者的学术观点，参考了许多著述和资料，在此由衷地表示感谢！

由于本书编者水平有限以及编写时间的仓促，书中存在疏漏在所难免，真诚希望读者提出宝贵意见。

编者

2021 年 1 月

目 录

第一章 市场与市场营销 ·· (1)
    第一节 市场与市场营销 ·· (2)
    第二节 市场营销观念的发展 ······································ (6)
    第三节 顾客让渡价值 ·· (15)

第二章 市场营销环境分析 ·· (22)
    第一节 企业分析市场营销环境的意义 ···························· (23)
    第二节 企业宏观营销环境分析 ·································· (26)
    第三节 企业微观营销环境分析 ·································· (35)
    第四节 市场营销环境的分析与对策 ······························ (38)

第三章 购买者行为分析 ·· (45)
    第一节 消费者市场购买行为分析 ································ (46)
    第二节 组织市场购买行为 ······································ (64)

第四章 市场营销调研 ·· (72)
    第一节 市场营销调研概述 ······································ (72)
    第二节 市场营销调研的方法 ···································· (82)

第五章 目标市场战略 ·· (94)
    第一节 市场细分 ·· (95)
    第二节 市场细分的标准 ·· (99)
    第三节 目标市场战略 ·· (105)
    第四市 市场定位 ·· (111)

第六章 产品策略 ·· (118)
    第一节 产品与产品组合 ·· (120)
    第二节 新产品开发与推广策略 ·································· (128)

　　　　第三节　产品市场生命周期 ………………………………… (135)
　　　　第四节　品牌和商标策略 …………………………………… (144)

第七章　价格策略 …………………………………………………… (154)
　　　　第一节　影响定价的主要因素 ……………………………… (154)
　　　　第二节　企业定价的步骤与基本方法 ……………………… (159)
　　　　第三节　产品定价策略 ……………………………………… (164)
　　　　第四节　调价策略 …………………………………………… (172)

第八章　分销渠道策略 ……………………………………………… (176)
　　　　第一节　分销渠道概述 ……………………………………… (177)
　　　　第二节　分销渠道的设计与管理 …………………………… (182)
　　　　第三节　中间商的类型 ……………………………………… (187)

第九章　促销策略 …………………………………………………… (198)
　　　　第一节　促销与促销组合策略 ……………………………… (199)
　　　　第二节　广告策略 …………………………………………… (202)
　　　　第三节　人员推销策略 ……………………………………… (210)
　　　　第四节　营业推广策略 ……………………………………… (219)
　　　　第五节　公共关系策略 ……………………………………… (225)

参考文献 ……………………………………………………………… (233)

第一章　市场与市场营销

【本章学习目标】

通过本章学习,理解市场和市场营销的含义;了解市场营销的功能与作用;理解并熟悉市场营销观念的发展变化,树立现代市场营销观念。

【引导案例】1-1：康师傅方便面开拓我国大陆市场

顶新企业的创造者,是来自我国台湾省的魏家四兄弟。1988年,他们开始在大陆投资建厂。刚到大陆时,他们不仅看到了内地地域的辽阔,而且也感到了内地市场蕴涵着的巨大商机。用他们的话讲:"感觉真是太好了,什么东西一乘上12亿,心情就很激动,恨不得拥抱大陆。"可是,事与愿违。由于他们缺乏对市场的了解,结果他们先后投产的"顶好清香油"、"康莱蛋酥卷"、"蓖麻油"等产品,都以失败而告终。

魏氏兄弟一次出差旅行,由于不太习惯火车上的饮食,便带了两箱从台湾捎来的方便面。没想到这些在台湾非常普通的方便面,引起了同车旅客的极大兴趣,大家都觉得这面好吃、方便。后来竟有人忍不住"偷吃"起来,两箱面很快一扫而空。

就是这次经历,魏氏兄弟发现了一个新的创业契机。于是,他们冷静分析了大陆的方便面市场。当时大陆方便面市场两极分化:一边是国内厂家生产的廉价面,几毛钱一袋,但质量差,面条一泡就糟,调味料就像味精水;另一边就是进口面,质量好,但是五六元一碗,一般消费者接受不了。如果有一种方便面味美价廉,价格在一、二元钱,一定很有市场。再加上随着人们生活节奏的加快,对方便面的需求一定会越来越大。

看准了方便面市场,他们又重新振作起来。他们首先考虑如何给产品命名。为此,他们下了一番工夫,给产品起名叫"康师傅"。"康"代表健康,叫起来也很响亮;"师傅"是大陆最普遍的尊称,也是专业、好手艺的代名词。"康师傅"叫起来既上口,又亲切,再配上笑容可掬、憨厚可爱的"胖师傅"的形象,是一个很具号召力的品牌。

确定了品牌名称,接下来就是开发适合大陆人口味的面。经过公司调研部门上万次的口味测试和调查发现,大陆人口味偏重,而且比较偏爱牛肉口味。于是,公司决定以"红烧牛肉面"作为进入市场的主打产品。接着,他们引进了国外最先进的生产设备,采用特选面粉、经蒸煮、淋汁、油炸制成面饼,保持面条够筋道,久泡不糟,再加上双包调料和细肉块调配出的美味汤汁,售价仅在两元左右,再配以强有力的广告宣传,终于,使"好吃看得见"的康师傅方便面一炮打响,征服了消费者。

想一想
1. 顶新企业的最初创业为什么都以失败而告终?
2. 康师傅方便面为什么能一炮打响,征服了消费者?
3. 你能说说什么是市场、什么是市场营销吗?

第一节 市场与市场营销

市场营销与市场有密切的关系,但两者不属于同一范畴。在认识市场营销的含义之前,我们必须首先明确市场营销学中"市场"的含义。

一、市场的含义

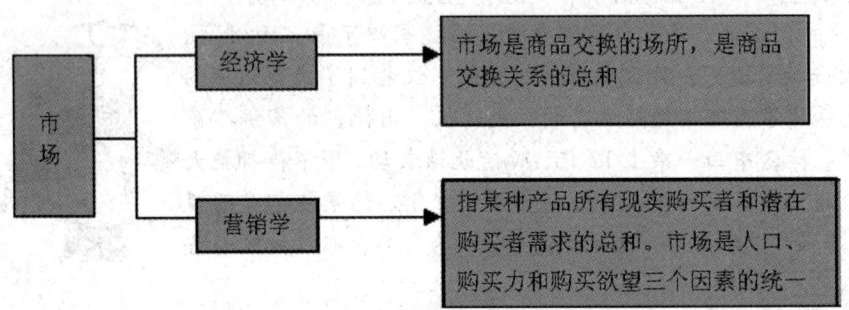

图1-1 经济学与营销学的市场定义

提到市场,大家并不陌生。但很多人对于市场的认识都是来自于经济学,而营销学对市场的认识和经济学并不完全相同。

经济学对市场的理解是站在宏观角度,它看到的是市场的全貌:市场上既有买方,又有卖方。因此,市场常常被表述为:市场是商品交换的场所,是商品交换关系的总和。市场是商品交换关系的总和,这要从量和质两个方面来理解。从量的方面来看:市场总是由买卖双方的交换活动构成的。卖方所提供商品数量的总和就是商品供应量。买方所拥有的货币支付能力的商品需求总和也就是商品购买力。市场总是反映一定时期的商品供求的数量比例关系。商品供不应求,市场就紧张;供过于求,商品就积压。这种商品供求矛盾,正是社会生产和社会需要矛盾在市场上的反映。从质的方面来看:市场上具有错综复杂的买卖双方的商品货币关系。这种商品交换双方的关系,主要体现在各自的经济利益上。所以,在市场上,卖方想高价卖,而买方则想低价买。市场就是这样众多交换关系总和的反映,是商品供给与需求的矛盾统一体。

营销学对市场的理解是站在企业(卖方)这个微观主体的立场上来认识市场的。市场营销学主要研究作为卖方的企业的市场营销活动。即研究企业如何通过整体市场营销活动,适应并满足买方的需求,以实现经营目标。因此,在这里**市场就是指某种产品所有现实购买者和潜在购买者需求的总和。市场专指买方,不包括卖方;市场专指需求,不包括供应。**站在企业(卖方)的营销立场上看,同行的供给者或者说其他的卖方都是竞争者,而不是市场。卖方构成行业,买方构成市场。所以,哪里有需求,哪里就有市场。

既然企业眼中的市场就是需求,那么首先构成市场的要素就应该是人——有某种需要的人。但是，如果这些人没有购买力，没有钱，商品同样卖不出去，因此构成市场的第二个要素就是要有为满足这种需要的货币支付能力——购买力。当然，卖方要想把产品最终卖出去，还要取决于有钱的人是否愿意购买你的商品。因此，有人、有钱以后还要有购买的欲望。也就是说，想买你的商品的有钱人，才是你所面对的市场。因此，站在市场营销的角度来看：人口、购买力和购买欲望是构成市场的要素，这三个因素是相互联系、相互制约、缺一不可的，只有这三个必要的因素结合在一起，才会形成现实的市场，它才会决定着市场的规模和容量。即企业眼中的市场才会变成了实实在在的买主、顾客或者客户，用公式表示就是：

市场 = 人口 + 购买力 + 购买欲望

所以市场是人口、购买力、购买欲望三个因素的统一。

想一想：你学会对某一产品市场进行初步分析的方法了吗？

【案例】1-2：日本黑白电视机打入中国大陆市场（一）

自从1979年1月1日中国政府放宽家用电器等耐用消费品进口以来，各国商人就各出奇谋，准备倾力打入中国市场。其中，欧洲电视机厂商和日本电视机厂商都看好中国大陆市场。但经过市场分析后，唯有日本电视机厂商真正看好大陆市场，准备倾全力打入中国电视机市场。

通过市场调研、分析，欧洲多数电视机生产商和经销商认为：中国的确人口众多、家庭数量多，但是中国人的收入水平很低，欧洲电视机的销售对象一向是高收入家庭。因此，他们觉得这个市场不会很大，不拟与日本直接争夺这部分市场。恰恰相反，长期以来日本商人同中国的贸易往来比较密切，熟悉中国情况的"中国通"不少。

他们对中国市场作了细致的分析。他们也确认：中国人口众多、家庭数量多，中国人的收入水平很低。同时，他们认为，尽管目前中国人的收入水平很低，但是，随着中国大陆的改革开放的深入，经济的发展，人民的生活水平会有很大程度的提高。另外，中国人又有勤俭节约、爱储蓄的优良传统，以及从众、攀比的心理，再加上中国人有看电视的愿望，他们希望能在家里像看电影一样收看电视节目。为此，他们会节衣缩食，购买电视的潜在购买力不容小视，这个市场的潜力很大。据此，日本电视机生产商准备大举进攻中国大陆市场。

二、市场营销的含义

市场营销是由英文"Marketing"一词翻译而来的，于20世纪初在美国产生。它是与现代社会化大生产和市场经济相关联的范畴，是一个随着企业市场营销管理实践的发展而发展、含义广泛的概念。最初的市场营销等同于推销、销售，但从20世纪50年代以来，随着市场营销实践和营销理论的发展，"市场营销"一词已经有了更加丰富的内涵，营销与推销就不再是同义词了。然而，时至今日仍然有人误以为市场营销就是推销或促销。这种片面的认识，不仅妨碍了市场营销学知识的深化，更是影响了企业市场营销活动的全面展开，贻误了不少大好时机。菲利普·科特勒认为：营销不是懂得如何进行销售（推销）的旧观念，而是满足顾客需要的新观念。市场营销活动是没有止境的，在产品投产之前，市场营销已经开始，在生产和销售过程中以及在售出产品后,我们还要确定顾客是否已得到满足。市场营销的目的就是满足人类需要。市场营销所采取的方式是使产品具有吸引力,定价合理,使买主感到满意。可见,市场营销是与市场有关的人类活动,是以市场需求出发的管理过程,它的核心思想是变潜在交换为现实交换,也即——实现交换。

由此,我们可以对市场营销的定义作如下表述:市场营销是指为了满足顾客需求、实现企业经营目标,企业所进行的有关产品生产、流通和售后服务等与市场有关的一系列经营活动(包括市场调研、选择目标市场、产品开发、产品定价、渠道选择、促进销售和售后服务等)。

专家提示:
1. 市场营销是与市场有关的人类活动,是企业整体经济活动的综合。市场营销的最终目标是:满足交换各方的需求和欲望。市场营销的核心是"实现交换"。
2. 市场营销不同于推销。①市场营销活动在产品生产之前就开始了,并贯穿于企业整个经营活动的始终,而企业的推销活动则是在产品生产出来之后。商品一经售出,推销活动即止;②市场营销是企业整体经济活动的综合,而推销只是企业营销活动的一部分;③市场营销是通过各个营销因素组合发挥功能作用的,而推销则仅仅运用各种促销手段发挥作用;④市场营销的出发点是满足消费者的需求,而推销则是将商品卖出去。

企业的营销活动要受许多因素的影响和制约。企业必须在综合考虑外界环境因素的条件下,对企业自身可控制的因素进行优化组合和综合运用,以实现企业的经营目标。这就是市场营销组合。营销活动中,企业可控的因素有很多,主要包括:产品(Product)、价格(Price)、分销渠道(Place)、促进销售(Promotion),简称"4Ps",也称为营销组合因素。

市场营销组合具有可控性、动态性、多层次性和整体性的特点。它对于企业在不断变化、竞争激烈的市场上,有效地利用企业资源,有针对性地将各因素有机地组合成一个整体,形成营销策略,占据有利的市场竞争地位,有着重要意义。

三、市场营销的功能和作用

(一)市场营销的功能

企业市场营销作为一种活动,有如下四项基本功能(如图1-2所示):

| 发现和了解消费者的需求 | 指导企业经营战略决策 | 开拓市场 | 满足消费者的需求 |

图1-2 市场营销的功能

1. 发现和了解消费者的需求

现代市场营销观念强调市场营销应以消费者为中心，企业只有通过满足消费者的需求，才有可能实现企业的目标，因此，发现和了解消费者的需求是市场营销的首要功能。因此，产前的市场调研工作，极为重要。

2. 指导企业经营战略决策

企业战略是对企业总体性的谋划，是企业纲领性的文件。在制定企业战略的时候，必须牢牢树立市场营销的中心地位，用市场营销这种核心的思维方式来思考战略问题。为此，企业只有通过市场营销活动，分析外部环境的动向，了解消费者的需求和欲望，了解竞争者的现状和发展趋势，结合自身的资源条件，才能指导企业在产品、定价、分销、促销和服务等方面作出相应的、科学的战略决策，企业才能在激烈的市场竞争中把握未来的生存和发展，才能使企业立于不败之地。

3. 开拓市场

开拓市场是企业市场营销活动的一个基本功能。企业通过对市场的调研，特别是对消费者现实需求和潜在需求的调查、分析，利于企业充分把握和捕捉市场机会，积极开发新产品，建立更多的分销渠道及采用更多的促销形式，开拓市场，增加销售。

4. 满足消费者的需求

满足消费者的需求与欲望是企业市场营销的出发点和中心，也是市场营销最重要的基本功能。企业的市场营销活动只有从消费者的需求出发，并根据不同目标市场顾客的不同需求，采取不同的市场营销策略，合理地组织企业的人力、财力、物力等资源，为消费者提供适销对路的产品，做好售后服务，才能让消费者满意，才能提高消费者满意的程度，才能最终让消费者忠诚于企业及其产品。

（二）市场营销的作用

1. 市场营销在促进企业发展方面起重要作用

企业的市场营销活动为其成长提供了战略管理原则及一整套竞争策略；它还为企业的成长提供了系统的策略方案；为企业成长提供了组织管理和营销计划执行与控制方法。

2. 市场营销在促进经济成长方面起重要作用

市场营销促进了经济总量的增长；指导新产品开发经营，降低市场风险，促进新科技成果转化为生产力；在扩大内需和进军国际市场，以及吸引外资，解决经济成长中的供求矛盾和资金、技术等方面问题，开拓了更大的市场空间；为第三产业的发展开辟道路；对经济的可持续发展起重要作用。

3. 学习市场营销知识，是知识经济时代的要求，是迎接新世纪挑战、适应环境变化的必需

随着我国加入WTO以及经济改革的逐步深化，对于具备现代管理思想和管理技能的各级管理者的需求越来越大。市场是企业生存和发展的基础，成功的管理者只有掌握制定市场策略的方法，掌握市场营销的手段，才能帮助企业在激烈的市场竞争环境中抓住生存和发展的机会。

4. 营销在我们周围无处不在，任何人都需要懂得一些营销知识

营销不仅为制造商、批发商和零售商所运用，各种组织和个人也都需要应用营销。律师、会计师和医生等运用营销来管理顾客对其服务的需求，医院、博物馆和艺术团也是如此。不

运用营销,政治家们无法获得所需的选票,游览区也无法招揽游客。

我们每个人也必须尊重社会需求,好让自己在这个市场中扮演一个合适的角色,拥有一定的社会地位。因此,我们为了充分展示自己,也要学好营销学,营销自己,营销人生。

【案例】1-3:日本黑白电视机打入中国大陆市场(二)

日本电视机生产商在对中国大陆市场作了细致的分析后,为了顺利打入大陆市场,又继续作了一系列的工作。

首先,他们根据中国人现有的居住条件,决定以12英寸黑白电视机为主打产品;并根据中国的具体情况对本土产品作了有针对性的改进:根据中国的电视制式,改装电视线路;将110伏的日本电压改为220伏;根据大陆电力紧张,电压不稳的情况,每台电视加装稳压器,以保证画面质量;扩大音量的输出量,但耗电量不随之增加;严把产品质检关,每台电视机运入内地之前,必经严格的测试,问题机绝不放过。电视机经过运输到达内地,在销售之前,再质检一次,以保证产品质量和企业的声誉。

其次,他们参照中国本土电视机的价格,给产品定价在高于大陆电视机100元~600元的档位上,既不让中国顾客"望机兴叹",又让他们感觉"一分钱一分货"。

再次,日本电视机生产商根据当时中国大陆没有一家国营电视机经销商的具体情况,决定依靠港澳地区的商人,向内地输入商品。

最后,为极力打开大陆市场,树立品牌形象,他们投放了数额可观的广告宣传费。他们除了在香港电视台开展广告攻势外,还特别利用了报纸广告。因为他们知道,有些报纸的读者同内地的联系密切,而且,其中《大公报》、《文汇报》更是可以正式携带入内地。所以他们在向上述报纸展开公关攻势后,一时间种种日本电视机的广告,以及由日本代理商提供的有关选购、使用和养护电视机知识的资料大量地刊登在报纸上,有利地促进了日本电视机的销售。终于,日本电视机生产商如愿以偿。

第二节 市场营销观念的发展

企业在市场营销过程中,如何处理企业、顾客和社会三者利益之间的关系问题,集中地体现了企业所奉行的营销观念。**所谓市场营销观念是企业在组织和谋划营销活动过程中所依据的指导思想和行为准则,是企业对于市场的根本态度和看法,是企业一切经营活动的出发点,也是企业的一种商业哲学或思维方法。**市场营销观念是一定社会经济发展的产物。它是在一定的经济基础上并随着社会经济的发展和市场形势的变化而不断创新发展的。市场营销观念的发展变化,经历了生产观念、产品观念、推销观念、市场营销观念和社会市场营销观念五个阶段,其中,前三种观念属于旧的(传统的)市场营销观念,后两种观念为新的(现代的)市场营销观念。(见图1-3:五种市场营销观念)之后,市场营销观念继续随着社会营销实践的发展而不断深化、丰富,又产生了许多新的观念,这些新的观念相互交融,共同构成了现代营销观念的新特色。

一、市场营销观念的演变

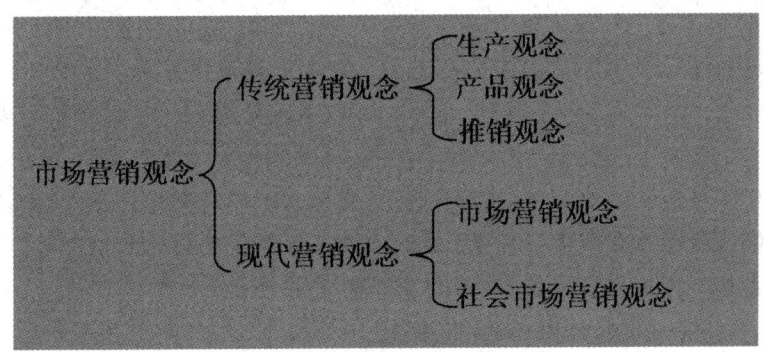

图1-3 五种市场营销观念

（一）生产观念（以生产为中心的观念）

生产观念是指导企业行为的最古老的观念之一。这种观念产生于20世纪20年代前。企业的营销活动不是从消费者需求出发，而是从企业生产出发。其主要表现是"我生产什么，人们就买什么"。生产观念认为，消费者喜欢那些可以随处买得到而且价格低廉的产品，企业应致力于提高生产效率和分销效率，扩大生产，降低成本以扩展市场。例如，美国皮尔斯堡面粉公司，从1869年至20世纪20年代，一直运用生产观念指导企业的经营，当时这家公司提出的口号是"本公司旨在制造面粉"。美国汽车大王亨利·福特曾傲慢地宣称："不管顾客需要什么颜色的汽车，我只有一种黑色的"，都是生产观念典型的表现。显然，生产观念是一种重生产、轻市场营销的商业哲学。

生产观念是在卖方市场条件下产生的。在资本主义工业化初期以及第二次世界大战末期和战后一段时期内，由于物资短缺，市场产品供不应求，生产观念在企业经营管理中颇为流行。我国在计划经济体制下，由于市场产品短缺，企业不愁其产品没有销路，工商企业在其经营管理中也奉行生产观念，具体表现为：工业企业集中力量发展生产，轻视市场营销，实行以产定销；商业企业集中力量抓货源，工业生产什么就收购什么，工业生产多少就收购多少，也不重视市场营销。

（二）产品观念（以生产为中心的观念）

它也是一种较古老的企业经营观念，其出发点仍然是企业的生产。产品观念认为，消费者最喜欢高质量、多功能和具有某种特色的产品，企业应致力于生产高价值产品，并不断加以改进。它产生于市场产品供不应求的"卖方市场"形势下。最容易滋生产品观念的场合，莫过于当企业发明一项新产品时。此时，企业最容易导致"市场营销近视症"。所谓市场营销近视症是指在市场营销工作中缺乏远见，只看见自己的产品质量好，而看不见市场需求的变化。实际上，产品的好坏在一定程度上是相对市场而言的，不能适应市场需求的产品，质量再好，也不会受顾客欢迎，也就不能称其为好产品。如果企业只关注自己的产品，而忽略了市场需求的变化，迟早会失去市场，陷入困境。在激烈竞争的市场上，随着科学技术的日新月异，新产品层出不穷，各种新的营销手段行之有效。如果企业坚持"皇帝女儿不愁嫁"终会使其失去市场。

【案例】1-4：　　　　　　　　只重产品不问市场

美国某钟表公司自1869年创立到20世纪50年代，一直被公认为是美国最好的钟表制造商之一。该公司在市场营销管理中强调生产优质产品，并通过由著名珠宝商店、大百货公司等构成的市场营销网络分销产品。1958年之前，公司销售额始终呈上升趋势。但此后其销售额和市场占有率开始下降。造成这种状况的主要原因是市场形势发生了变化：这一时期的许多消费者对名贵手表已经不感兴趣，而趋于购买那些经济、方便、新颖的手表；而且，许多制造商迎合消费者需要，已经开始生产低档产品，并通过廉价商店、超级市场等大众分销渠道积极推销，从而夺得了该钟表公司的大部分市场份额。而这个钟表公司竟没有注意到市场形势的变化，依然迷恋于生产精美的传统样式手表，仍旧借助传统渠道销售，认为自己的产品质量好，顾客必然会找上门。结果，致使企业经营遭受重大挫折。

（三）推销观念（以推销为中心的观念）

推销观念(或称销售观念)产生于20世纪20年代末至50年代前，是以销售为中心的企业经营指导思想，而不顾消费者的真实需要。其主要表现是"我卖什么，顾客就买什么"。

推销观念产生于资本主义国家由"卖方市场"向"买方市场"过渡的阶段。在1920－1945年间，由于科学技术的进步，科学管理和大规模生产的推广，产品产量迅速增加，逐渐出现了市场产品供过于求，卖方市场向买方市场转化，卖主之间竞争激烈的新形势。尤其在1929－1933年的特大经济危机期间，大量产品销售不出去，因而迫使企业重视采用广告术与推销术去推销产品。许多企业家感到：即使有物美价廉的产品，也未必能卖得出去；企业要在日益激烈的市场竞争中求得生存和发展，就必须重视推销、强化推销职能，甚至不惜损害顾客利益。例如，美国皮尔斯堡面粉公司在商品出现销售困难的情况下，就将"本公司旨在生产面粉"，改为"本公司旨在推销面粉"，以期扩大销售，扭转市场的困境。

这种观念虽然比前两种观念前进了一步，开始重视广告术及推销术，但其实质仍然是以生产为中心的，即企业的努力仅仅是将原有的产品卖出去，只是着眼于既有产品的推销。

许多营销实践证明：推销是一种营销手段，如果恰当地将其组合在营销策略中，能起到十分重要的作用。但是，如果把它作为营销的基本手段，作为企业营销的基本指导思想，从长远看，必然会损害企业形象，终使企业走向衰落。

（四）市场营销观念（以消费者为中心的观念）

市场营销观念是以消费者需求为中心的企业经营指导思想。这种观念重点考虑消费者需要什么，以发现满足消费者需求作为企业经营活动的核心，其具体表现是"顾客需要什么，我们就生产什么"。

市场营销观念产生于20世纪50年代中期。第二次世界大战结束后，欧美各国的军事工业转向民用工业，工业品和消费品的生产总量激增，再加之社会生产力迅速发展，市场趋于供过于求的买方市场，广大居民个人收入迅速提高，有可能对产品进行选择，企业之间竞争越来越激烈。许多企业开始认识到，必须转变经营观念，才能求得生存和发展。市场营销观念认为，市场是企业营销活动的起点。企业实现各项经营目标的关键，就在于正确确定目标市场的需要和欲望，并且比竞争者更有效地传送目标市场所期望的物品或服务，进而比竞争者更有效地满足目标市场的需要和欲望。

例如：美国的P＆G公司为了满足人们洗涤不同衣物的需要，专门生产了适合洗涤不同质地衣物的不同化学洗涤剂；美国麦克唐纳公司为了人们对廉价、美味快速食物的需要，推出了麦克唐纳汉堡包等快餐食品……

市场营销观念的出现，使企业经营观念发生了根本性变化，也使市场营销学发生了一次革命。市场营销观念同推销观念相比具有重大的根本的区别。

西奥多·莱维特曾对推销观念和市场营销观念作过深刻的比较，指出：推销观念注重卖方需要；市场营销观念则注重买方需要。推销观念以卖主需要为出发点，考虑如何把产品变成现金；而市场营销观念则考虑如何通过制造、传送产品以及与最终消费产品有关的所有事物，来满足顾客的需要。可见，市场营销观念是：以市场为中心，以顾客需求为导向，通过营销部门的协调、配合(整体市场营销)满足顾客需要，而获取利润。而推销观念则是：以工厂为中心，以产品为导向，通过强化推销职能，扩大销售，而获得赢利。从本质上说，市场营销观念是一种以顾客需要和欲望为导向的哲学，是消费者主权论在企业市场营销管理中的体现。(见表1-1 新旧市场营销观念的区别)

表1-1　　　　　　　　新旧市场营销观念的区别

营销观念＼区别		营销起点	营销中心	营销手段	营销目的
旧观念	生产观念 产品观念 推销观念	工厂	产品	加强产品生产，强化推销及促销职能	获得利润
新观念	市场营销观念 社会营销观念	市场	顾客需要	运用整体市场营销	通过满足顾客需求获得利润

【案例】1-5：　　雅阁牌汽车的成功缘于……

日本本田汽车公司要在美国推出一种雅阁牌新车。在设计新车前，他们派出工程技术人员专程到洛杉矶地区考察高速公路的情况，实地丈量路长、路宽，采集高速公路的柏油，拍摄进出口道路的设计。回到日本后，他们专门修了一条9英里长的高速公路，就连路标和告示牌都与美国公路上的一模一样。在设计行李箱时，设计人员意见有分歧，他们就到停车场看了一个下午，看人们如何放取行李。这样一来，意见马上统一起来。结果本田公司的雅阁牌汽车一到美国就备受欢迎，被称为是全世界都能接受的好车。

(五)社会市场营销观念(以消费者长远利益和社会公共利益为中心的观念)

社会市场营销观念是对市场营销观念的发展和延伸。它产生于20世纪70年代，西方国家出现了能源短缺、通货膨胀、失业增加、环境污染严重、消费者保护运动盛行的新形势下。在这种背景下，人们对单纯的市场营销观念纷纷提出质疑和指责。认为市场营销观念在美国没有被真正付诸实践,它忽视了消费者的长远利益和社会公共利益。例如:汽车工业为了满足人们的需要,过量地生产了汽车,使环境严重污染,并造成更多的交通事故;洗涤剂行业为了满足人们干净、快捷、方便的洗涤衣物的需求,在产品中添加了化学成分,污染了江河湖泊,影响了自然环境的生态平衡,等等。正是由于市场营销观念回避了消费者需要、消费者利益和长期社会福利之间隐含着冲突的现实。此时,社会向企业提出了新的要求,即:企业不但要满足消费者的需要,还要考虑、维护消费者和社会的长远利益。社会市场营销观念认为,企业的任务是确定各个目标市场的需要、欲望和利益,并以保护或提高消费者和社会福利的方式,比竞争者更有效、更有利地向目标市场提供能够满足其需要、欲望和利益的物品或服务。社会市场营销观念要求市场营销者在制定市场营销政策时,要统筹兼顾消费者、社会和企业三方面的利益。(见图1-4 社会营销观念示意图)

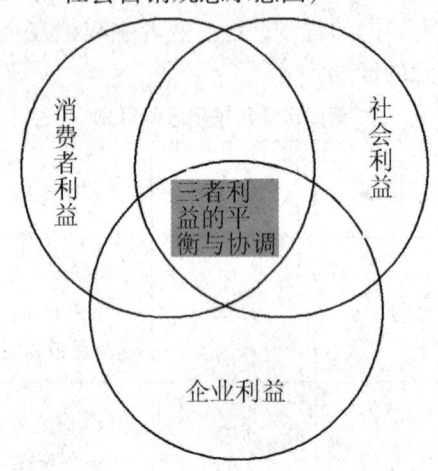

图1-4 社会营销观念示意图

上述五种企业经营观,其产生和存在都有其历史背景和必然性,都是与一定的条件相联系、相适应的。当前,国内外许多企业正在从生产型向经营型或经营服务型转变,企业为了求得生存和发展,必须树立具有现代意识的市场营销观念、社会市场营销观念。当然我们也必须看到:由于诸多因素的制约,当今许多企业仍然以产品观念及推销观念为导向。

二、市场营销观念的新发展

现代市场营销观念在经历了生产观念、产品观念、推销观念、市场营销观念和社会营销观念之后,在实践中不断发展、深化、丰富,并产生了许多的新观念。这对于现代企业市场营销有着极为重要的作用。

(一)大市场营销观念

大市场营销观念是美国著名市场营销大师菲利普·科特勒,针对现代世界经济迈向区域化和全球化,企业之间的竞争范围早已超越本土,形成了无国界竞争的态势,而提出的营销观念。

所谓大市场营销是指企业为了进入特定的市场,并在那里从事业务经营,在策略上协调地运用经济的、心理的、政治的和公共关系等手段,赢得各方面的合作与支持,从而达到预期目的。大市场营销简单地说,就是在4P的基础上,再加上2P:即权力(Power)和公共关系

(Publilication)两个新内容,从而进一步扩展了营销理论。(见图1-5 大市场营销的6P因素)

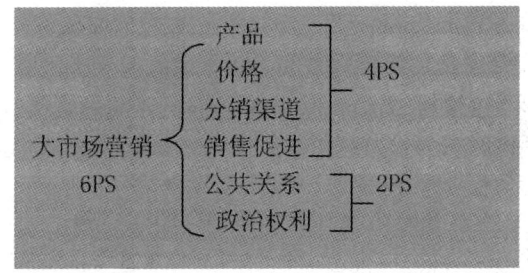

图1-5 大市场营销的6P因素

大市场营销方式的运用,主要是如何应用权力和公共关系消除有形或无形的壁垒,进入封闭的市场。权力的运用需要有精通权术之人,所以企业要选择具有高超的游说本领和谈判技巧的市场营销人员,在符合国家法律及方针、政策的前提下,赢得企业高级职员、立法部门和政府官员的支持,并依靠他们手中的权力,帮助自己实现营销目标。

权力是一个推的策略,公共关系则是一个拉的策略。良好的公共关系的建立需要很长的时间。在进入一个市场之前,公司必须要了解目标消费者群体的信仰、态度和价值观念。进入市场之后,公司需要通过各种途径在公众中逐渐树立起一个良好的企业形象。主要方式有:为公共事业捐款、赞助城市建设和文化事业、支助基础设施建设、直接提高公众的福利水平,并且利用有效的宣传媒介。(参阅本书第9章案例分析:可口可乐公司在法国市场的生死战)

(二)创造需求的营销观念

现代市场营销观念的核心是以消费者为中心,认为市场需求引起供给,每个企业必须依照消费者的需要与愿望组织商品的生产与销售。几十年来,这种观念已被公认,在实际的营销活动中也备受企业家的青睐。然而,随着消费需求的多元性、多变性和求异性特征的出现,需求表现出了模糊不定的"无主流化"趋势,许多企业对市场需求及走向常感捕捉不准,适应需求难度加大。另外,完全强调按消费者购买欲望与需要组织生产,在一定程度上会压抑产品创新,而创新正是经营成功的关键所在。为此,在当代激烈的商战中,一些企业总结现代市场营销实践经验,提出了创造需求的新观念,其核心是指市场营销活动不仅仅限于适应、刺激需求,还在于能否生产出对产品的需要。**日本索尼公司董事长盛田昭夫对此进行了表述:"我们的目标是以新产品领导消费大众,而不是问他们需要什么,要创造需要。"**索尼公司的认识起码有三方面是新颖的:其一,生产需要比生产产品更重要,创造需求比创造产品更重要;其二,创造需要比适应需要更重要,现代企业不能只满足于适应需要,更应注重"以新产品领导消费大众";其三,"创造需求"是营销手段,也是企业经营的指导思想,它是对近几十年来一直强调"适应需求"的市场营销观念的发展。当然,创造需求仍然是以顾客需求为中心——以顾客潜在需求为中心。

(三)关系市场营销观念

关系市场营销观念是较之交易市场营销观念而形成的,是市场竞争激化的结果。传统的交易市场营销观念的实质是卖方提供一种商品或服务以向买方换取货币,实现商品价值,是买卖双方价值的交换,双方是一种纯粹的交易关系,交易结束后不再保持其他关系和往来。

在这种交易关系中，企业认为卖出商品赚到钱就是胜利，顾客是否满意并不重要。而事实上，顾客的满意度直接影响到重复购买率，关系到企业的长远利益。

专家提示：
　　关系营销的任务就是培养顾客忠诚度。
　　关系营销的核心含义是企业为了建立、发展、保持长期的、成功的交易关系进行的所有市场营销活动。其特点就是保持住现有的顾客量和追求同各方面关系利益最大化，其核心就是顾客的忠诚度。

　　由此，从80年代起美国理论界开始重视**关系市场营销**，即为了建立、发展、保持长期的、**成功的交易关系进行的所有市场营销活动**。它的着眼点是与和企业发生关系的供货方、购买方、侧面组织等建立良好稳定的伙伴关系，最终建立起一个由这些牢固、可靠的业务关系所组成的"市场营销网"，以追求各方面关系利益最大化。这种从追求每笔交易利润最大化转化为追求同各方面关系利益最大化是关系市场营销的特征，也是当今市场营销发展的新趋势。

　　关系市场营销观念的基础和关键是"承诺"与"信任"。承诺是指交易一方认为与对方的相处关系非常重要而保证全力以赴去保持这种关系，它是保持某种有价值关系的一种愿望和保证。信任是当一方对其交易伙伴的可靠性和一致性有信心时产生的，它是一种依靠其交易伙伴的愿望。承诺和信任的存在可以鼓励营销企业与伙伴致力于关系投资，抵制一些短期利益的诱惑，而选择保持发展与伙伴的关系去获得预期的长远利益。因此，达成"承诺——信任"，然后着手发展双方关系是关系市场营销的核心。

（四）绿色营销观念

　　绿色营销观念是在当今社会环境破坏、污染加剧、生态失衡、自然灾害威胁人类生存和发展的背景下提出来的新观念。20世纪80年代以来，伴随着各国消费者环保意识的日益增强，世界范围内掀起了一股绿色浪潮，绿色工程、绿色工厂、绿色商店、绿色商品、绿色消费等新概念应运而生，不少专家认为，我们正走向绿色时代，21世纪是绿色世纪。在这股浪潮冲击下，绿色营销观念也就自然而然地相应产生。

　　绿色营销是指企业在整个生产、营销过程中充分体现环保意识和社会意识，向消费者提供科学的、无污染的、有利于节约资源和符合良好社会道德准则的商品和服务。

　　绿色营销观念主要强调把消费者需求与企业利益和社会利益特别是环保利益有机地统一起来，既要充分满足消费者需求，实现企业利润目标，也要充分注意自然生态平衡。它最突出的特点，就是充分顾及到资源利用与环境保护问题，要求企业以满足消费者的绿色消费为出发点，从产品设计、生产、销售到使用整个营销过程都要考虑到资源的节约利用和环保利益，做到安全、卫生、无公害等，实现人类的共同愿望和需要——资源的永续利用与保护和改善生态环境。可见，绿色营销观念是以环境保护观念作为其经营哲学，以绿色文化为其价值观念，以消除或减少对地球生态环境的破坏为中心，并采取适宜的营销手段获取盈利和谋求发展的。实践表明，绿色营销顺应了人们的绿色需求，保护了地球的生态资源，增强了企业的环保意识，为经济的可持续发展开辟了新的途径。

（五）文化营销观念

文化营销观念是指企业成员共同默认并在行动上付诸实施，从而使企业营销活动形成文化氛围的一种营销观念，它反映的是现代企业营销活动中，经济与文化的不可分割性。企业的营销活动不可避免地包含着文化因素，企业应善于运用文化因素来实现市场制胜。

在企业的整个营销活动过程中，文化渗透于其始终。首先，商品中蕴含着文化。商品不仅仅是有某种使用价值的物品，同时，它还凝聚着审美价值、知识价值、社会价值等文化价值的内容。"孔府家酒"之所以能誉满海外，备受海外华人游子的青睐，不仅在于它的酒味香醇，更在于它满足了海外华人思乡恋祖的文化需要。日本学者本村尚三郎曾说过，"企业不能像过去那样，光是生产东西，而要出售生活的智慧和欢乐"，"现在是通过商品去出售智慧、欢乐和乡土生活方式的时代了。"其次，经营中凝聚着文化。日本企业经营的成功得益于其企业内部全体职工共同信奉和遵从的价值观、思维方式和行为准则，即所谓的企业文化。营销活动中尊重人的价值、重视文化建设、重视管理哲学及求新、求变精神，已成为当今企业经营发展的趋势。美国 IBM 公司"尊重个人，顾客至上，追求卓越"三位一体的价值观体系；日本松下公司"造物之前先造人"的理念；瑞士劳力士手表"仁心待人，严格待事"的座右铭，等等，充分说明了企业文化的因素是把企业各类人员凝集在一起的精神支柱，是企业在市场竞争中赢得优势的源泉和保证。

（六）整体营销观念

1992 年美国市场营销学界的权威菲利普·科特勒提出了跨世纪的营销新观念——**整体营销**，其核心是从长远利益出发，公司的营销活动应囊括构成其内、外部环境的所有重要行为者，它们是：供应商、分销商、最终顾客、职员、财务公司、政府、同盟者、竞争者、传媒和一般大众。前四者构成微观环境，后六者体现宏观环境。公司的营销活动，就是要从这十个方面进行。（见图 1-6 整体营销）

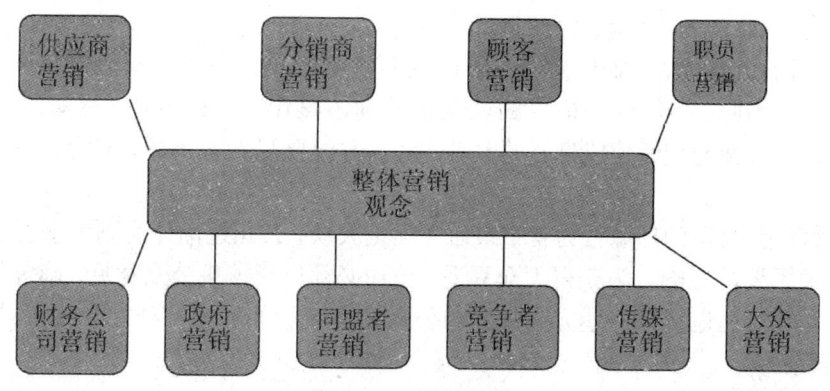

图 1-6 **整体营销**

1. 供应商营销：对于供应商，传统的做法是选择若干数目的供应商并促使他们相互竞争。现在越来越多的公司开始倾向于把供应商看作合作伙伴，设法帮助他们提高供货质量及其及时性。为此，一是要确定严格的资格标准以选择优秀的供应商；二是积极争取那些成绩卓著的供应商使其成为自己的合作者。

2. 分销商营销：由于销售空间有限，分销商的地位变得越来越重要。因此，开展分销商营销，以获取他们主动或被动支持成为制造商营销活动中的一项内容。具体来讲，一是进行

"正面营销",即与分销商展开直接交流与合作;二是进行"侧面营销"即公司设法绕开分销商的主观偏好,而以密集广告、质量改进等手段建立并维持巩固的顾客偏好,从而迫使分销商购买该品牌产品。

3. 最终顾客营销:这是传统意义上的营销,指公司通过市场调查,确认并服务于某一特定的目标顾客群的活动过程。

4. 职员营销:职员是公司形象的代表和服务的真实提供者。职员对公司是否满意,直接影响着他的工作积极性,影响着顾客的满意,进而影响着公司利润。为此,职员也应成为公司营销活动的一个重要内容。职员营销由于面对内部职工,因而也称"内部营销"。它一方面要求通过培训提高职员的服务水平,增强敏感性及与顾客融洽相处的技巧;另一方面,要求强化与职员的沟通,理解并满足他们的需求,激励他们在工作中发挥最大潜能。

5. 财务公司营销:财务公司提供一种关键性的资源——资金,因而财务公司营销至关重要。公司的资金能力取决于它在财务公司及其他金融机构的资信。因此,公司需了解金融机构对它的资信评价,并通过年度报表、业务计划等工具影响其看法,这其中的技巧就构成了财务公司营销。

6. 政府营销:所有公司的经济行为都必然受制于一系列由政府颁布的法律。为此,开展政府营销,以促使其制订于己有利的立法、政策等,已成为众多公司营销活动中的内容。

7. 同盟者营销:因为市场在全球范围的扩展,寻求同盟者对公司来说日益重要。同盟者一般与公司组成松散的联盟,在设计、生产、营销等领域为公司的发展提供帮助,双方并建立互惠互利的合作关系。如何识别、赢得并维持同盟者是同盟者营销需要解决的问题,须根据自身实际资源状况和经营目标加以选择,一旦确定,就设法吸引他们参加合作,并在合作过程中不断加以激励,以取得最大的合作效益。

8. 竞争者营销:通常的看法,认为竞争者就是与自己争夺市场和盈利的对手。事实上,竞争者可以转变为合作者,只要"管理"得当,这种对竞争者施以管理,以形成最佳竞争格局、取得最大竞争收益的过程就是"竞争者营销"。

9. 传媒营销:大众传媒,如广播、报刊、电视等直接影响公司的大众形象和声誉,公司甚至得受它摆布。为此,传媒营销的目的就在于鼓励传媒作有利的宣传,尽量淡化不利的宣传。这就要求一方面与记者建成良好的关系,另一方面要尽量赢得传媒的信任和好感(参阅本书案例2-1)。

10. 大众营销:公司的环境行为者中最后一项是大众,公司逐渐体会到大众看法对其生存与发展有至关重要的影响。为获得大众喜爱,公司必须广泛搜集公众意见,确定他们关注的新焦点,并有针对性地设计一些方案加强与公众的交流。如资助各种社会活动、与大众进行广泛接触、联系等。

案例1-6:　　　蒙牛酸酸乳:一场漂亮的整体营销战

2005年的蒙牛成功地利用整体营销手段成就了一个不小的销售奇迹:与湖南卫视联手打造"2005蒙牛酸酸乳超级女生",使蒙牛在酸酸乳领域的销售量从2004年的7亿元人民币飙升至30亿人民币。

2004年传统纯鲜奶的发展处于窘境。几个乳业巨头之间的竞争已经升级为价格战,随着定价持续走低,销售纯鲜奶基本上没有什么利润可言。面对这种局面,牛根生提出了两手都要硬——纯鲜奶和乳饮料都要发展的计划。于是,如何使乳饮料的销售份额在蒙牛整体销售额中有所提升,成为蒙牛突破发展瓶颈的重要一环。蒙牛希望通过推广使蒙牛酸酸乳成为人们餐桌之外的时尚饮品,而实现这个目标的途径就是寻找一个适宜的平台,制造一次时尚的营销。

和以往的营销思路一样,蒙牛酸酸乳的营销之路不是单纯的广告投放。蒙牛希望借助代表性事件,创造故事让人们记住这个产品。

2004年11月初,蒙牛副总裁杨文俊带着蒙牛完整的合作方案,飞往长沙商谈合作一事。最终,蒙牛的全方位合作方案赢得了湖南卫视的青睐。据悉,蒙牛除了投入1400万元人民币作为冠名费外,又投入了将近8000万元的费用进行其他形式的推广。

首先,在歌曲营销方面,蒙牛找到了上一届超级女生的季军张含韵作为产品的形象代言人,制作了广告歌曲《酸酸甜甜就是我》。并且将其MV广告片和形象广告投放在电视、广播以及一二线城市的灯箱和路牌上。《酸酸甜甜就是我》更借超级女声之势,成为各大音乐排行榜热门单曲。其次,在主市场促销方面,蒙牛也是精心策划一番。对于超级女生分赛场的选择,蒙牛挑选了郑州、杭州、长沙、成都、广州五个赛区。事实上,这五个赛区对于蒙牛酸酸乳的销售都有举足轻重的作用。在超级女声举行的前后,蒙牛以最快的速度对店铺、超市内的堆头做了统一形象处理,实施了最大限度的宣传活动。另外,蒙牛在产品包装上也下了一番工夫,不但增加四种新口味而且在20多亿包蒙牛酸酸乳外包装上都印上了"超级女声"的字样,背景颜色也选择了蓝色、黄色、紫色等明亮色调吸引消费者的眼球。同时,蒙牛第一时间在自己的官方网站开通了关于"超级女声"夏令营的窗口,设计邀请超级女声参赛选手通过互联网与观众互动的环节,吸引了更多观众和"超女"迷们的注意。终将超级女声的影响力真正地扩展到全中国。

也许正像杨文俊副总裁所说:"超级女生只是蒙牛的一个开始。"期待蒙牛带给我们更多精彩的未来。

第三节 顾客让渡价值

顾客让渡价值是菲利普·科特勒在1994年提出的新概念。这一概念的提出,是对市场营销理论的最新发展。今天的顾客面对如此众多的产品和品牌、价格和供应商,他们将如何进行选择呢?科特勒认为,顾客能够判断哪些供应品将提供最高价值;在一定的搜寻成本和有限的知识、灵活性和收入等因素的限定下,顾客是价值最大化的追求者,他们形成一种价值期望,并根据它行动;顾客在购买消费品过程中,会了解供应品是否符合他们的期望价值,这将影响他们的满意和再购买的可能性。

一、"顾客让渡价值"的含义

"顾客让渡价值"是指顾客总价值与顾客总成本之间的差额。顾客总价值是指顾客购买某一产品与服务所期望获得的一组利益,包括产品价值、服务价值、人员价值和形象价值等。顾客总成本是指顾客为购买某一产品所耗费的时间、精神、体力以及所支付的货币资金等,包括货币成本、时间成本、精神成本和体力成本等(如图1-7所示)。

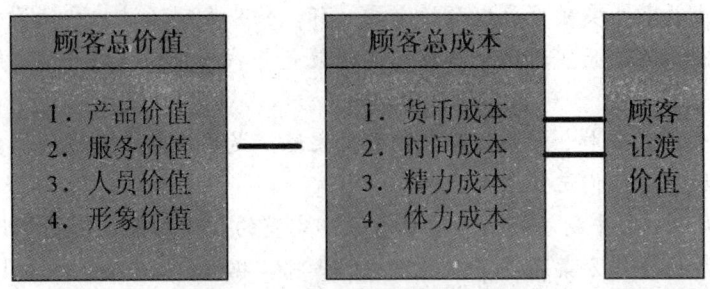

图1-7 顾客让渡价值示意图

由于顾客在购买产品时,总希望把有关成本包括货币、时间、精神和体力等降到最低限度,而同时又希望从中获得更多的实际利益,以使自己的需要得到最大限度的满足,因此,顾客在选购产品时,往往从价值与成本两个方面进行比较分析,从中选择出价值最高、成本最低,即"顾客让渡价值"最大的产品作为优先选购的对象。

顾客让渡价值与企业的关系:
顾客让渡价值＞0时,物超所值(此企业的竞争力最大);
顾客让渡价值＝0时,物有所值(企业竞争力一般);
顾客让渡价值＜0时,不值。(顾客重复消费时,不会再选择该企业产品)

由此,企业为在竞争中战胜对手,吸引更多的潜在顾客,就必须向顾客提供比竞争对手具有更多"顾客让渡价值"的产品,这样,才能使自己的产品为消费者所注意,进而购买本企业的产品。为此,企业可从两个方面改进自己的工作:一是通过改进产品、服务、人员与形象,提高产品的总价值;二是通过降低生产与销售成本,减少顾客购买产品的时间、精神与体力的耗费,从而降低货币与非货币成本。

二、顾客购买的总价值

使顾客获得更大"顾客让渡价值"的途径之一,是增加顾客购买的总价值。顾客总价值由产品价值、服务价值、人员价值和形象价值构成,其中每一项价值因素的变化均对总价值产生影响。

(一)产品价值

产品价值是由产品的功能、特性、品质、品种与式样等所产生的价值。它是顾客需要的中心内容,也是顾客选购产品的首要因素,因而在一般情况下,它是决定顾客购买总价值大小的关键和主要因素。产品价值是由顾客需要来决定的,在分析产品价值时应注意:

在经济发展的不同时期,顾客对产品的需要有不同的要求,构成产品价值的要素以及各种要素的相对重要程度也会有所不同。例如,我国在计划经济体制下,由于产品长期短缺,人们把获得产品看得比产品的特色更为重要,因而顾客购买产品时更看重产品的耐用性、可靠性等性能方面的质量,而对产品的花色、式样、特色等却较少考虑;在市场商品日益丰富、人们生活水平普遍提高的今天,顾客往往更为重视产品的特色质量,如要求功能齐备、质量上乘、式样新颖等。

在经济发展的同一时期，不同类型的顾客对产品价值也会有不同的要求，在购买行为上显示出极强的个性特点和明显的需求差异性。因此，这就要求企业必须认真分析不同经济发展时期顾客需求的共同特点以及同一发展时期不同类型顾客需求的个性特征，并据此进行产品的开发与设计，增强产品的适应性，从而为顾客创造更大的价值。

（二）服务价值

服务价值是指伴随产品实体的出售，企业向顾客提供的各种附加服务，包括产品介绍、送货、安装、调试、维修、技术培训、产品保证等所产生的价值。服务价值是构成顾客总价值的重要因素之一。在现代市场营销实践中，随着消费者收入水平的提高和消费观念的变化，消费者在选购产品时，不仅注意产品本身价值的高低，而且更加重视产品附加价值的大小。特别是在同类产品质量与性质大体相同或类似的情况下，企业向顾客提供的附加服务越完备，产品的附加价值越大，顾客从中获得的实际利益就越大，从而购买的总价值也越大；反之，则越小。因此，在提供优质产品的同时，向消费者提供完善的服务，已成为现代企业市场竞争的新焦点。

（三）人员价值

人员价值是指企业员工的经营思想、知识水平、业务能力、工作效益与质量、经营作风、应变能力等所产生的价值。企业员工直接决定着企业为顾客提供的产品与服务的质量，决定着顾客购买总价值的大小。一个综合素质较高又具有顾客导向经营思想的工作人员，会比知识水平低、业务能力差、经营思想不端正的工作人员为顾客创造更高的价值，从而创造更多的满意的顾客，进而为企业创造市场。人员价值对企业、对顾客的影响作用是巨大的，并且这种作用往往是潜移默化、不易度量的。因此，高度重视对企业人员综合素质与能力的培养，加强对员工日常工作的激励、监督与管理，使其始终保持较高的工作质量与水平就显得至关重要。

（四）形象价值

形象价值是指企业及其产品在社会公众中形成的总体形象所产生的价值。包括企业的产品、技术、质量、包装、商标、工作场所等所构成的有形形象所产生的价值，公司及其员工的职业道德行为、经营行为、服务态度、作风等行为形象所产生的价值，以及企业的价值观念、管理哲学等理念形象所产生的价值等。形象价值与产品价值、服务价值、人员价值密切相关，在很大程度上是上述三个方面价值综合作用的反映和结果。形象对于企业来说是宝贵的无形资产，良好的形象会对企业的产品产生巨大的支持作用，赋予产品较高的价值，从而带给顾客精神上和心理上的满足感、信任感，使顾客的需要获至更高层次和更大限度的满足，从而增加顾客购买的总价值。因此，企业应高度重视自身形象塑造，为企业进而为顾客带来更大的价值。

三、顾客购买的总成本

使顾客获得更大"顾客让渡价值"的途径之二，是降低顾客购买的总成本。顾客总成本不仅包括货币成本，而且还包括时间成本、精神成本、体力成本等非货币成本。一般情况下，顾客购买产品时首先要考虑货币成本的大小，因此，货币成本是构成顾客总成本大小的主要和基本因素。在货币成本相同的情况下，顾客在购买时还要考虑所花费的时间、精神、体力等，因此这些支出也是构成顾客总成本的重要因素。这里我们主要考察后面三种成本。

（一）时间成本

时间成本即顾客在购买产品时所花费时间的多少。在顾客总价值与其他成本一定的情况下，时间成本越低，顾客购买的总成本越小，从而"顾客让渡价值"越大。如以服务企业为例，顾客为购买餐馆、旅馆、银行等服务行业所提供的服务时，常常需要等候一段时间才能进入到正式购买或消费阶段，特别是在营业高峰期更是如此。在服务质量相同的情况下，顾客等候购买该项服务的时间越长，所花费的时间成本越大，购买的总成本就会越大。同时，等候时间越长，越容易引起顾客对企业的不满意感，从而中途放弃购买的可能性亦会增大。反之，亦然。因此，努力提高工作效率，在保证产品与服务质量的前提下，尽可能减少顾客的时间支出，降低顾客的购买成本，是为顾客创造更大的"顾客让渡价值"、增强企业产品市场竞争能力的重要途径。

（二）精力成本（精神与体力成本）

精力成本是指顾客购买产品时，在精神、体力方面的耗费与支出。在顾客总价值与其他成本一定情况下，精神与体力成本越小，顾客为购买产品所支出的总成本就越低，从而"顾客让渡价值"越大。因为消费者购买产品的过程是一个从产生需求、寻找信息、判断选择、决定购买到实施购买，以及购后感受的全过程。在购买过程的各个阶段，顾客均需付出一定的精神与体力。如当消费者对某种产品产生了购买需求后，就需要搜集该种产品的有关信息。消费者为搜集信息而付出的精神与体力的多少会因购买情况的复杂程度不同而有所不同。就复杂购买行为而言，消费者一般需要广泛全面地搜集产品信息，因此需要付出较多的精神与体力。对于这类产品，如果企业能够通过多种渠道向潜在顾客提供全面详尽的信息，就可以减少顾客为获取产品情报所花费的精神与体力，从而降低顾客购买的总成本。又如，对于结构性能比较复杂、装卸搬运不太方便的机械类、电气类产品，如果企业能为顾客提供良好的售后服务，如送货上门、安装调试、定期维修、供应零配件等，就会减少顾客为此所耗费的精神和体力，从而降低精神与体力成本。因此，企业采取有效措施，对增加顾客购买的实际利益，降低购买的总成本，获得更大的"顾客让渡价值"具有重要意义。

四、树立"顾客让渡价值"观念的意义

在现代市场经济条件下，企业树立"顾客让渡价值"观念，对于加强市场营销管理，提高企业经济效益具有十分重要的意义。

（一）有利于企业以较低的生产与市场营销费用为顾客提供具有更多的"顾客让渡价值"的产品

"顾客让渡价值"的多少受顾客总价值与顾客总成本两方面的因素的影响。其中顾客总价值中任何一项价值因素的变化都会影响顾客总价值。顾客总成本中任何一项成本因素的变化均会影响顾客总成本，由此影响"顾客让渡价值"的大小。同时，顾客总价值与总成本的各个构成因素的变化及其影响作用不是各自独立的，而是相互作用、相互影响的。某一项价值因素的变化不仅影响其他相关价值因素的增减，从而影响顾客总成本的大小，而且还影响"顾客让渡价值"的大小；反之，亦然。因此，企业在制定各项市场营销决策时，应综合考虑构成顾客总价值与总成本的各项因素之间的这种相互关系,从而用较低的生产与市场营销费用为顾客提供具有更多的"顾客让渡价值"的产品。

(二)有利于企业根据不同细分市场顾客的不同需要,提供实用价值强的产品。

不同的顾客群对产品价值的期望与对各项成本的重视程度是不同的。企业应根据不同顾客群的需求特点,有针对性地设计和增加顾客总价值,降低顾客总成本,以提高产品的实用价值。例如,对于工作繁忙的消费者而言,时间成本是最为重要的因素,企业应尽量缩短消费者从产生需求到具体实施购买,以及产品投入使用和产品维修的时间,最大限度地满足和适应其求速求便的心理要求。总之,企业应根据不同细分市场顾客的不同需要,努力提供实用价值强的产品,这样才能增加其购买的实际利益,减少其购买成本,使顾客的需要获得最大限度的满足。

(三)有利于企业提高经济效益

企业为了争取顾客,战胜竞争对手,巩固或提高企业产品的市场占有率,往往采取"顾客让渡价值"最大化策略。追求"顾客让渡价值"最大化的结果却往往会导致成本增加,利润减少。因此,在市场营销实践中,企业应掌握一个合理的度的界线,而不应片面追求"顾客让渡价值"最大化,以确保实行"顾客让渡价值"所带来的利益超过因此而增加的成本费用。换言之,企业"顾客让渡价值"的大小应以能够达到实现企业经营目标的经济效益为原则。

专家提示:
顾客让渡价值理论的创新之处就在于是企业真正站在顾客的角度上来看待产品和服务的价值,这种价值不是由企业决定的,而是由顾客决定的。

随着技术发展的日新月异和新产品的不断涌现,顾客对于产品和服务的期望越来越高。同时顾客群体也在发生着巨大变化,以及由此对企业营销战略选择产生深刻的影响。当今的顾客已不再是产品与服务的被动接受者,他们比以往掌握更多的知识、信息与技能,更热衷于学习与实践,在日趋宽泛的产品选择中享有主动权。因此,企业只有在设计、生产和提供产品时以顾客为导向,为顾客提供超越竞争对手的价值,才能够争取顾客、维系顾客,才能够获取持久的竞争优势,在激烈的市场竞争中立于不败之地。所以顾客价值被视为竞争优势的新来源。

【复习思考题】

一、名词解释:
1. 市场营销 2. 市场营销观念 3. 大市场营销 4. 关系营销
5. 绿色营销 6. 整体营销 7. 文化营销 8. 顾客让渡价值

二、判断题:
(　)1. 市场就是需求。

（　）2. 市场营销就是市场推销。
（　）3. 在推销观念下，企业的推销活动有可能损害消费者的利益。
（　）4. 关系市场营销就是通过不正当途径搞市场营销。
（　）5. "大市场营销"首先面对的并非是目标顾客，而是壁垒森严的封闭性或保护性市场中的各种排外力量。

三、选择题

1. 市场营销理论的中心问题是（　）
   A. 消费　　B. 交换　　C. 需求　　D. 欲望
2. 1986年，科特勒提出了市场营销的新概念，即（　）
   A. 大市场营销　B. 直接市场营销　C. 关系市场营销　D. 全球市场营销
3. 哪种观念下容易出现"市场营销近视"（　）
   A. 生产观念　B. 推销观念　C. 产品观念　D. 社会市场营销观念
4. 许多冰箱生产厂家近年来高举"环保"、"健康"旗帜，纷纷推出无氟冰箱。它们所奉行的市场营销管理哲学是（　）
   A. 推销观念　B. 生产观念　C. 市场营销观念　D. 社会市场营销观念
5. 保持住现有的顾客量和追求同各方面关系利益最大化是（　）的体现。
   A. 生产观念　B. 产品观念　C. 关系营销观念　D. 大市场营销观念

四、回答问题

1. 如何理解市场的含义？
2. 市场营销与推销有何区别？
3. 为什么说市场营销观念的形成是营销观念的一次根本性变革？
4. 什么是社会营销观念？
5. 为什么说顾客让渡价值被视为竞争优势的新来源？
6. 如何提高顾客让渡价值？

五、案例分析：

福特T型车的兴衰说明了什么？

福特汽车公司成立于1903年，第一批大众化的福特汽车因实用、优质、价格合理，生意一开始就非常兴隆。1908年初，福特根据当时大众的需要，做出了战略性的决策，致力于生产规格统一、品种单一、价格低廉、大众需要且买得起的汽车，1908年10月1日著名的T型车采用流水线生产方式，使过去12.5小时出一辆车降到9分钟出一辆车，生产成本大大降低。终于T型车以850美元的售价被推向市场。

此后十多年，由于T型车适销对路，销量迅速增加，产品供不应求。福特汽车公司在全世界广设销售网点，代销商就多达7000多家。1926年，福特车产量已占美国汽车产量的1/2。福特汽车公司在商业上取得了巨大的成功。

与此同时，随着美国经济的快速增长和百姓收入的增加、生活水平的提高，汽车市场发生了巨大的变化，买方市场在美国已经基本形成，道路及交通状况也发生了质的改变，简陋而又千篇一律的T型车虽然价廉，但已经不能满足消费者的消费需求。然而，面对市场的变化，福特仍然自以为是，置消费者的需求变化于不顾，顽固地坚持生产中心的观念，就像他宣称的"无论你需要什么颜色的汽车，我福特只有黑色的"，这句话也成为了营销观念僵化的

"名言"。面对市场的变化,通用汽车公司及时抓住了市场机会,推出了新的式样和颜色的雪佛兰汽车,雪佛兰一上市就受到消费者的追捧,福特T型车的销量剧降,1927年只销售了1500多万辆的T型车不得不停产,通用公司也乘虚而入,一举超过福特,成为世界最大的汽车公司直到今天。

讨论:用所学的营销观念的理论,分析福特T型车兴衰的深层次的原因。

第二章　市场营销环境分析

【本章学习目标】

通过本章的学习，了解市场营销环境对企业市场营销活动的重要影响，理解微观环境与宏观环境的主要构成，掌握分析、评价市场机会与环境威胁的基本方法，熟悉企业面对市场营销环境变化所应采取的对策。初步形成一定的分析市场环境和捕捉市场营销机会的能力，为今后实际从事企业市场营销环境分析工作打下基础。

【引导案例】2-1：　　美国强生公司规避泰利诺中毒事件的风险

美国强生联营公司是非常值得信赖的公司。该公司以生产保健品及幼儿药品而闻名于世，在欧美几十个国家几十亿消费者中享有极高的信誉。1975年问世的泰利诺止痛胶囊在7年内，该药占领了美国35%的成人止痛药市场，年销售额达到4.5亿美元，占强生公司总利润的15%－20%。

1982年9月29日，噩耗传来：在芝加哥发生了7人因使用强生联营公司生产的泰利诺止痛胶囊造成氰化物中毒死亡。消息一经传出，谣言四起，强生公司形象一落千丈，公司的名誉扫地。

危机发生后，公司立即做出关键性的决策：迅速向公众公布事实的真相，并与记者和当地媒介保持良好关系，及时通过他们对外发布最新的信息。为维护其信誉，公司在很短的时间内从市场上收回价值1亿美元的3200万瓶泰利诺，并全部销毁；对800万瓶泰利诺进行试验，查明其是否受过其他的污染；设立专用电话线，仅10月份就答复了来自新闻机构的两千多个询问电话；暂停了泰利诺的推销广告，花费50万美元发出45万份电报、电传，请有可能与此有关的医生、医院和经销商提高警惕。随后公司还按政府的要求采取防污染包装。

经公司认真调查，造成服药后7人死亡的原因是芝加哥一医院住院的神经病人趁药房无人，打开包装，加入剧毒的氰化物所致，此药根本无毒。

为了重新介绍这种新药，公司公关人员访问了医务机构近百万次以上，散发了价值5000万美元的赠券向消费者免费赠送这种新包装的镇痛药，并进行了广告宣传活动。还在纽约举行了规模盛大的新闻发布会，全美各电视台为其作了转播，共有30个城市、约600名记者出席会议。在危机期间公司的所有领导都在美国电视新闻节目上露面；其销售代理通过各地的电视向全国发表了电视讲话。有关泰利诺事件的电视覆盖面之大令人吃惊。

强生公司的做法受到了公众的赞赏，产品重新获得公众的信任。事故发生5个月内，公司就夺回该药原有市场的70%，1年后，上升到95%。泰利诺事件被认为是当今世界处理危机最有效的事件之一。

想一想：
1. 强生公司遭遇了什么危机？
2. 面对环境威胁强生公司采取了哪些措施？
3. 从强生公司转危为安的范例中你得到哪些启示？

第二章 市场营销环境分析

第一节 企业分析市场营销环境的意义

专家提示：
任何企业都处在复杂多变的营销环境中，客观环境力量的变化，既可以给企业带来营销机会，也会造成某些环境威胁。企业能否掌握并适应营销环境的变化，决定着企业在市场竞争中的胜负，决定着企业的生存与发展。

一、市场营销环境的含义

（一）市场营销环境的概念

环境是一切事物赖以生存和发展的客观条件。**市场营销环境泛指一切影响、制约企业营销活动的内部条件和外部因素，包括宏观环境和微观环境两大类。宏观环境是指营销环境中那些能够给企业造成市场机会和环境威胁的主要社会力量与因素，包括政治、法律、经济、人口、社会文化、自然、科学技术等因素。微观环境是指与企业的营销活动直接发生关系的组织与行为者的力量和因素，主要有：企业内部环境、供应商、营销中介、消费者（用户）、竞争者和公众等**（如图2-1所示）。一般地说，宏观环境是企业不可控的因素，企业难以预料和改变其作用，但企业可以借助国家及有关机构对宏观环境变化的预测，不断地调整市场营销策略。

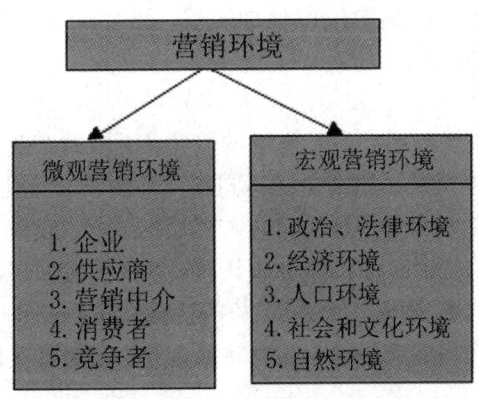

图2-1 市场营销环境示意图

宏观环境和微观环境之间不是并列关系，而是包容和从属关系。微观环境受宏观环境大背景的制约，宏观环境借助于微观环境发挥作用。（如图2-2所示）

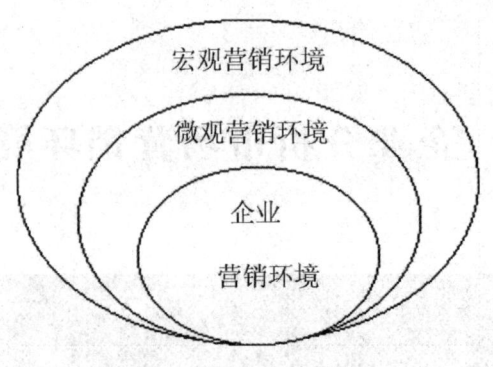

图 2-2 营销活动与营销环境

（二）市场营销环境的特征

企业市场营销环境具有以下特征：

1. 客观性

市场营销环境是不以人的意志为转移而客观存在的。企业总是在特定的社会经济和其他外界条件下生存、发展，离开一定的客观环境而进行的市场营销活动，那是根本不可能的。另外，市场营销环境对企业营销活动的影响与作用是客观存在的。市场营销环境具有强制性和不可控制性的特点。企业无法摆脱和控制营销环境，特别是宏观环境，企业难以按自身的要求和意愿随意改变它，如企业不能改变人口因素、政治法律因素、社会文化因素等，但企业可以主动适应环境的变化和要求，制定并不断调整市场营销策略。事物发展与环境变化的关系是：适者生存，不适者淘汰，这对企业与环境的关系也完全适用。有的企业善于适应环境，就能够生存和发展，反之，那就只能失败。

例如，某电镀厂注意到 2006 年电解镍的价格受市场供求等因素的影响，价格一路上扬：1 月份每吨 148000 元，2 月份每吨 154200 元，4 月份每吨 167000 元。电解镍作为企业主要原材料，价格的上涨直接威胁企业利润。企业领导立即作出决策：加强管理，减少浪费，降低成本；加大库存；向加工方提出提高单位产品加工费。事实证明，企业决策正确，截至 11 月 24 日价格已升至每吨 304500 元。

2. 差异性

不同的国家或地区，宏观环境存在着广泛的差异，不同的企业微观环境也千差万别。市场营销环境的差异性不仅表现在不同企业受不同环境的影响，而且，同一种环境的变化对不同企业的影响也不相同。正因为营销环境存在着广泛的差异，企业为适应不同的环境及其变化，必须采用各种针对性的营销策略。例如中国加入 WTO 组织，意味着大多数中国行业进入国际市场，进行国际性较量，而这一经济形势的变化，对不同行业所造成的冲击并不相同。由于外界环境因素对企业作用的差异性，从而导致企业为应付环境的变化所采取的营销策略各有其特点。

3. 多变性

市场营销环境是一个动态系统。构成企业市场环境的因素是多方面的，每一个因素又都随着社会经济的发展在不断变化。20 世纪 60 年代，中国处于短缺经济状态，短缺几乎成为社会经济的常态。改革开放 20 多年，中国经济已遭遇"过剩"经济，不论这种"过剩"的性质如何，仅就卖方市场向买方市场转变而言，市场营销环境已产生了重大的变化，营销环境的变化,既会给企业提供了机会,也会给企业带来了威胁。虽然企业难以准确无误地预见未来环境的变化,但可以通过设立预警系统,追踪不断变化的环境,这就要求企业根据环境因素和条件的变化,不断调整企业营销策略。

4. 相关性

市场营销环境不是由某个单一的因素决定的,而是受到一系列相关因素相互影响,相互制约。某一因素的变化会带动其他因素的相互变化,形成新的营销环境。如商品的价格不但要受到市场供求关系的影响,而且还要受到科学技术的进步和财政税收政策的影响。又如,竞争者是企业重要的微观环境因素之一,而宏观环境中的政治法律或经济政策的变动,均能影响一个行业竞争者加入的多少,从而形成不同的竞争格局。市场营销环境因素相互影响的程度是不同的,有的可以通过调查,分级进行评估,有的就难以估计和预测。

5. 可影响性

一般地说,宏观营销环境是企业无法控制的,因为企业不能改变人口因素、政治法律因素等。尽管宏观营销环境是不可控制的,但并不意味着企业只能被动地适应环境。企业可以通过改善自身的条件和调整经营策略,对营销环境施加一定的影响,积极促进某些营销环境朝着有利于企业营销的方向转化,以求得企业的生存与发展。

【案例】2-2: 海尔空调的崛起

1997年,中国的天气格外反常:南方的天气凉爽宜人,北方的天气格外酷热,弄得许多空调厂家不知所措。因为,一般而言空调的目标市场集中在南方。但有一家空调却应变自如,大发其利,它就是海尔。

因为海尔集团十分注意收集气象等有关信息。1997年年初,海尔集团便了解到当年的气象反常现象。于是,他们调整了企业的生产和经营计划,从2月份加班加点生产空调,然后主要运往北方。结果,海尔空调仅在北京市场的占有率就从1996年的20%猛增到50%。从此,海尔空调从原来的名不见经传的小字辈,一举成为海尔集团的支柱产业之一。

二、企业分析市场营销环境的意义

企业的营销活动是适应环境变化,对不断变化的环境作出积极反应的动态过程;同时,企业的营销活动本身又可以影响环境的变化过程。企业能否有效地发现、分析和预测环境的变化及其趋势,关系到企业的生存与发展。企业加强市场营销环境的分析工作,对于不断提高企业营销效果,有着直接的重要作用

(一)分析市场营销环境是企业市场营销活动的基础性工作之一

市场营销是与市场有关的人类活动。市场是企业营销活动的出发点和归宿点,而营销环境又是企业赖以生存的条件,它能给企业带来市场机会,也能给企业带来环境威胁。因此,企业能否适应不断变化的营销环境,就成了企业市场营销成败的关键。无数成功企业的经验都充分说明:分析市场营销环境是企业市场营销活动的基础性工作之一,重视营销环境的分析,企业则可能获胜;反之,忽视营销环境分析,企业必然陷入困境。

(二)分析市场营销环境有助于企业及时、准确地寻找市场营销机会和避免市场营销威胁

营销环境的变化既可以帮助企业识别机会,利用机会,在不稳定的环境中谋求企业稳定

发展，同时也可以帮助企业克服环境变化的不利影响，化解或消除各种威胁，采取适当的营销策略，迎接挑战。

【案例】2-3： 麦当劳成功打入中国

洋人的汉堡怎能让吃惯了几千年馒头的中国人接受呢？

麦当劳在进入中国之前，足足用了8年的时间对中国市场进行了较为详细、深入的调研分析。他们从国家政策到市场环境、饮食习惯、文化风俗、收入水平、家庭结构等等因素，无所不包地进行了研究。最后他们将视线聚焦在中国独生子女身上。他们发现：只要中国小孩爱吃就没问题。他们深入研究了中国小孩味觉形成的习惯：4-7岁是味觉形成时期，7-12岁是味觉巩固期。如此一来决策就有了科学的依据：4-7岁的中国小孩吃什么都是一个味。不管是馒头还是汉堡，不管是"炸薯条"还是"土豆泥"。为了吸引中国小孩，他们在店里张贴、悬挂红红黄黄的标识、各种尺寸的小旗，发放各种玩具，以及设置游戏区等，搞得中国小孩"乐不思蜀"、"流连忘返"。只要孩子们去了一次，他们就会天天闹着爸爸、妈妈去。麦当劳终于如愿以偿。

（三）分析市场营销环境有助于企业制定和调整营销战略和战术，提高企业对环境的适应性

营销环境分析是企业进行营销决策的基础和前提。它可以帮助企业对营销环境做出客观判断，对其自身条件做出正确的分析，明确自身优势和劣势，使企业内部条件、营销目标与营销环境实现动态平衡，为提高企业营销效果创造有利条件。

现代市场经济条件下，企业营销工作时时充满风险和威胁。环境会影响和制约企业的营销活动，因此，企业必须努力去了解它、预测它和适应它。市场营销活动实质上是企业适应环境变化，并不断对变化着的环境作出反应的动态过程。真可谓是"观天下而后知己"。尤其是在经济逐步全球化的情况下，企业要面对国内和国际两个市场的双重竞争压力，更需要对市场营销的一般环境特点及环境构成要素有更加深刻认识和把握。

【案例】2-4：两名鞋业推销员的不同营销策略

美国有两名推销员到南太平洋某岛国推销企业生产的鞋子，他们到达后却发现这里的居民没有穿鞋的习惯。于是，一个推销员给公司拍了一份电报，称岛上居民不穿鞋子，这里没有市场，随后打道回府。而另一位推销员则给公司的电报称这里的居民不穿鞋子，但市场潜力很大，只是需要开发，他让公司运了一批鞋来免费赠给当地的居民并告诉他们穿鞋的好处。逐步地人们发现穿鞋确实既实用又舒适而且美观，渐渐地，穿鞋的人越来越多。这样，该推销员通过自己的努力，打破了当地居民的传统习俗，改变了企业的营销环境，获得了成功。

第二节　企业宏观营销环境分析

企业市场营销的宏观环境，涉及到政治、法律、经济、人口、社会文化、自然、科技等多个方面。企业及其微观环境的参与者，无不处于宏观环境之中。增强企业对营销环境的能动性适应，有助于提高营销活动的效率与效益。

一、政治、法律环境

政治、法律环境主要是指国家的方针、政策、法律、法规对企业营销活动的影响。 企业的市场营销决策在很大程度上要受政治和法律环境影响,企业必须注意和遵守国家的每一项政策和立法。政治、法律环境主要包括(如图2-3所示)。

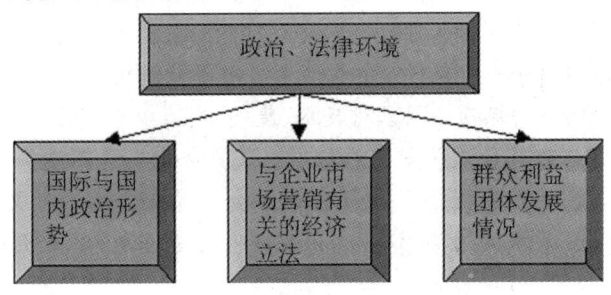

图2-3 法律环境主要包括的内容

(一)国际与国内政治形势

政治形势,主要包括政治稳定性、社会治安、政府更迭、政策衔接、政府机构作风,政治透明度、国家的方针、政策等。

国内政治形势,主要是指党和国家的方针、政策及其调整变化对企业营销活动的影响。党和国家的方针政策,不仅规定了国民经济的发展方向和速度,也直接关系到社会购买力的提高和市场消费需求的增长,甚至会使消费需求结构也发生变化。例如,国家扶持与限制的行业方向,对企业目标市场的选择与市场营销战略的选择都会产生重大的影响。

国际政治形势主要对企业的国际贸易以及企业的国际市场营销活动产生深刻的影响。任何企业都愿意在政府稳定且友善的国家中经营。政治稳定才能保证政策的持续,企业经营的风险才会小。一国的政治稳定与否,可从该国的政权更迭的频率予以考察,也可从文化分裂和宗教的冲突方面进行分析,还可以从诸如罢工、骚乱、暴动事件发生的多寡来判断。总之,国际政治形势、东道国的政治形式在许多方面影响企业的国际市场营销。

(二)与企业市场营销有关的经济立法

国家颁布的法律、法规的是政府管理经济和维持公平交易秩序的重要方法之一,它对规范和制约企业营销行为具有权威性、强制性,企业必须依据法律、法规进行营销活动,同时凭借法律、法规维护自身的权益。与市场营销有关的法律、法规如《合同法》《商标法》《食品卫生法》《专利法》《产品质量法》《反不正当竞争法》《消费者权益保护法》《广告法》《票据法》《公司法》《破产法》《环境保护法》等。上述法律、法规的颁布,规范了企业的市场营销活动,又保护了企业合法权益。国家要求企业以法律、法规为准绳、奉公守法,并学会用法律保护自己。例如,随着《专利法》的颁布,国家对获得专利保护的技术提供法律保护,企业不能随意使用别人的专利技术;随着《商标法》的颁布,明确企业不能随意使用与别人注册商标相同或相似的商标,商标的文字、图形不能与国家和重大国际组织的徽记相雷同,不能直接宣传商品的质量、功能,某些商品,如药品、卷烟还必须使用注册商标,否则不准在市场销售;又如,随着《食品卫生法》的颁布,国家对食品的加工、储存、检测、使用添加剂、包装标志等方面都作出了一系列规定。这些规定,给企业生产经营活动提出来一系列新的要求。

【案例】2-5：　　　　　　景德镇瓷器的遭遇

瓷器是我国传统的出口商品,尤其是江西景德镇瓷器,多年来是国际上公认的上乘佳品,但在20世纪80年代初期该瓷器对日本的出口却越来越困难。景德镇瓷器经日本一家保健所检验,产品含铅量高达30%,不符合日本《食品卫生法》的安全标准。由于当时的产品质量不稳定,含铅量高低不一,1983年日本厚生省就指定有关机构严格检查。日本一家经营景德镇瓷器的商店那时就将已销售的商品收回,连同库存货物一并退回给香港出口商。

另一方面,上述法令、法规也给不少企业带来了市场营销机会。

如:随着《环境保护法》的颁布,国家对废水、废气、废渣以及其他有害和污染物质的排泄、处理做出了严格的规定,为符合这些规定和标准,很多企业不得不购买防治污染的设备和装置,从而为生产这些设备的企业提供了市场营销机会。又如,随着有关节能、节水等方面的法令、法规的颁布,节能、节水的用品、装置,在市场将大受欢迎,从而为生产上述产品的企业带来的市场营销机会。

(三)群众利益团体发展情况

由某些利益而组成的社会团体,通过其行动纲领和活动影响政府立法、政策、社会舆论导向以及公众的消费理念,从而进一步影响企业的营销行为,这些组织包括政治团体和公众团体。政治团体如工会、共青团、妇联组织。公众团体如中国消费者协会、企业家协会、个体劳动者协会、残疾人协会等。这些团体通过影响国家立法、方针、政策、社会舆论等,给企业施加压力,使消费者利益和社会利益得到保护。例如,我国1985年经国务院批准,在北京成立的消费者协会,其任务是:宣传国家的经济(特别是有关消费方面的)方针政策;协助政府主管部门研究和制定保护消费者权益的立法;调查消费者对商品和服务的意见与要求;接受消费者对商品和服务的质量、价格、卫生、安全、规格、计量、说明、包装、商标、广告等方面的投诉等。多年来,中国消费者协会及相继成立的地方协会认真受理了广大消费者的投诉,积极开展对商品和服务质量、价格的监督检查,并采取多种形式指导消费,千方百计地保护消费者利益,受到广大消费者的好评。

总之,我国的消费者运动正发挥着日益重要的作用,企业制定市场营销战略时必须认真考虑这种动向。

二、经济环境

经济环境是指影响企业市场营销方式与规模的宏观经济因素,是企业开展市场营销活动的基础。进行经济环境分析时,主要注意以下几个方面(如图2-4所示):

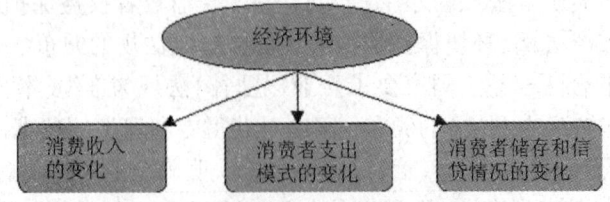

图2-4　经济环境包括的内容

(一)消费者收入的变化

消费者收入是指消费者个人从各种来源中所得的全部收入,包括消费者个人工资、红利、租金、退休金、馈赠等收入。消费者的购买力来自消费者收入,所以消费者收入是影响社会购买力、市场规模大小以及消费者支出多少和支出模式的一个重要因素。现实生活中,消费者并不是将其全部收入都用来购买商品(包括货物和劳务),消费者的购买力(购买商品的货币支付能力)只是其收入的一部分(如图2-5所示):

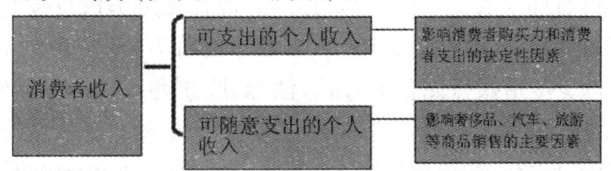

图2-5 消费者收入分配示意图

因此,在分析消费者收入变化时要区别可支配的个人收入和可随意支配的个人收入。**可支配的个人收入是指扣除消费者个人缴纳的各种税款和交给政府的非商业性开支后可用于个人消费和储蓄的那部分个人收入。**可支配的个人收入是影响消费者购买力和消费者支出的决定性因素。因此,有关企业如食品、服装、房地产公司、保险公司等应了解消费者可支配个人收入的水平。**可随意支配的个人收入是指可支配的个人收入减去消费者用于购买生活必需品的固定支出(如房租、保险费、分期付款、抵押借款)所剩下的那部分个人收入。**可随意支配的个人收入一般用来购买奢侈品、汽车、大型器具及用于高档教育、娱乐消费或度假等。所以生产和经营这类消费品的企业要特别注意了解消费者可随意支配的个人收入的情况。

另外,进行经济环境分析时,企业还要区别货币收入和实际收入,因为实际收入变化会影响实际购买力。假设消费者的货币收入不变,如果物价下跌,消费者的实际收入便增加;相反,如果物价上涨,消费者的实际收入便减少。即使消费者的货币收入随着物价上涨而增长,但是,如果通货膨胀率超过了货币收入增长率,消费者的实际收入也会减少。企业的最高管理层不仅要分析研究消费者的平均收入,而且要分析研究各个阶层的消费者收入。此外,由于各地区的工资水平、就业情况有所不同,不同地区消费者的收入水平和增长率也不同。

(二)消费者支出模式的变化

消费者支出模式是指消费者支出结构或消费者需求结构的变化,它主要受消费者收入的影响,反映消费者的消费结构和消费水平。经济学家通常用恩格尔定律来分析。企业根据恩格尔定律分析消费者支出模式,可以了解目前市场消费水平、变化趋势及对营销活动的影响。恩格尔是德国统计学家,他在1857年研究劳工家庭支出构成比例时,提出著名的**"恩格尔定律"**。他指出:**在一定条件下,当家庭收入增加时,收入中用于食品方面的支出比例会下降,而用于服装、交通、保健、文娱、教育的比例会上升。消费中用于食品方面的支出与家庭消费总支出的比率成为恩格尔系数。**公式如下:恩格尔系数 = 食物支出金额/家庭总支出金额×100%

专家提示:
恩格尔系数是衡量个人或家庭、地区及国家生活水平(富裕程度)的主要参数。食物支出金额占总消费支出数值的比重越大,恩格尔系数越高,人们生活水平越低;反之,恩格尔系数越低,人们生活水平就越高。
根据联合国粮农组织提出的标准,恩格尔系数在59%以上为贫困,50%~59%为温饱,40%~50%为小康,30%~40%为富裕,低于30%为最富裕。

据统计,改革开放以来,我国城市居民的恩格尔系数降幅加快,1978年为57.5%,1996年为50%,2003年为37.1%;我国农村居民的恩格尔系数1998年为55%,2003年为45.6%,均比上一年降低了0.6%。

(三)消费者储蓄和信贷情况的变化

进行经济环境分析时还应看到,社会购买力、消费者支出不仅直接受消费者收入的影响,而且直接受消费者储蓄和信贷情况的影响。大多数家庭都有一些"流动资产",即货币及其他能迅速变成现款的资产,包括银行储蓄的存款、债券、股票和不动产等。储蓄来源于消费者的货币收入,其最终目的还是为了消费。在一定时期货币收入不变的情况下,如果储蓄增加,购买力消费支出便减少;反之,如果储蓄减少,购买力和消费支出便增加。

在现代市场经济国家,消费者不仅以其货币收入购买他们需要的商品,而且可以用信贷来购买商品。**所谓消费者信贷,就是消费者利用信用先取得商品使用权,然后按期归还贷款。**消费者信贷主要有三种形式:①短期赊销。消费者在购买商品时,无需立即付清货款,有一定的赊销期限,如果顾客在期限内付清货款,可不付利息;如果超过期限付款,要计利息。②分期付款。消费者购买大额商品时,可先支付一部分货款,其余货款按计划逐年或逐月加利息分期偿还。③信用卡信贷。信用卡有两大类:一类是由大百货公司、超级市场发给顾客的,顾客可凭卡在公司所属商店赊账购买商品;另一类是由金融机构应发的信用卡,顾客可凭卡到与发卡银行签订合同的任何商店、饭店、医院、航空公司等企业、单位去购买商品,钱由发卡银行先垫付给这些企业、单位,然后再向赊款人收回。发卡银行不仅要向顾客索取一定的费用,而且要向这些企业、单位收取一定的佣金。发行信用卡的银行一般是定期和客户结账一次,过期付款或透支现金都要收取利息。

三、人口环境

人是市场的主体。市场是由有购买欲望同时又有支付能力的人构成的。人口的数量决定消费者的数量,消费者数量的多少又在一定程度上决定市场容量的大小,因此,人口环境对营销者而言是至关重要的。它主要包括(如图2-6所示):

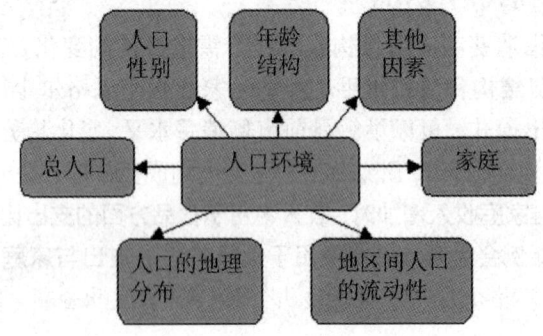

图2-6 人口环境包括的内容

(一)总人口

总人口是指某市场范围人口的总和。一个国家或地区的总人口数量的多少,是衡量市场潜在容量的重要因素。在其他经济和心理条件不变的情况下,总人口越多,市场容量就越大,企业营销的市场就越广阔。我国总人口已达13亿,超过欧洲和北美洲领土人口的总和。并且每年以1000万的数量迅速增长。中国已被视为世界最大的潜在市场。

目前人口环境正在发生重要的变化,主要的趋势是:(1)全球人口持续增长,全球总人口已超过60亿,以后每年约增加1亿,人口增长预示着世界市场作为一个整体,其需求量将继续扩大;(2)美国、日本、西欧等经济发达国家出生率下降,儿童减少;(3)许多国家人口趋于老龄化;(4)许多国家家庭数量、人口规模、家庭生命周期出现新的变化;(5)西方国家非家庭住户迅速增加;(6)一些国家人口流动性大;(7)发展中国家人口城市化浪潮十分迅猛;(8)发达国家人口就业结构发生变化;(9)很多国家的人口是由多民族构成的。这些变化需要引起营销者的注意和重视。

(二)人口的地理分布

地理分布指人口在不同区域的密集程度。居住不同地区的人群,由于地理环境、气候条件、自然资源、风俗习惯不同,其消费需求的内容和数量也存在差异。我国人口地理分布极不平衡,如果从我国黑龙江的漠河到云南的腾冲划一条线,差不多可以把我国领土分为面积相等的两半,这样,我国东南半壁的人口占到总人口的94%,而西北半壁人口仅占总人口的6%。与人口的地理分布相联系的人口密度同样是影响企业营销的重要因素。一般来说,人口密度越大,顾客越集中,营销成本相对较低。相反,营销成本就高。这种状况,决定我国市场营销的重点应当是人口稠密的东南地区。此外,人口的城市化和区域性转移会引起社会消费结构的变化。我国乡镇城市化的趋势日益加快,农村市场的需求将有大的变化。

(三)年龄结构

年龄结构是指不同年龄阶段的人群占总人口的比重。不同年龄阶段的人群对商品需求存在着生理上和心理上的差异,所需的产品和服务也各有特点。企业营销者不仅要研究人口的总量,还要研究人口的年龄结构及特点,开展企业营销活动。如儿童喜欢色泽艳丽的童装、玩具;青少年需要智力型学习用品及流行性商品;青年人追求时尚、新颖;中年人讲求实用、大方;老年人则需要更多的营养保健、医疗服务产品。

(四)人口性别

性别差异给消费需求带来差异,购买习惯与购买行为也有差别。一般说来,在一个国家或地区,男女人口总数相差并不大。但在一个较小的地区,如矿区、林区、较大的工地,往往是男性占较大比重,而在某些行业,则女职工占较大比重。由于女性多操持家务,大多数日用消费品由女性采购,因此,不仅妇女用品可以设专业商店销售,很多家庭用品和儿童用品也都被列入妇女市场。

(五)家庭

家庭是社会的细胞,是商品消费的基本单位,它与生活消费品的数量、结构密切相关。一个市场拥有家庭单位和家庭平均成员的多少,以及家庭组成状况等,对市场消费需求的潜量和需求结构,都有十分重要的影响。随着社会经济的发展,住房条件的改善,家庭规模趋于小型化,给经营这些家庭用品的行业提供了市场机会。

(六)地区间人口的流动性

随着经济的活跃和发展,会出现地区间人口的大量流动,对营销者来说,这意味着一个流动的大市场。我国人口流动的总趋势是农村人口流向城市、非发达地区人口流向发达地区。企业营销者应及时注意人口流动的客观规律,适时采取相应的对策。

(七)其他因素

包括人口的出生率、增长率、职业、籍贯、民族等,都对消费行为产生很大影响。

四、社会和文化环境

社会文化是人类在创造物质财富过程中所积累的精神财富的总和。它体现着一个国家或地区的社会文明程度。**社会文化环境是一种历史现象的沉淀,是影响企业营销诸多变量中最复杂、最深刻、最重要的变量。**社会和文化环境主要由特定的价值观念、行为方式、伦理道德、审美观念、宗教信仰、风俗习惯等内容构成。它影响和制约着人们的消费观念、需求欲望及特点、购买行为和生活方式,对企业营销行为产生直接影响。

1. 进行国际市场营销决策必须了解和考虑各国的文化差异

文化就是在某一社会里,人们所共有的由后天获得的各种价值观念和社会规范的综合体,即人们生活方式的总和。不同国家的人们对事物有着各自不同的态度和看法,有着各自的风俗习惯,企业的最高管理层在进行国际市场营销决策,和外商洽谈生意时必须了解和考虑各国的文化差异。

如价值观念。价值观念是人们对社会生活中各种事物的态度、评价和看法。不同的文化背景下,人们的价值观念相差很大,消费者对商品的需求和购买行为深受其价值观念的影响。对于不同的价值观念,企业的市场营销管理就应该有不同的策略。一种新产品的消费,会引起社会观念的变革。对乐于变革、喜欢猎奇、富有冒险精神、比较激进的消费者,应重点强调产品的新颖和奇特;而对一些注重传统、喜欢沿袭传统消费方式的消费者,企业在制订促销策略时最好把产品与目标市场的文化传统联系起来。

如风俗习惯。风俗习惯是人们根据自己的生活内容、生活方式和自然环境,在一定的社会物质生活场条件下长期形成,并世代相袭,成为约束人们思想和行为的规范,它在饮食、服饰、居住、婚丧、信仰、节日、人际关系等方面,都表现出独特的心理特征、道德伦理、行为方式和生活习惯。中国有句古话:"入境而问禁,入国而问俗,入门而问讳"。了解目标市场消费者的禁忌、习俗、避讳、信仰、伦理等,是企业进行市场营销的重要前提。任何有悖于社会文化的营销举措都注定要失败的。

如审美观。审美观通常指人们对事物的好坏、美丑、善恶的评价。不同的国家、民族、宗教、阶层和个人,往往有不同的审美标准。如美国人较直率、开朗,谈生意时喜欢开门见山,答复明确。在商谈时,一般只简短寒暄几句,便会进入正题,坦诚地探讨业务问题,不像日本人那样喜欢长时间闲聊。

【案例】2-6: 星巴克的"第三空间"

星巴克没有到上海之前,上海人也喝咖啡,但随着星巴克的出现,星巴克已成为上海人追忆往昔时光、消遣和娱乐的理想场所了。它在上海经营非常成功,一下子开了十几家连锁店。虽然星巴克不是上海唯一卖咖啡的店,但星巴克做得最好。它采用很多种方法来吸引消费者,例如,2002年中秋节,星巴克特制了星巴克月饼,围绕着中国月饼的是星巴克咖啡,通过月饼把星巴克与中国联系起来。又例如,上海浦东黄浦江边有一家星巴克,这家咖啡店的环境景色很美。在落日时坐在酒吧里,一边品着咖啡,一边欣赏着落日时的繁华热闹和华灯初上的迷人景色,天边彩霞满天,杯中咖啡香浓,这是一种什么意境呢?

星巴克的营销观念是:"我们亲自为消费者选择咖啡豆。"从最稀小的蓝天、魔卡、巴西一直到维也纳等各种名贵咖啡,星巴克都在努力地帮助顾客挑选咖啡豆,这就是它的一种文化。更为重要的是星巴克提出了第三空间理论:"人有两个空间,第一个是办公室,第二个是家,如果你厌倦了你的办公室,烦透了你的家,快请到星巴克第三空间,去享受你的生活。"如果一个人不是呆在办公室,也不呆在家里,而时常呆在星巴克,它要赚多少钱! 这就是所谓的第三空间文化策略。

为什么星巴克能想得到这么多?因为它有敏锐性,很敏锐地发现什么是中国的新消费文化,什么是中国的新新人类。他们提倡享受"第三空间",这就是高度敏锐性的表现。

2.进行市场营销决策还要着重调查研究亚文化群的动向

社会文化一般由某一社会全体成员所共有的基本的核心文化和某一社会不同群体特有的亚文化组成。即使在核心文化相同的社会,由于民族、宗教信仰、地理区域、年龄、性别、职业、收入水平、社会阶层、受教育程度等因素的差异性,不同群体也会形成不同的亚文化,即价值观念、生活方式、审美观念、风俗习惯等具有各自鲜明的特征。如民族亚文化。每个国家和地区都是多民族的融合体,各民族在宗教信仰、节日、崇尚爱好、图腾禁忌和生活习惯等方面都有其独特之处;如宗教亚文化。世界上有许多宗教,不同的宗教有不同的文化倾向和戒律,影响着人们认识事物的方式、对客观生活的态度、行为准则和价值观念,从而影响人们的需求动机和购买行为。如地理亚文化。一个国家由于其地理环境不同,其行政区划、气候、地形、人口分布、自然资源等与其他国家相比都有很大的差异,这些差异对市场营销产生直接和间接的影响。如语言亚文化。语言是文化的载体,也是文化的要素之一。市场营销学研究语言,主要包括两个方面:一是研究目标市场语言种类、使用范围,以及可能产生的语言禁忌和语言歧视对市场营销的影响;二是研究由于生活习惯和价值观念的不同,所产生的语言文字使用习惯、语言歧义等,以及它们对市场营销所产生的买卖双方沟通障碍。

五、自然环境

社会生产不但需要一定的社会经济条件,更重要的还需要有一定的自然条件。这种自然条件就是企业所面临的自然环境。

自然环境与自然资源有着密切的关系。凡是能够影响社会生产过程的自然因素,都是自然环境。人类已经用来或者可能用来改善生产和生活状况的自然因素,就是自然资源。

(一)自然资源的拥有及其开发利用

自然资源的范畴十分广泛,如果以资源的可更新性质为标准,自然资源主要有三大类:第一类是"取之不尽、用之不竭"的资源,如阳光、空气等。它们的特点是在自然界大量存在着,无论人类怎样利用,都不会引起资源数量的减少;第二类是"有限但可更新的资源",如森林、草地、各种动物、植物、微生物以及土地、水等。第三类是"有限又不能更新的资源",如铁、石油、煤、铀、锡、锌等各种矿物资源。它们经历了漫长的地质年代而逐渐形成,其总储量将随着开发利用而逐渐耗竭。目前第一类资源面临被污染的问题。第二类资源由于生产的有限性和生产周期长,再加上森林乱砍滥伐,导致生态失衡、水土流失、灾害频繁,影响其正常供给,有的国家需大量进口。企业尽可能通过建立原料基地或调节原料储存的方式来减轻不利影响。第三类资源都是初级产品,且政府对其价格、产量、使用状况控制较严。对市场营销来说,面临两种选择:一是科学开采,综合利用,减少浪费;二是开发新的替代资源,如太阳能、核能和风能。

(二)环境污染与生态平衡

随着工业化的高度发展,企业所面临的自然环境也越来越严峻,人口爆炸、粮食短缺、非再生资源的耗尽、环境污染问题的日益恶化等等。公众要求控制污染的呼声越来越高。这对那些污染控制不力的企业是一种压力,他们应采取有效措施治理污染。今后我国企业营销面临的主要环境保护约束,表现在以下几个方面:

1. 由于国家环境法的制约,企业在厂址选择上必须考虑城市的整体规划及对环境的污染。

2. 在产品结构上,一些重污染的行业如造纸、电镀、印染、拆船、制革、建材乃至有色金属、砒霜、放射性稀土等,今后会受到严格控制,并在布局上相对集中。

3. 有严重污染源的企业,国家要限期治理,对于那些耗能高、效率低、运输量大、污染严重的企业,国家将采取关、停、并、转、迁等措施。

4. 国家今后的技术政策,要求有污染的企业必须增加环境建设投资。

国家政府要加强对自然资源的管理:第一,行政方面的措施和手段。主要包括制定经济发展与环境保护互相协调的社会发展计划、土地利用计划、环境影响评价、许可证制度,规定企业应采用的开发方式、方法和应采用的工艺、设备以及发动群众参加管理等。第二,经济刺激手段。主要包括财政援助、加重或减免税收、低息贷款、价格照顾、征收资源税实行排污收费制度等。第三,法律手段。即将上述行政管理措施和经济刺激手段上升为环境法规范,使它们成为人们应遵守的行动准则,并对违者追究法律责任。

六、技术环境

科学技术是第一生产力,是企业将自然资源转化为符合人们需要的物品的基本手段。人类社会的文明与进步是科学技术发展的历史,是科技革命的直接结果。科学技术的发展和新技术的应用对企业的市场营销活动的影响有:

(一)科学技术革命引起经济结构的变化,为某些企业提供了新的机会

影响人类前途最大的力量是科学技术。科学技术一旦与生产相结合,都会直接或间接地带来工业、农业、交通、邮电通讯、能源、国民教育以及卫生事业等部门的变化和发展,带来产业部门间的演变与交替,伴随而来的是新兴产业的出现,传统产业的改造,落后产业的淘汰。例如,CD 的出现,无疑将会夺走磁带市场,给磁带制造商以"毁灭性的打击"。以微电子为标志的尖端技术迅速发展,促进了信息、光导通讯、自动化控制、宇航、基因工程、教育培训等产业的兴盛,加快了应用技术的发展,使民用产业的科技含量日益提升。所以,技术的不断进步与新技术的问世,将会给企业带来各种契机和前途。在美国,由于汽车工业的迅速发展,使美国成了一个"装在车轮上的国家",现代美国人的生活方式,无时无刻不依赖于汽车。再如,电子计算技术的发展使人们改变了传统的笔算和拨算盘珠的做法,甚至在日常生活中也逐渐离不开电子计算机和微型计算器。

(二)科学技术革命为我国企业市场营销发展提供了新的机会

新技术革命,给企业市场营销造就了机会,同时也可能是一种威胁。它的机会在于寻找或利用新的技术,满足新的需求。而它面临的威胁则可能出于两方面:一方面,新技术的突然出现,使企业现有产品已变得陈旧;如晶体管取代电子管,后又被集成电路所取代;化纤工业对棉纺业的冲击等。另一方面,新技术改变了企业人员原有的价值观。因此,科学技术的发展对某些企业可能是有利的,而对另一些企业则可能是不利的,对企业营销的影响是一把"双刃剑",是一种"创造性的破坏"力量。它本身创造出新的东西,同时又在淘汰旧的东西。企业要想在竞争中立于不败之地,就要把握好市场营销的有利机会:利用世界现成新科技发展新行业;利用自己的资源和劳力优势,积极发展有利的传统产品,打开国际市场的销路。

(三)科学技术革命影响零售商业结构和消费者购物习惯

随着科技的发展,传统的、古老的商品流通形式及物流管理受到极大的挑战,仓储超市、连锁店、电视购物、邮购、电话订货、电子商务、自动售货机等新型商业业态迅速扩张,从而使企业营销战略及营销组合策略进入一个全面创新的时期。科学技术革命对消费者的购买行为也发生着积极的影响作用:由于大量涌现的新兴行业给市场提供了品种丰富、款式各异的产品,消费者能买到表现自身特性的产品;"电脑电话系统"的出现,消费者可通过它来订购车票、机票、电影票及购物。

(四)科学技术革命有利于企业改善营销管理

技术革命是管理改革或管理革命的动力,技术革命向管理提出了新课题、新要求,又为企业改善经营管理、提高管理效率提供了物质技术基础。如电子计算机、传真机、办公自动化等在管理中的普遍运用不仅加快了企业信息的收集、处理、传递和反馈,而且大大降低了交易费用和管理成本,从而有利于营销决策。

第三节　企业微观营销环境分析

企业经营的首要目标是在满足顾客需要的前提下,寻求企业利润的最大化,为完成这一目标,企业必须与企业供应商、营销中间人、竞争者、顾客及公众发生紧密的联系,这便涉及到企业的微观环境问题。

微观环境一般由六个要素构成,即企业、供应商、营销渠道、目标顾客、竞争者和公众。(如图2-7所示)

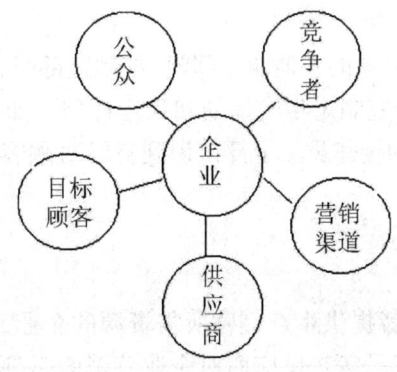

图2-7　微观营销环境系统

一、企业本身

企业本身包括市场营销管理部门、其他职能部门和最高管理层。企业为了实现其目标或完成其工作任务，必须依据企业生产经营条件和市场需求开展某些业务活动，如生产、采购、新产品研究与开发、财务管理、市场营销等。企业要开展市场营销活动必须注意各部门间的协调配合，使营销管理工作得到内部的大力支持。例如，经营一家饭店需要使三种人满意：顾客、员工和股东。虽然这三组人都很重要，但这三组群体满意的先后顺序应该是这样的：首先，公司应让员工满意，只有员工热爱工作，并以自己的工作为荣，他们才能更好地服务于顾客。而顾客只有感到满意才会重新光顾饭店。这样，才能给股东带来丰厚的收益。由此可见，内部环境力量也是十分重要的。企业内部的环境因素如图2-8所示。

首先，最高管理层是企业的最高领导核心，负责规定企业的任务、目标、战略和政策，营销管理者只有在最高管理者规定的范围内作出各项决策，并得到上层的批准后才能实施。

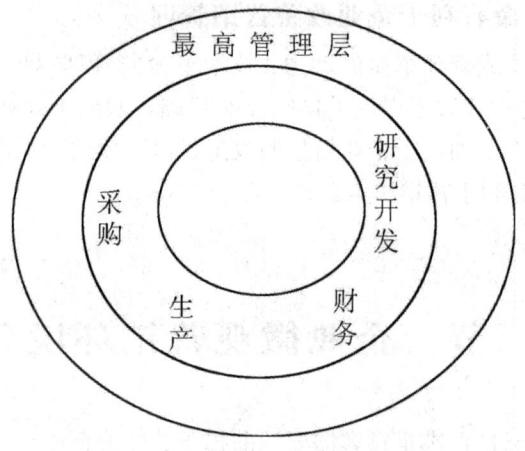

图2-8 企业内部的环境因素

其次，销售部门、广告部门、产品管理部门和市场调查部门这些不同的市场营销职能部门必须相互协调。事实上，销售部门经常对产品管理部门制定"过高的价格"或"过高的销售目标"而感到极为不妥，或因为广告主管不同意一个"最好的广告活动"而心怀不满。这些职能部门必须从顾客的角度出发，相互协调。

再次，营销部门还必须和公司的其他业务部门（如制造部门、采购部门、研究与开发部门、财务部门等）充分协作，共同研究制定年度计划和长远计划。如果营销活动只有营销部门参与，那是行不通的，只有公司的全体员工全部认识到自己对顾客满意所应发挥的作用，市场营销活动才最有效果。

二、供应商

供应商是向企业及其竞争者提供生产经营所需资源的企业或个人，包括提供原材料、零配件、设备、能源、劳务及其他用品等。供应商对企业营销的影响是很大的，所提供的资源的价格、质量、供应量、供应时间等，直接影响着企业产品的价格、销售量和利润。因此，营销企业在与供应商保持关系时，一要掌握资源供给，使自己在市场竞争中处于优势；二要建立良

第二章 市场营销环境分析

好合作关系,为提高市场营销水平共同努力。

三、营销中介

营销中介企业主要是指协助本企业促销、销售和经销其产品给最终购买者的机构,包括中间商、物流企业、营销服务机构(调研公司、广告公司、咨询公司等)和金融机构(银行、信托公司、保险公司等)。商人中间商从生产者手里购进商品,然后转卖给其他经营者或消费者,他们对其经营的商品拥有所有权,如批发商、零售商;代理中间商替生产者寻找买主,帮助推销商品,对其经营的商品没有所有权,如经纪人、制造商的代理商等;辅助中间商不直接经营商品,但对商品经营起促进、服务的作用。企业必须借助营销渠道企业的协助才能有效地形成营销活动。

四、顾客

顾客是企业产品购买者的总称,是企业服务的对象,也是营销活动的出发点和归宿,他是企业最重要的一个环境因素。因此,企业的一切营销活动都应以满足顾客的需要为中心。顾客可分为不同类型:主要包括:按购买的最终用途可分为:消费者、生产者和专卖者等;按国家、地域划分,顾客可分为国内顾客和国外顾客等等。每种顾客的特点各不相同,因此,企业因不同顾客的营销策略也要有其差异性和针对性。具体分析参见第三章购买行为分析。

五、竞争者

竞争是商品经济的基本特征,只要存在商品生产和商品交换,就必然存在竞争。企业选择和确定目标市场之后,就会处于某种竞争环境之中。企业要成功,必须在满足消费者需要和欲望方面比竞争对手做得更好。企业的营销系统总是被一群竞争者包围和影响着,必须识别和战胜竞争对手,才能在顾客心目中强有力地确定其所提供的产品的地位,以获取战略优势。

从消费者的购买决策来分析,**竞争者可分为以下四种类型:**

(1) **愿望竞争者**。即提供不同产品以满足消费者不同需求愿望的与企业构成竞争关系的众多企业。

(2) **一般竞争者**。即提供不同产品以满足消费者同一种需求的与企业构成竞争关系的众多企业。亦即,满足消费者同一种需求的所有企业间都存在着竞争关系。

(3) **产品形式竞争者**。即提供满足消费者同一需要不同形式的同一种产品的与企业构成竞争关系的众多企业。即:能满足购买者某种愿望的各种产品型号的众多企业。

(4) **品牌竞争者**。即提供满足消费者同一需求的同种形式的不同品牌产品的与企业构成竞争关系的众多企业。

其中,后两种竞争者都是同行业的竞争者。在同行业竞争中,卖方密度、产品差异、进入难度的变化是三个特别需要重视的方面。卖方密度是指同一行业或同一类商品经营中卖主的数目,这个数目的多少,在市场需求量相对稳定时,直接影响到企业市场份额的大小和竞争激烈的程度。产品差异是指同一行业中不同企业生产同类产品的差异程度,利用差异化有助于企业依靠为顾客创造附加价值来提高产品的价格和竞争力。进入难度是指某个新企业在试图加入某行业时所遇到的困难程度。

六、公众

公众是指对企业实现其营销目标的能力有实际或潜在的利害关系和影响力的团体或个人。企业公众的内涵相当广泛，主要有以下几种：

1. 金融公众，即影响企业融资能力的金融机构，包括银行、投资公司、证券公司、保险公司等。
2. 媒介公众，即联系企业和外界的大众媒体，包括电视、电台、报纸、杂志等。
3. 政府公众，即负责管理企业业务经营活动的有关政府机构。如各级经贸委、工商行政管理局、税务局、物价局等。
4. 市民行动公众，即各种保护消费者权益组织、环境保护组织、少数民族组织等。
5. 地方公众，即企业所在地区附近的社区居民群众、地方官员等。
6. 一般公众，指上述公众之外的社会公众，他们虽然不会有组织地对企业采取行动，但企业形象会影响他们的惠顾。
7. 企业内部公众，指企业内部全体员工，如公司董事会、经理、职工等。

以上这些公众，都与企业的营销活动有直接或间接的关系。现代企业是一个开放的系统，它在经营活动中必然与各方面发生联系，必须采取积极措施，努力维持和发展与公众的良好关系，如设立公共关系部门，开展公共关系工作，塑造良好的企业形象，形成协调的人际关系氛围。

第四节 市场营销环境的分析与对策

市场营销环境是企业生存和发展的条件，企业如同自然生物一样，要得到生存和发展，就必须与它的生存环境相适应。而环境发展趋势基本上分两大类：一类是环境威胁；另一类是市场营销机会。不断变化的市场环境，既给企业的市场营销活动提供了机会，也可能给市场营销活动带来威胁。分析市场营销环境，可以看到任何企业都面临着若干环境威胁和市场机会。

当然，并不是所有的环境威胁都同等重要，也不是所有的市场机会都有同样的吸引力。对企业营销环境的分析和评价，始终是营销者制定营销战略、策略和计划的依据。严密地监视和及时预测相关环境的发展变化，善于分析、评价和鉴别由于环境变化造成的机会与威胁，以便采取相应的态度和行为，是营销者的高明之处。

一、市场机会分析

所谓市场机会，就是市场上存在着尚未被满足的需求。对企业而言，这种客观存在的市场机会还只是"环境机会"，即某些环境变化给企业提供了在未来发展中获得盈利的可能性，它并不真正是企业的营销机会。只有当企业具备了必要的成功条件时，即：市场机会与企业经营目标相一致，在该领域内，企业具有利用该机会的人、财、物等资源能力，拥有竞争优势，且利用该机会足以实现企业的经营目标,这一环境机会才会成为企业的市场营销机会——企业市场营销活动可利用的富有吸引力的领域。

因此,有效地捕捉和利用市场机会,是企业营销成功和发展的前提。企业要想把市场机会转化为企业营销机会,就要了解现有的市场机会是否符合本企业的经营目标,还要了解本企业是否具有足够的资源来利用这一市场机会,最终能否开拓市场,扩大销售,提高企业产品的市场占有率。

例如,炎炎夏日购买空调是众多家庭的消费行为,这为生产家用电器的企业创造了市场机会。某服装公司很想跻身于电子行业,但这一市场机会既不符合其经营目标,同时企业也缺乏转行的充分资源与生产技术,所以,对该企业而言,这个市场机会不会对其转化为市场营销机会。该服装厂只能分析、评估与服装市场相关的市场机会与威胁。

专家提示:
1. 市场机会并不等于企业营销机会。
2. 只有当企业具备了必要的成功条件时,环境机会才会成为企业真正的市场营销机会。

企业分析市场营销环境变化的目的,就是把握市场营销环境变化的趋势,趋利避害。那么,分析评价市场机会的主要目的有两个方面:一是考虑机会给企业带来的潜在的吸引力大小;二是考虑机会出现的成功可能性大小。如图2-9所示。

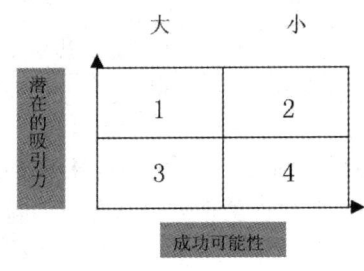

图2-9 市场机会矩阵图

市场机会矩阵(Opportunitymatrix)(如图2-9所示)的纵列代表潜在的吸引力;横排代表成功的可能性,表示潜在盈利能力。在图2-9中的4个象限中,第1象限是企业必须重视的,因为出现潜在的吸引力和成功的可能性都很大;第2象限和第3象限也是企业不容忽视的,因为第2象限虽然出现成功可能性小,但一旦出现会给企业带来很大的潜在吸引力,第3象限虽然潜在吸引力不大,但出现的成功可能性则很大,因此,需要企业注意,制定相应对策;对第4象限,主要是观察其发展变化,并依据变化情况及时采取措施。

任何企业都面临着发现、评价和利用市场营销机会的局面。企业面对最好的营销机会,首先要慎重地评价其质量。当企业通过分析和评估,确认市场对某种产品有某种需求,又有顾客购买,企业也有营销能力时,应积极地创造和适时地利用市场机会。因为有些机会是一闪即逝的,如服装市场瞬息万变,每年服装花样翻新,服装生命周期多则一年,少则两三个月,企业如不适时地利用市场机会,就会错失良机,在竞争中失利。如果能适时地利用市场机会,便可提高企业经济效益。因此,企业的营销者要有敏锐的洞察力,善于发现、利用环境机会。

企业也可利用社会上出现的"时尚热"机会去开展营销活动。例如，在2006年世界杯的拉动下，期间广州各大商场销售翻倍，仅广百货、友谊商店、新大新公司、天河城百货四大百货劲收5亿，同比均增长20%，其中运动用品、电器、酒类零食类增幅明显。酒类销量上升了30%，最旺的地方要数酒吧等夜场了，生意非常火爆，广州人看球多喝了15亿元酒。

利用体育热创造商品销售机会。社会经济的发展，人们教育文化水平的提高，促进了人们对体育的兴趣和爱好。现在人们非常爱看各种体育比赛，特别是球类比赛，这为许多企业创造了营销机会。不少企业利用世界杯足球赛、奥运会等机会生产出印有足球、篮球、排球、乒乓球等图案和奖杯图案的衣服和用具，满足消费者追求时髦的欲望。

利用影响大的政治人物的生活习俗，创造企业营销机会。在发达的资本主义国家，领袖人物的消费偏好对消费品的销售影响很大。美国前总统克林顿来华访问，穿上了中国恤衫。由此输往美国的中国恤衫订货量大增。因此，企业应当重视利用影响大的政治人物的生活习惯来创造市场机会。

利用影响较大的政治事件和社会事件创造营销机会。如中日恢复邦交之后，日本出现了一股"熊猫热"，日本不少厂商及时开发了绘有熊猫图案的服装和玩具。

二、环境威胁分析

所谓环境威胁，是指环境中一些不利于企业发展，甚至会使企业陷入困境的趋势所形成的挑战。对此，企业如果不采取果断的市场营销措施，避免环境威胁，这种不利的环境趋势一定会损害企业的市场地位，甚至使企业陷于困境。因此，营销者还要善于分析环境发展趋势，善于识别环境威胁和潜在的环境威胁，并正确认识和评估威胁的可能性和严重性，以采取相应的对策措施。

营销者对环境威胁的分析主要从两方面考虑：一是分析环境威胁对企业的潜在的严重性；二是分析环境出现威胁的可能性，并将这两个方面结合在一起。如图2-10所示：

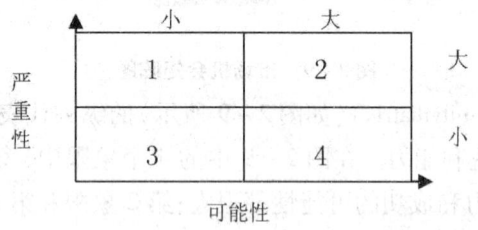

图2-10 环境威胁矩阵图

环境威胁矩阵(Threatmatrix)(如图2-10所示)的纵列代表潜在的严重性，表示盈利减少程度；横排代表出现威胁的可能性。在图2-10中的四个象限中，第2象限是企业必须高度重视的，因为它潜在的严重性大，出现威胁的可能性大，企业必须严密监视和预测其发展变化趋势，及早制定应变策略；第1和第4象限也是企业所不能忽视的，因为第1象限虽然出现威胁的可能性小，但一旦出现给企业营销带来的潜在的严重性大，第4象限虽然对企业潜在的严重性不大，但出现威胁的可能性却很大，对此企业也应该予以注意，准备应有的对策措施；对第3象限主要是注意观察其发展变化，看其是否有向其他象限发展变化的可能。

三、企业对环境威胁采取的对策

营销者对环境威胁分析,目的在于采取对策,避免不利环境因素带来的危害。企业面对环境威胁,一般采取三种不同的对策如图 2-11 所示):

图 2-11　企业面对环境威胁的对策

（一）对抗策略

即试图限制或扭转不利因素的发展。如通过各种方式促使政府通过某种法令或达成某种协议,或制定某项政策来改变环境的威胁,使不利环境向有利方向转化。例如,西方国家的烟草公司与议员沟通,促使其通过一个法令,准许人们在公共场合吸烟。

【案例】2-7：　　　　　美日贸易纠纷

长期以来,日本工业品如汽车、家用电器等产品源源不断地流入美国市场,而美国的产品,尤其是农产品却遭到日本贸易保护政策的威胁,美国的牛肉和柑桔不能自由进入日本。美国政府为了打破这一严重的环境威胁,一方面,在舆论上提出美国的消费者愿意购买日本优质的汽车、电视、电子产品,为何不让日本的消费者购买便宜的美国牛肉和柑桔;另一方面,美国向有关国际组织提出了起诉,要求仲裁。同时提出,日本政府如不改变农产品贸易保护政策,美国对日本工业品的进口也要采取相应的措施。结果,美国牛肉和柑桔纠纷终于告一段落,日本被迫同意牛肉和柑桔在 3 年以后,柑橘汁在 4 年以后,实行了对日本进口的自由化。

（二）减轻策略

即通过企业调整市场营销组合策略来适应或改善环境,以"减轻环境威胁"的影响程度。例如,美国的列维斯特劳斯公司于 20 世纪 70 年代末花费了 1200-1400 万美元,想通过奥运会把列维服装作为"美国的国服",并做了大量的广告宣传。后来美国因苏联出兵阿富汗而拒绝参加在莫斯科举行的 1980 年夏季奥运会,这对该公司造成了一种环境威胁。在此背景下,它立即改变企业营销策略,即把很多费用转移到全国电视广告上,并改变广告宣传内容,鼓励人们购买其服装作圣诞节的礼物,结果,使该企业将环境威胁转为有利的营销机会。

（三）转移策略

即将产品转移到其他市场,或转移到其他赢利更多的产品行业,实行多角化经营。对于长远的、无法对抗和减轻的威胁,采取转移到其他的可以占领并且效益较高的经营领域或干脆停止经营的方式。例如,烟草公司可以扩大香烟对发展中国家的出口,同时增加食品和饮料等业务,实行多元化经营。美国敛宝公司多年来的服务对象主要是婴儿。但近年来,由于美国人口出生率下降,人口呈现老龄化趋势,市场对儿童服装、玩具及食品需求的增长率下降,这对敛宝公司的营销活动造成了环境威胁。它适时地采取了转移策略,一方面将婴儿食品大量外销,另一方面在国内发展老年人寿保险、旅馆、民航、饭店及旅游等多种经营,从而保证了公司不断兴旺发达。

在企业实际面临的客观环境中,单纯的威胁环境和社会环境是少有的。一般情况下的营销环境都是机会与威胁并存,利益与风险结合。将上面两个矩阵图结合企业所经营的业务,可能会出现以下的矩阵。如图2-12所示:

对企业所面临的主要威胁和最好的机会,最高管理层应当作出什么反应或应采取何种对策呢?

1. 面临理想环境应采取的策略

由图2-12可见,对于理想环境应看到机会难得,甚至转瞬即逝,机会水平高、威胁水平低、利益大于风险,企业必须抓住机遇,迅速行动,开拓经营,创造营销佳绩,否则,丧失战机,将后悔不已。

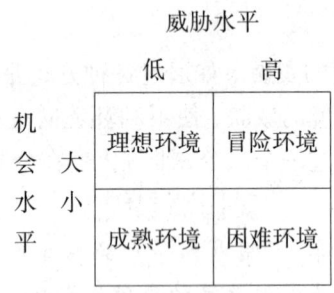

图2-12　环境分析矩阵图

2. 面临冒险环境应采取的策略

对于冒险环境,是机会和威胁同在,高利润与高风险并存,面临这样的环境,企业既不应盲目冒进,也不应迟疑不决,坐失良机,应全面分析自身的优势与劣势,审慎决策,扬长避短,创造条件,争取突破性的发展。

3. 面临成熟环境应采取的对策

对于成熟环境,机会与威胁都处于较低水平,是一种比较平稳的环境。面对这样的环境,企业一方面按常规经营,规范管理,以维持正常运转,取得平均利润;另一方面积蓄力量,为进入理想环境或冒险环境准备必要的条件。

4. 面临困难环境应采取的策略

对于困难环境,是风险大于机会,企业处境已十分困难。企业面对困难环境,要么是努力改变环境,想方设法扭转局面,走出困境或减轻威胁;要么是采取果断决策,立即转移,撤出在该环境中的经营,摆脱无法扭转的困境,另谋发展。

【复习思考题】

一、名词解释

1. 市场营销环境　2. 市场机会　3. 环境威胁　4. 竞争者

二、判断题

1.(　　)市场营销的宏观环境是客观的、不可控的因素。

2. (　) 抓住并利用了市场机会就一定能赚钱。
3. (　) 对环境威胁，企业只能采取对抗策略。
4. (　) 一国的恩格尔系数越高，其国民生活水平越高。
5. (　) 市场机会水平高，威胁水平低是企业面临的成熟环境。

三、选择题

1. 能满足同一需要的各种产品的生产者互为(　)竞争者
   A. 愿望　　　B. 一般　　　C. 产品形式　　　D. 品牌
2. 当家庭收入达到一定水平时，随着收入增长，恩格尔系数将(　)
   A. 下降　　　B. 增大　　　C. 不变　　　D. 上下波动
3. 影响消费需求变化的最活跃的因素是(　)
   A. 个人可支配收入　　　B. 可任意支配收入
   C. 个人收入　　　D. 人均国内生产总值
4. 市场营销战略首先要求根据(　)这些约束条件确定在未来某个时期应达到的经营目标
   A. 资源　竞争　　　B. 竞争　购买力
   C. 环境状况　资源　　　D. 政策　价格
5. 对企业服务其顾客的能力构成直接影响的各种力量，包括企业本身及其市场营销渠道企业、顾客、竞争者和各种公众，这是企业的(　)
   A. 微观环境　　　B. 宏观环境　　　C. 中介组织　　　D. 服务组织
6. 从利润增长潜力来说，只有"理想企业"和"(　)企业"较大
   A. 困难　　　B. 成熟　　　C. 冒险

四、回答问题

1. 企业对环境威胁应采取哪些对策？
2. 对企业影响的微观环境有哪些？企业应如何面对微观环境的影响？
3. 试述经济环境对企业市场营销的影响。
4. 什么是恩格尔定律？如何通过恩格尔系数分析我国人民目前的生活水平？

五、案例分析

1. 比利时一个地毯商把脑筋动到了穆斯林身上。这个名叫范德维格的商人，聪明地将扁平的指南针嵌入祈祷的地毯上。这种特殊的"指南针"不是指南方向或者指北方向，而是直指圣城麦加方向。这样，伊斯兰教徒不管走到哪里，只要把地毯往地上一铺，很快就能准确找到圣城麦加。这种地毯在穆斯林地区一经推出，立即成了抢手货，几个月内，范德维格在中东和非洲就卖掉了25000多条，范德维格赚了大钱，成了著名的"地毯大王"。

   讨论：比利时商人范德维格对何种市场营销环境因素进行了分析？"指南针地毯"为什么会一举获得成功？

2. 欧洲一个冻鸡出口商曾向阿拉伯国家出口冻鸡，他把大批优质鸡用机器屠宰好，收拾得干净利落，只是包装时鸡的个别部位稍带点血，就装船运出。当他正盘算下一笔交易时，不料这批货被退了回来。他迷惑不解，便亲自去进口国查找原因，才发现退货原因不是质量有问题，只是他的加工方法违反了阿拉伯国家的禁忌，不符合进口国的风俗。阿拉伯国家人

民不允许用机器和由女性屠宰家禽,也不允许家禽带血,否则便被认为不吉祥。

巴西冻鸡出口商吸取了欧洲商人的经验教训,不仅货物质量好,而且特别注意满足国外市场的特殊要求,尤其是充分尊重对方的风俗习惯。巴西对阿拉伯国家出口冻鸡,在屠宰现场严格按照阿拉伯国家加工要求,不用机器、不用妇女,杀鸡后把血渍全部清除干净并精密包装。巴西还邀请阿拉伯进口商来参观,获得了信任,使巴西冻鸡迅速打进了阿拉伯国家的市场。

讨论:欧洲冻鸡出口商为什么遭遇退货?阿拉伯国家为什么欢迎巴西冻鸡?

第三章　购买者行为分析

【本章学习目标】

通过本章的学习,了解影响市场购买行为的因素,正确识别市场购买行为,掌握市场购买决策的主要参与者,明确市场购买决策的具体过程,理解为促使市场购买需要采取的对策。

【引导案例】3-1:　美国速溶咖啡的艰难起步

20世纪40年代,美国某咖啡生产厂家经过调研分析决定生产速溶咖啡。他们认为速溶咖啡适合人们追求便利、节省时间的需求,同时由于它的生产成本远低于传统鲜咖啡,因而价格也低,并且它的口味跟受欢迎的传统鲜咖啡完全一样,故断定它投放市场后必定大受欢迎,会带来丰厚的盈利。于是不惜花费巨资,利用各种宣传工具大做广告。

然而事与愿违,销量出乎意料的少。尽管传统鲜咖啡的广告费用比速溶咖啡的广告费用少得多,但它照样占据着差不多整个市场。为此,生产厂家邀请消费心理学家来帮助解决问题。消费心理学家先采用了问卷调查法对消费者进行调查。问卷首先询问消费者是否使用内斯速溶咖啡,然后再问那些回答说"不"的人为什么不喜欢,结果,大部分人都回答说:"我们不喜欢这种咖啡的味道。"进一步追问,他们又说不出两种咖啡有何区别。这显然不符合实际情况,说明可能还存在连消费者本人也不清楚的真正原因。于是消费心理学家又采用了心理投射测试法。设计好两张购物表,购物表各有7项产品,其中有6项产品是完全一样的,只有一项是不同的,一张写的是"0.454公斤内斯速溶咖啡",另一张写的是"0.454公斤马克西维尔鲜咖啡"。消费心理学家把这两张购物表拿给妇女看,要求她们按自己的想像描述两位购买不同咖啡的消费者。接受测试的妇女们对两位假想中的人的个性特征描述是这样的:她们把那个买速溶咖啡的个体描述成是一个懒惰、邋遢、生活无计划、喜欢凑合、可能没有贤妻照顾的人;而把那位买鲜咖啡的个体描述成勤俭能干、有经验、有家庭观念和喜欢烹调的人。有谁愿意被人称为懒汉?又有哪个家庭主妇愿意被他人看成是不能很好地照顾丈夫、家庭的妻子呢?原来这才是影响消费者行为的真正决定因素!

厂商据此改变了广告宣传策略,由原来宣传便利、省时,转而着重强调速溶咖啡具有鲜咖啡的味道和芳香,并在包装上写道:"百分百的纯咖啡",还在杂志整页的广告中,在一杯咖啡后面放上一大堆棕色的咖啡豆。他们的大型路牌广告也变为一个身着家居服的主妇正费力地用启瓶器开启装有速溶咖啡的瓶子,旨在传达喝速溶咖啡的家庭主妇依然是勤快能干、喜欢做事、热爱家庭的好妻子。历经漫长20年的努力,速溶咖啡终于成为西方国家销量最大的一种咖啡。

想一想:1. 速溶咖啡上市后,为什么举步维艰?
　　　　2. 速溶咖啡后来畅销的原因是什么?
　　　　3. 该案例给你的启示是什么?

第一节　消费者市场购买行为分析

消费者市场是现代市场营销学研究的主要对象。无数事实证明：企业只有真正地满足了消费者的需求，才能生存、才能发展壮大自己。当然，真正满足消费者需求，单单凭借从表面的观察、与购买者简单接触中了解购买者是很不够的。只有深入、细致地分析购买者购买行为的产生和形成，探索和研究消费者购买行为的规律性，企业营销策略的制定才会准确。否则，消费者的选择是无情的，企业必将难逃商品滞销，甚至企业倒闭破产的厄运。因此，研究并掌握消费者市场及其行为规律，对于企业搞活营销，增强竞争能力具有重要意义。

一、分析消费者市场的意义

（一）消费者市场的特点

消费者市场是指个人或家庭为了满足生活消费需要而购买产品和服务的市场。它具有以下特点（如图3-1）：

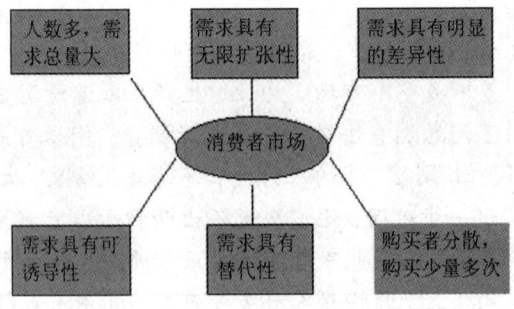

图3-1　消费者市场的特点

1. 消费者市场人数多，需求总量大

消费者市场几乎包括所有人，社会上的每一个人不管他是否亲自购买消费品，但他一定是生活资料的消费者。众多消费者的连续不断的购买，就决定了消费者市场的需求总量和交易规模的极其庞大。这就为企业从事消费品营销活动提供了可能。

2. 消费者市场需求具有无限扩张性

人们的需求是无止境的，永远不会停滞在一个水平上。美国著名心理学家马斯洛通过对人的需求研究，提出了需求层次理论。他认为：①人类是有需求与欲望的，且随时等待满足。②人类的需求是有层次的，按其需求的强度可分为：生理需求、安全需求、社会需求、尊重需求和自我实现的需求五个层次（如图3-2）。③只有低一层次的需求基本得到满足之后，高一层次的需求才会起主导作用，形成支配人行为的动机。

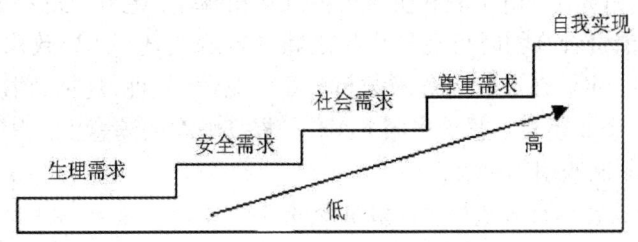

图3-2 马斯洛需求层次

①生理需求:指人为了维持自身的生存而产生的最基本的需求。例如:饥思食,渴思饮,冷思衣,困思眠等等。

②安全需求:指人们要求精神和肉体得到保障,基本生活条件免遭损害和威胁。最普遍的是人们对保证安全、保健、保险以及就业方面的需求等。

③社会需求:指人们互相交往的愿望和归属感,包括对友谊、爱情、组织或集团等的向往。

④尊重需求:指人类对自尊心、荣誉感的追求和维护,包括:希望受人瞩目、被人羡慕等。

⑤自我实现:指人类为了充分发挥自己的才智,实现理想与抱负,获得成就感的需求,是人类最高层次的需求。

所以,随着社会经济的发展和消费者收入的增长,人们对商品和劳务的需求会不断地向前发展。例如,20世纪70年代标志中国人消费水平的"老三大件"(手表、缝纫机、自行车),到80年代的"新三大件"(彩电、冰箱、洗衣机),再到21世纪的"最新三大件"(教育、购房、置车)等等,都足以证明消费者低一级的需求基本满足以后,就会产生高一层次、新的需求,新需求取代旧需求,循环往复,无穷无尽。因此,企业要对市场具有敏锐的洞察力,善于发掘、引导消费者新的、潜在的需求,不断开发新产品、开拓新市场。

3.消费者市场需求具有明显的差异性

由于消费者在货币支付能力、社会地位、职业、年龄、兴趣、爱好等方面具有明显差异,故不同消费者必然会在需要的商品、种类、档次、规格、款式、色彩、价格以及商品的购买时间、购买方式上存在很大的区别。例如:人们购买服装,往往由于年龄上的差异,结果导致需求上的不同。老年人对服装的要求:穿着舒适,色彩稳重,款式大方,价格适中;青年人则要求:款式新颖、时尚,色彩艳丽。即使是同一个消费者,在不同的地点、不同的时间、不同的心情、不同的收入等条件下,其需求也会不相同。针对这一特点,企业要加强市场调研、市场细分和目标市场的研究,更好地满足消费者的需求。

4.消费者市场需求具有可诱导性

消费者需求的形成在很大程度上与外界刺激有直接的关系。由于绝大多数消费者在购买商品时缺乏必要的商品知识,多属非专家购买,因此,他们很难鉴别、判断各种商品的品质、价值等。他们的购买常常受企业产品及其广告宣传的影响较大,经常是感性消费,具有一定的随意性。因此,企业应该做好顾客的参谋,通过一定的营销手段,影响消费者的欲望,指出什么样的产品可以满足他们的需要,诱导其产生新的需要。

5.消费者市场需求具有替代性

消费品种类繁多,不同品牌甚至不同品种之间往往可以互相替代。如"雕牌"洗衣粉和

"汰渍"牌洗衣粉可互相替代,电子表和机械表可以互相替代,毛衣与皮衣虽属于不同种类也可互相替代。因此,消费者购物时可在替代品之间进行购买选择,导致购买力在不同产品、品牌和企业之间流动。企业在经营上务求数量充足,花色、品种、规格、档次等齐全,便于顾客比较、选购。同时,企业还要加强销售服务工作,提高顾客的满意度,力争让满意顾客更多的成为忠诚顾客,并不断吸引新顾客。

6.消费者市场购买者具有分散性,且多属少量多次购买

生活在商品经济社会中,每一个人都是商品消费者,都要通过购买实现自己的消费目的。所以,消费者市场人数众多且空间分布面广,相对于工业品市场具有明显的分散性。另外,消费者以家庭为购买单位,一方面家庭的储藏的空间狭小,储藏的设备少,不易存放大量商品;二来家庭人口较少,商品消耗量不大;再者市场上商品供应丰富,购买方便,不必大量储存,导致消费者每次购买数量零星,购买次数频繁,易耗的非耐用消费品更是如此。针对这一特点,企业在商品促销宣传上应更多地选用影响面广的广告媒体;零售商业企业一方面要特别注意加强员工的职业道德、职业技能教育,提高综合服务质量,另一方面企业还要关心员工的疾苦、通过科学管理、现代化管理,努力减轻员工的劳动强度,使员工更加爱岗敬业。

(二)分析消费者市场的意义

从宏观而言,一切企业,无论其是否直接为消费者服务,都要研究消费者市场。因为生活消费是产品和服务流通的终点,所以消费者市场也称为最终产品市场。其他市场,如生产者市场、中间商市场等,尽管购买数量大宗,常常超过消费者市场,但其最终服务的对象还是消费者市场,仍然要以最终消费者的需要和偏好为转移。因此,消费者市场是一切市场的基础,是最终起决定作用的市场,是现代市场营销理论研究的主要对象。对消费者市场的研究已成为对整个市场进行研究的基础。

从微观而言,对消费者市场进行研究,是企业开展有效的市场营销活动的重要依据。消费者是企业微观营销环境中最重要的目标市场之一,企业只有通过研究消费者市场,深刻认识消费者市场的特点,准确把握消费者购买行为,才有可能科学地确定产品的销售对象,有针对性地制定产品、价格、渠道和促销策略,提高市场营销的效率,在充分满足消费者需要的前提下实现企业的发展目标。

【案例】3-2: 水土不服的"米老鼠"

香港迪斯尼总面积仅126公顷,是全球5个迪斯尼乐园中面积最小的一个。开业之初,香港迪斯尼将每天游客人数上限定为3万,若人数超过上限,当天便不再接待游客。

为了吸引内地客人,香港迪斯尼费了不少心思:作为建在中国的第一个迪斯尼乐园,香港迪斯尼的设计和推广都吸纳了"中国特色":景观设计借鉴中国园林"移步换景"的理念。开园仪式,传统舞狮表演体现中国风味;农历狗年新春,米奇、米妮、布鲁托等迪斯尼明星身着传统的中国服饰拜年;乐园大门上有中国春联,餐厅内有中国风味……甚至,为了贴近内地消费水平,香港迪斯尼的票价也是全球迪斯尼最便宜的。

2006年2月1日、2日(大年初四、初五)两天,迪斯尼乐园在入场人数达到上限后关闭园

门,令上百名稍后赶来并持有门票的游客吃了"闭门羹",他们都是提前订购了门票,可以在购票之日起半年内任意一天到乐园游玩。大批游客被关在乐园门外,部分人情绪激动,推撞大门铁闸。乐园方面派出员工疏散人流,并向等候入园的儿童派发气球。大批迪斯尼保安员在大门前戒备。

事发后,香港迪斯尼乐园副总裁安明智先后三次在香港召开新闻发布会,就最近乐园爆满拒客事件致歉。安明智在新闻发布会上说:这是我们的第一个春节……我们没有见过这么多的客人,乐园今年春节遇到了"前所未有的极大需求",到访人数是去年国庆黄金周的两倍,因此导致票务统筹和入场管理失误。乐园低估了春节中国内地市场的潜力。面对春节期间来访"极其多"的游客,为保证游客安全、尽兴游览,乐园不得不限制入场人数,导致一些已经购票的游客不能入内。他说,乐园为因此给人们带来的不便道歉,愿意为这些游客退款。今后将根据本地情况,不断改变和调整售票情况,迪斯尼会在成长中改进。

香港迪斯尼拒客事件引发的风波,虽然反映出迪斯尼管理层的应对失误,但风波的背后还有更深层次的原因,这就是香港的"米老鼠"还没有真正"中国化"、"本土化",这即是其"欢乐"变味的根本原因。

迪斯尼董事长迈克·艾斯纳·沃特曾经表示,他最大的梦想是进军中国内地市场。因为中国内地有2.6亿15岁以下的儿童,与美国总人口相去不远。然而,在最关键的游客人流安排方面,香港迪斯尼却忽略了最重要的"内地因素",忽视了中国内地消费文化的特点。

我国内地有三个黄金周:春节、五一、十一,居民在每个黄金周有7天时间自由支配。特别是,春节黄金周不仅与一年一度的新春佳节重合,而且是唯一与学生假期(寒假)重叠的时段。但是,香港迪斯尼的春节安排,恰恰忽视了这些因素。从初四到初七,内地民众尚在度假,而这几天却成为迪斯尼的"平常日子",不仅取消了门票价格调节,甚至不考虑售出的180天通用票会否一起"出笼",不愉快也便就此出现了。

对内地的不了解还不仅限于此。2005年,中国人均可支配收入实际增长9.6%,不少中国人已经具备"远游"的条件。2005年,内地赴港人数达到创纪录的1250万人次,即在去年全球所有赴港的2300万人中,有半数以上来自内地。有舆论认为,"拒客事件"显示,香港迪斯尼对中国内地消费潜力的了解和预测均大大落伍了。

二、消费者购买行为分析

(一)消费者购买动机的概念及其类型

动机是指引和维持个体的活动,并使活动朝向某一目标的心理过程或内部动力。人类的各种活动都是在动机的作用下,向着某一目标进行的。简单说来,动机就是为使个人某种需要得到满足而产生的一种内在驱使力和冲动。顾名思义,**消费者购买动机就是引起消费者购买并消费商品的最直接的原因和动力**。研究消费者购买动机主要是研究消费者为什么购买的问题,即研究消费者为什么购买某种特定的商品,为什么往往到某家商场购买某种商品,而不是到其他商家购买其他同类商品。

人的动机往往是复杂多样的。通常我们把动机分为两类,即生理性动机和心理性动机。(如图3-3)

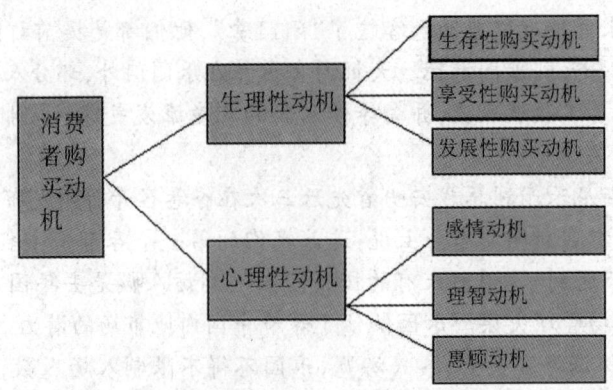

图3-3 消费者购买动机分类

1. 生理性动机

人要生存和繁衍下去，就要满足最基本的生理需要，如对空气、水、食物、休息和性爱等的需要，由这些最基本的生理需要引发的动机就叫生理性动机。饥则求食、渴则求饮、乏则求歇、病则求医，这些**由生理需要而引起的购买动机，就叫做生理性购买动机**。在生理性消费动机支配下的消费行为具有经常性、重复性、习惯性和相对稳定性的特点。

生理性动机又可以细分为生存性购买动机、享受性购买动机和发展性购买动机。

（1）**生存性购买动机是指为了满足生存需要而激发的购买动机**。所谓生存需要，是指人类为了维持自身生存而产生的对基本生活用品的需要。如果这种需要得不到满足，就会产生严重的社会问题。比如人们为了满足衣、食、住、行等基本生理需要而产生的购买动机。

（2）**享受性购买动机是指由于消费者对享受资料的需要而产生的购买动机**。所谓享受资料的需求，是指人们为了提高生活质量、增加生活乐趣而产生的对各种娱乐、享受消费品的需求。因为人们在吃饱穿暖、有了住所以后，还要讲究吃得科学、营养，穿得漂亮、个性，住得舒适、宽敞，要充分享受现代社会为人们提供的各种产品和服务。比如为了享受生活而购买等离子彩电、进口化妆品、名牌服装、高档音响等商品。

（3）**发展性购买动机是为满足个体的发展需要而引起的购买动机**。发展需要是人们对发展自己的体力、智力，提高个人才能所必需的消费品的需求。如为了强身健体去参加太极拳学习班，为了提高英语水平去参加英语培训班，为了了解传统文化去参加古代经典学习班等。

2. 心理性动机

所谓心理性购买动机，是指由消费者的认识、情感、意志等心理活动过程引起的消费动机。与生理性购买动机相比，在推动消费者的消费行为方面，心理性购买动机所起的作用有日益增强并逐渐占据主导地位的趋势。

心理性购买动机又可分感情动机、理智动机和惠顾动机。

（1）**感情动机是指由消费者的情绪和情感变化而引起的心理性购买动机，包括情绪动机和情感动机，它往往会导致顾客产生冲动购买**。由消费者的喜、怒、哀、乐、惧、奇等情绪触发的动机是情绪动机。由消费者的爱国情操、道德感等引起的动机即为情感动机。消费者的情绪和情感都会影响着他们的消费行为。特别是在消费环境的刺激下，消费者可以在一瞬间就冲动地做出购买某物或放弃购买某物的决定。掌握了消费者的情感动机，就能充分展示自己的营销才能了。比如在餐厅服务中,良好的服务会让顾客有宾至如归的感觉,使他们高兴而来,开心而归,消费者自然觉得在这里消费是值得的。

(2)**理智动机**是与感情动机正好相反,是建立在消费者对商品或服务的客观认识基础之上,经过分析、比较之后而产生的一种购买动机。在这种动机支配下的消费行为更为理性,更具有客观性、周密性和控制性的特点。比如广泛搜集商品资料,在货比三家之后再决定购买与否。

(3)**惠顾动机**是指消费者基于感情与理智经验对特定的商店或商品产生特殊的信任与偏爱而经常、重复地购买的一种动机。通常是因为顾客在那里购物每次都满意而归,久而久之,形成了惠顾心理。例如:热情、周到的服务、良好的信誉、优雅又舒适的购物环境、现代化的服务设施、琳琅满目且品质精良的商品因素等,都能使消费者在购物的同时,感受到购物是享受的愉悦心情,或者每次使用这里购买的产品都觉得不错,从而愿意经常光顾体验这种感受。具有惠顾动机的消费者往往是企业的忠实支持者,他们不仅通过自己的购买行为给企业带来巨大利益,同时还会把他们的感受、体验情绪传达给其他消费者,从而影响和带动其他消费者的购买行为。因此,企业一定要树立现代营销观念,务求使顾客获得最高让渡价值,树立企业形象,激发消费者的惠顾动机,扩大销售。

专家提示:
　　消费者的购买动机是非常复杂的。同一个消费者仅仅出于一个动机而购买商品的情况是少见的,往往是可能同时存在多种购买动机;在影响购买的诸多动机中,其中必有一种动机是主要的,起主导作用的动机。另外,消费者真正的购买动机有时会有意或无意地被假象掩盖。企业应注意从多方面探寻消费者真正的心理动机,制定适宜的营销策略,正确加以引导,以唤起消费者心理上的需求,促使其采取购买行动。

以上介绍的是消费者一般的购买动机。在消费者的实际购买活动中,消费者购买动机还表现出以下各种不同的具体的购买动机。

1. 求实购买动机。求实购买动机是以追求商品的实用价值为主要目的,注重"实惠"和"实际"原则,强调商品的效用和质量、讲求朴实大方、经久耐用、使用便利,而不过分关心商品的外形、品牌和包装。

2. 求廉购买动机。即消费者追求商品低价格的一种消费动机。具有这类动机的消费者以追求商品价格低廉为主要目的,注重商品的价格变动,而对商品的款式、包装、品牌等不十分挑剔。比如对同一品牌、同一类型的商品,只要在商品质量、功能、外观相似的情况下,消费者会尽量选择价格最低的那一种商品。求廉购买动机是较为普遍的一种动机类型,如果没有其他强大的动机成为主导性动机,消费者普遍存在追求低价的动机,少花钱多买东西或买到好东西。正因为这种动机具有普遍性,从某种程度上讲,低价竞争策略一直是市场营销中十分有效的一种策略。

3. 求速购买动机。以追求购买商品交易活动迅速完成为主要目的,注重购买过程的时间和效率,不喜欢排队,讲求商品携带方便、易于使用,希望能快速、便捷地购买到所需要的商品。

4. 求美购买动机。以追求商品的欣赏价值和艺术价值为主要目的,注重商品的颜色、款式、包装等外观因素,讲求商品的风格和个性化特征的美化所带来的美感享受。如有名的"买椟还珠"故事说的就这种动机。

5. 求新购买动机。求新购买动机是以追求商品的时尚和新颖为主要目的,注重商品的"时髦"和"新奇",讲究商品的款式和流行趋势。

6. 求名购买动机。注重商品的社会声誉和象征意义,讲求商品与其生活水平、社会地位和个性特征的关联性,因此以追求商品的名牌、高档为主要目的,借以显示或提高身份或地位。

7. 从众购买动机。为保持与别人步调一致而购买某些商品,这种情况通常是在相关群体和社会风气的影响下产生的,有一定的盲目性和不成熟性。这也是比较普遍的购买动机。

(二)消费者购买行为类型

因购买商品的不同,消费者在购买商品时的态度、介入程度——投入的精力、体力,以及要求等也不相同,其购买行为表现为以下三种类型(如图3-4所示):

图3-4 消费者购买行为类型

1. 经常性购买。这是一种较为简单的购买行为。一般是指消费者购买价值低、购买次数频繁的商品时所表现的购买行为。如:消费者购买香烟、牙膏、香皂等商品即为经常性购买。对这类商品的购买,一般消费者已熟知商品的规格、品质、价格等特性及各种主要品牌等,他们不会花太多的时间和精力进行选购。因此,企业要力求保证商品的品质和价格的稳定,保证货源的充足,以便保住现有的顾客;同时,企业还要千方百计、灵活地运用各种促销宣传手段,尽量吸引潜在顾客。

2. 选择性购买。这是一种较为复杂的购买行为。是指消费者购买不熟悉的品牌商品时所表现的购买行为。通常,消费者对某类商品有过购买经历,并熟悉此类商品,但不熟悉所有的品牌(包括新产品),要购买一种不熟悉的品牌商品其购买行为较前一种肯定要复杂得多。一般,他们要投入较大量的时间、精力和体力,收集、比较有关产品的信息,以减少购买风险。例如:某人想买一部手机,也有过购买手机的经验,对手机的一些功能、特点也有所了解,但对当前市场上的新品不熟悉。这就需要购买人进一步多方了解有关商品信息,以做出满意的选择。因此,企业一定要制定一个适当的信息沟通方案,大力宣传、介绍新产品的有关信息,以增加消费者对新产品的了解与信任,促使其产生购买行为。

3. 探究性购买。这是一种最为复杂的购买行为。是指消费者购买自己一无所知、不常购买、价值高、有购买风险的商品时所表现出来的购买行为。一般消费者购买这类商品时,需要经历一个认识学习的过程,他们要高度介入、全身心投入,仔细地购买,并注意现有各品牌的重要差别。只有在对产品产生信心,形成偏好后,才会做出慎重的选择。例如:某人想购买一台电脑,但又不知主板、CPU、内存、硬盘、操作系统为何物,对于不同品牌之间的性能、质量、价格等等问题一概不知、无法判断,贸然购买会有极大的风险。为了买到称心如意的商品,顾客就会通过各种途径广泛地收集资料,把许多问题探究清楚后,逐步建立起对某个产品的信念,并逐渐转变成态度,最后做出谨慎的购买决定。因此,企业必须对潜在消费者有一定的了解,按照他们习惯了解商品信息的渠道,有针对性地宣传、介绍商品,帮助他们对企业及其商品建立起信心,最终促成其购买。

(三)消费者购买行为模式

所谓消费者购买行为模式是指消费者购买行为过程的一般规律。

"现代营销学之父"——菲力普·科特勒在其《市场营销管理》(亚洲版)中提出了一个非常简洁的消费者购买行为模式。他认为,消费者行为模式一般由三部分构成(见图3-5)。

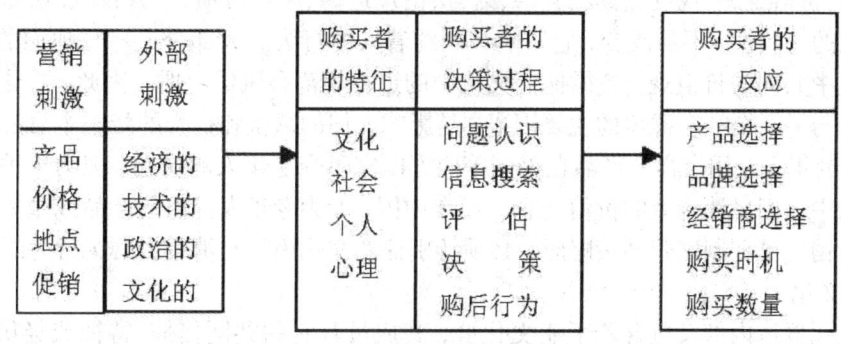

图3-5 科特勒刺激——反应购买行为模式

第一部分包括两类刺激:企业内部的营销刺激和企业外部的环境刺激。它们共同作用于消费者以期引起消费者的注意。第二部分包括购买者的特征和购买者的决策过程两个中介因素,它们将得到的刺激进行加工处理,即消费者经过一系列的心理活动,而加工处理的结果就是人们看得到的购买者的反应:购买还是拒绝接受,或是表现出需要更多的信息。第三部分是消费者购买行为的实际外化,消费者一旦决定购买,其反应便会表现为购买者购买的具体选择上,包括:产品选择、品牌选择、经销商选择、购买时间选择和购买数量的确定等。

**专家提示:**图3-5模式说明尽管消费者购买心理活动复杂,犹如"黑箱"一样难以捉摸,但它仍可以被反映出来,表现为基本规律,使人们认知、掌握。企业可以从影响消费者购买行为的诸多因素中找出普遍性的方面,由此,进一步探究消费者购买行为的形成过程,自如地运用营销刺激,影响消费、引导消费、满足消费。

(四)影响消费者购买行为的因素

消费者的购买行为取决于消费者的需要和欲望,而消费者的需要和欲望以至消费习惯和购买行为,是由多种因素共同作用的结果,这些因素主要有文化、社会、个人和心理因素等。如图3-6所示。

文化因素	社会因素	个人因素	心理因素	
文化 亚文化 社会阶层	参照群体 家庭 角色与地位	年龄和性别 职业和经济状况 生活方式	动机 知觉 学习 信念和态度	→ 购买者

图 3-6　影响购买者的因素

1. 文化因素

（1）广义的文化

广义的文化是指人类社会历史实践过程中所创造的物质和精神财富的总和，它所包含的潜在元素有：价值观念、观点、态度、文字、语言、伦理道德、风俗习惯、宗教仪式、法律等。文化具有较长期的持续性，不易改变，它影响和制约着人的行为。大部分人尊重他们的文化，接受他们文化中共同的价值观，遵循他们文化中的道德规范和风俗习惯。因此，文化是区分一个社会群体与另一个社会群体的主要因素，是影响人们的欲望和行为的最根本、最深远因素。例如，标有老年人专用字样的产品在美国等西方国家不受老年人的欢迎，因为这种宣传违背了这些国家中人们忌讳衰老的价值观念。而在中国，专为老年人提供的产品或服务却大受欢迎。企业营销人员在制定营销策略时，必须特别注意文化因素对消费者购买行为的影响。

（2）亚文化

每一文化群体内部又包含若干亚文化群，其成员具有的共同信仰、特征或经历等，能提供更为具体的认同感，如宗教文化、民族文化、区域文化和种族文化等。处在不同的亚文化群中的消费者其消费习惯和需求，往往有很大差异，所谓"百里不同风，十里不同俗"。营销人员在选择目标市场和营销策略时，一定要注意了解目标市场的文化背景，所谓"入乡问俗"。

A. 宗教文化。世界上有许多宗教，宗教信仰不同，文化倾向和戒律也不同，从而形成对商品不同的偏好和禁忌，使分属不同宗教群体的消费者在购买行为和消费习惯上表现出各自的特征。比如伊斯兰教徒不食猪肉，印度教徒不食牛肉。企业应充分了解消费者的宗教信仰，以制定适合其特点的营销策略。

B. 民族文化。世界上有许多民族，即使在同一国家内也存在着不同的民族，不同民族具有不同的民族文化，而民族文化对预测消费者购买习惯、消费偏好具有非常重要的参考价值，它就像一个标签，标识出自己和其他人。同一个种族的人拥有相似的思想、认知和相似的消费行为，而在不同的民族间则会有较大差异。譬如，有的民族对于某些动物、花鸟、图案敬若神明，视为高贵，而某些民族则可能正好相反，视其为丧气或禁忌。这种差异对市场分析、细分市场等企业营销活动都很有帮助。

C. 区域文化。不同的区域具有不同的地理特征、气候特点，赋予了人们与众不同的体质、性格及消费行为。譬如，我国北方人体格魁梧，性格豪爽，喜欢面食，而南方人则相对身材灵巧，性格细腻，喜欢米饭。这种差异还会在商品购买过程中表现出不同的消费决策模式。

D. 种族文化。世界上有白种人、黑种人、黄种人、棕种人4个人种，有些国家存在着不同的人种，如美国、瑞士、新加坡和南非。各个种族都有自己独特的生活习惯和文化传统，他们的购买行为各不相同。比如在开拓市场时，产品广告中有亚裔背景的名人，则会使其在亚裔消费者中的销量大增。锐步厂商使用网球明星张德培做广告以后，其运动鞋销量大增就是很好的例子。

(3) 社会阶层

社会阶层是指一个社会中具有相对同质性和持久性的群体，它们是按等级排列的，每一阶层成员具有相似的社会经济地位、价值观取向、兴趣爱好和行为规范。 在不同的社会形态下，社会阶层划分的依据不同。在现代社会，一般根据职业的社会威望、收入水平、财产数量、受教育程度、居住区域等因素，将人们归入不同的社会阶层。比较有代表性的是美国社会学家划分的7个社会阶层，如表3-1所示。

我国现阶段也客观存在10大阶层：国家与社会管理者阶层、经理人员阶层、私营企业主阶层、专业技术人员阶层、办事人员阶层、个体工商户阶层、商业服务人员阶层、产业服务人员阶层农业劳动者阶层、城市无业、失业和半失业人员阶层。

处于不同社会阶层的人，有着不同的价值观、人生观，有着不同的生活方式、经济能力、兴趣爱好等，这些都会直接影响各阶层成员在购买商品的类别、档次、购买方式、购买习惯等方面的差异。企业要正确认识社会阶层的客观存在性，并有针对性地开展营销活动。

表3-1　　　　　　　　　　　社会阶层购买行为特征表

社会阶层	主要成员	购买行为特征
上上层（小于1%）	社会名流，有家传财富和显赫的家庭背景	向慈善事业大量捐赠，让子女上最好学校，不炫耀财富，是珠宝、古董、房产和度假的重要市场，是其他阶层模仿的对象
次上层（2%左右）	通过职业或经营方面的非凡才能获得高薪和大量财产的中产阶级	在社会和民众事务中表现积极，购买象征身份的产品，是昂贵房产、教育、泳池和汽车的重要市场，希望能被上上层接受
中上层（12%）	无高贵出身和惊人财富，在某职业经努力成为专家、商人或经理等	重视对子女的教育，积极参加社会活动，是高品质房产、服装、家具及其他用品的重要市场
中间层（32%）	生活在城市较好地段，并愿意做得体事情，中等收入的白领和蓝领工人	购买流行产品，关心时尚，崇尚名牌，追求好房子、好社区和好学校，希望子女拥有有价值的经历并接受高等教育
工人阶层（38%）	教育背景和职业差异较大，但主要是具有平均工资的蓝领工人	在需要经济和情感帮助、购买忠告或遇到困难时对亲属依赖性大，是中低档产品主要购买者，保留强烈的性别歧视和老习惯
下上层（9%）	受教育水平低、工作不稳定、收入有限的较贫困的蓝领工人	是低档产品的主要市场，尽管在经济上接近贫困线，但还是试图维持"体面干净"的形象
下下层（7%）	生活在社会底层，不愿工作，经常处于失业或半失业状态	长期地依赖公众救济或慈善施舍维持生活，是旧货市场上的主要购买者

2. 社会因素

人们在做出购买决定时,为了降低购买决策中的潜在风险或从了解他人的想法和行为中获取慰藉,一般乐于听取所依赖之人的意见。因此,消费者购买行为也受到一系列社会因素的影响,如消费者的参照群体、家庭、社会角色与地位等。

(1) 参照群体

参照群体是指直接或间接影响一个人的态度、行为或价值观的个人或团体。 参照群体对消费者购买行为的影响,表现在三个方面:

第一,由于消费者有效仿或反对其参照群体的倾向,因而消费者对某些产品的态度和对某些事物的看法也会受到参照群体的影响;第二,参照群体为消费者展示出新的生活方式和行为模式;第三,参照群体促使人们的行为趋于某种一致化,从而影响消费者对某些产品和品牌的选择。

参照群体的影响力受个人与该群体的关系、产品、品牌以及产品生命周期等因素决定。企业应善于运用参照群体对消费者施加影响,以扩大产品销售。如山东省曲阜市利用孔子在海内外的影响,积极实施"第一、第三产业优势互补"战略,在农村开辟旅游业的"广阔天地",取得了明显成效。

(2) 家庭

家庭是指居住在一起,由拥有血缘、婚姻或者抚养关系的两个人或更多人组成的群体。家庭是社会的基本单位,也是社会中最重要的消费者购买组织,它强烈地影响着人们的价值观、人生态度和购买行为。一个人在其一生中通常要经历两个家庭。第一个是婚前的由父母组建的家庭,在父母的养育下逐渐长大成人,并从其父母那里获得有关宗教、政治、经济、个人抱负、自我价值和爱情等方面的指导;第二个家庭是婚后自己组建的家庭。当消费者作购买决策时,必定会受到这两个家庭的影响,其中,受父母家庭的影响比较间接,受自己家庭的影响比较直接,但在购买决策的参与者中,购买者家庭成员对其决策的影响最大。家庭购买决策大致可分为三种类型:一人独自决策;全家参与意见,一人决策;全家共同决策。这里的"全家"虽然包括子女,但主要还是夫妻二人。夫妻二人购买决策权的大小取决于多种因素,如各地的生活习惯、双方收入及教育水平、家庭内部的劳动分工、妇女就业状况以及产品种类等。子女在家庭购买决策中的影响力也不容忽视,特别是我国的独生子女在家庭中受重视的程度越来越高。随着子女长大成人、知识的增加和经济上的独立,他们在家庭购买决策中的影响力逐渐在增强。

(3) 社会角色与地位

社会角色是指个人在群体、组织及社会中的地位和作用。一个人在其一生中会参加许多群体,如家庭、俱乐部及其他各种组织。每个人在各个群体中的位置可用角色和地位来确定。角色是一个人所期望做的活动内容,如一个男人在家里对父母是孝顺儿子,对企业可能是管理者,其地位随着不同阶层和地理区域而变化。具有不同社会角色和地位的消费者必将具有不同的消费欲望和购买行为。

3. 个人因素

由于年龄、职业、经济状况、生活方式、个性以及自我观念的不同,消费者购买决策带有明显的个人特性。

(1) 年龄和性别。消费者的年龄和性别会对消费者行为产生明显的影响。年龄通常是决定消费者需求的重要因素,处于不同年龄段的消费者有着不同的需要心理和行为,而产品和服务一般只吸引某个特定年龄段的人群。例如儿童是糖果、玩具等产品的主要消费者;青少年是文具、时装、流行音乐等产品的主要消费者。成年人是住房、家具等产品的主要购买者;老年人是保健品、传统音乐等的主要消费者。不同年龄消费者的购买方式也各有特点。比如青年人缺乏经验,容易作出冲动购买,而中年人经验丰富,常根据习惯和经验购买,较少受商业性广告影响。此外需要注意的是,现代社会不同年龄段的人群在信息获取、心态和行为上趋同,年龄界限逐渐模糊难分。因此,营销人员不仅应注意消费者的生理年龄,更应关注其心理年龄。

男性和女性由于生理和心理上的差异,导致了不同的消费心理和行为,使两性的消费产品及购买决策过程存在显著差异。例如,男性消费者购物目的明确,决策比较理性,接受稳重可靠的商品,追求快捷、简单的购物过程;而女性消费者购物目的不够明确,通常有更多的计划外购物,喜爱时尚可爱的商品,决策偏于感性,常常乐于货比三家,在商场里流连忘返。不过,随着社会经济的发展,性别间的差异正逐步减少,许多企业已经开始研究如何把与性别有关的产品转变为对两性同样适用,从而扩大市场容量。

(2)职业与经济状况。不同职业的消费者由于生活、工作条件不同,消费构成和购买习惯也都有很大区别。譬如政府官员、企业家、教师、军人、医生、工人、农民等,职业各不相同,需求也千差万别。

人们的消费心理和购买模式往往随着其经济状况的变化而变化。经济状况的好坏、收入水平的高低,决定了购买能力的高低,决定了需求的不同层次和倾向,从而直接影响到消费者的购买行为。比如现实社会中存在着两种人,一种是众多为了省钱而不惜化费大量时间的人;另一种则是少数为了节省时间而不惜花费大量金钱的人。他们的消费需求和购买过程差别是很大的。

(3)生活方式、个性及自我观念。**生活方式是影响个人行为的心理、社会、文化、经济等各种因素的综合反映,是指人们生活、花费时间和金钱的方式的统称。**不同生活方式显然有着不同的购买需求。例如,双职工家庭特别偏爱方便食品,喜欢节假日外出游玩的人需要家务劳动社会化,喜欢运动的人需要体育器材、运动服和运动鞋等。

个性是一个人所特有的心理特征,它导致一个人对其所处环境的相对一致和持续不断的反应,可以直接或间接地影响其购买行为。最近的研究也表明,个性与产品的选择的确有着某种联系,人们越来越倾向于购买不同风格的产品以展示自己独特的个性,譬如一些求新的年轻人追逐前卫的发型和时尚的服装。

自我观念是与个性关系密切的另一个概念,即人们怎样看待自己。不同的人对自己有不同反应,从而形成自己是属于哪类人的观点。自我观念包括理想自我观念和现实自我观念。理想自我观念指个人期望的自己的形象,现实自我观念指个人实际如何看待自己,人们总是不断努力,试图实现理想的自我观念。现实自我观念与理想自我观念之中,哪一个更能影响消费者的购买行为呢? 在这一问题上,目前的研究仍有分歧,但较为一致的观点是:现实自我观念与理想自我观念都与购买注意力存在着很高的相关性。这表明,二者同样都是影响消费者选择过程的重要因素。

4.心理因素

一个人的购买行为也会受到其心理的支配,影响消费者购买行为的心理因素主要有动机、感觉和知觉、学习以及信念和态度等(如图3-7)。

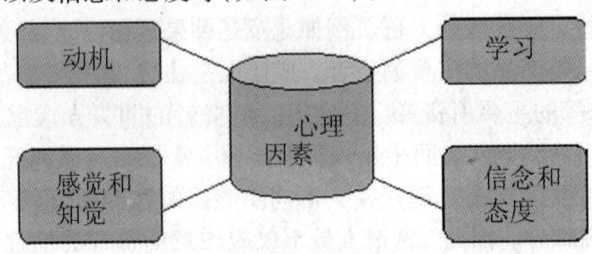

图3-7 影响消费者购买行为的心理因素

(1)动机。本章的开始,我们已经研究了有关动机与消费者购买动机的内容,认为:**动机是一种驱使人满足需要、达到目的的内在动力**,是一种升华到足够强度的需要,它能够及时引导人们去探求满足需要的目标;消费者的购买动机也是复杂多样的。在此我们不再赘述。

(2)感觉和知觉。一个有需要并被激励的人可以随时准备行动。然而,他的行动如何,还要看他对客观情境的感觉和知觉如何。一个有购买动机的人将如何采取行动,还取决于他对刺激物的认知过程。处于相同的激励状态和目标情况下的两个人,其行为可能大不一样。**例如:**有相同需要的两个人同时进入一家商店,受到同一销售人员的接待,但结果可能完全不同,这是由于他们的感觉和知觉各异,即他们对商店、销售人员、商品等客观事物认知不同。感觉和知觉属于感性认知,是指个人的感官直接接触到刺激物和情境所获得的直观、形象的反应。这种认知从感觉开始,随着深入,各种感觉到的信息在头脑中被联系起来进行初步的分析综合,使人们形成对刺激物或情境的整体反应,即知觉。人们之所以对同一刺激物产生不同的知觉,是因为人们要经历三种知觉过程,即选择性注意、选择性曲解和选择性记忆。

A.选择性注意。人们在日常生活中面对大量的刺激物,不可能全部加以注意,而只关注那些自己感兴趣或者对自己有意义的事物和信息。一般来说,人们会更多地关注那些与当前需要有关的刺激物、期待的刺激物以及与一般相比有较大差别的刺激物。

B.选择性曲解。是指人们将接收到的信息加以扭曲,使之合乎自己的认识或意愿的倾向。选择性曲解使顾客对信息的理解不一定符合信息的原貌,营销人员对此往往也无能为力。

C.选择性记忆。指人们可能忘记所有与自己的信念不一致的信息,但倾向于保留那些能够支持其态度和信念的信息。

(3)学习。学习是指人们通过阅读、听讲、研究、实践等后天获得的经验而引起的个人心理及行为的持续性改变。由于人们在实践中不断地学习,其行为大都源于后天学习而得。一个人的学习过程是驱使力、刺激物、诱因、反应和强化的相互影响的过程。**例如:**某人走在路上感到饥饿(驱使力),远远看到麦当劳的路牌广告(刺激物),不禁想到美味的快餐食品(诱因),于是决定到麦当劳饱餐一顿(反应),在温馨、优雅的环境里,他愉快地享用了麦辣鸡腿堡套餐,心里无比畅快(强化)。由于市场营销环境不断变化,新产品、新品牌不断涌现,消费者必须经过多方收集有关信息之后,才能作出购买决策,这本身就是一个学习过程。企业一定要通过各种有效的、有针对性的营销方法,为消费者的认知、学习提供便利,为他们服务。

(4)信念与态度。人们通过行为和学习获得了自己的信念与态度,而信念和态度反过来又影响人们的购买行为。信念是一个人对事物所持有的确定性看法。企业应关注人们头脑中对其产品或服务所持有的信念,即本企业产品和品牌的形象。人们会根据自己的信念采取或修正这些信念。态度是一个人对某些事物或观念长期持有的好与坏的评价、感受和由此导致的行动倾向,态度能使人们对相似的事物产生相当一致的行为。消费者长期以来树立起的某种信念与态度,一般而言是难以改变的。企业应设法适应消费者的信念与态度,不要勉强改变他们。当然,若改变消费者的信念与态度所耗费的昂贵的费用,能得到补偿时,则另当别论。

【案例】3-3: 本田摩托车成功打入美国市场

日本本田摩托车公司为将其本田摩托车打入美国市场,有针对性地对喜爱摩托车的少数人进行了促销宣传活动,其结果并不理想——购买摩托车的人数依然很少。经调查他们发现,当时大多数美国人对摩托车非常反感,他们把摩托车与黑皮夹克、弹簧刀、犯罪联系在一起。经过研究,本田公司改变了他们的促销方案。他们投入巨资,大打广告攻势,其主题是:"你可在本田车上发现最文雅的人。"其广告画面上的骑车人都是神父、教授、美女等美好的形象。经过努力,他们终于改变了公众对摩托车的态度。

三、消费者购买决策过程

(一)消费者的购买对象

消费者的购买对象是用于个人或家庭生活消费的消费品。由于消费品种类繁多,所以只能分类研究,按照不同的分类方式,可以将其分为不同类型。根据消费者的购买习惯不同,一般将消费品分为:便利品、选购品、特殊品、非寻求品。(如表3-2所示)

1. 便利品:所谓便利品,是指价格便宜、顾客通常购买频繁,且希望一需要即可买到,并只花最少精力和最少时间去比较品牌、价格的消费品。例如,香烟、报纸等。简言之:构成便利品的因素有:①需求是经常性的且多为消费者日常生活必需品。他们对便利品的品牌、价格、质量和出售地点等都很熟悉,所以对大多数便利品只花较少的时间与精力去购买。②价格便宜③易于被某一替代品所取代。因而,便利性与价格往往是左右顾客购买的最大因素。

便利品在营销时其分销渠道与价格是主导产品畅销与否的因素。因此,经营便利品的企业若要产品畅销,首先,销售网点的分布一般都分散设置在居民住宅区、街头巷尾、车站、码头、工作地点和公路两旁,以便顾客随时随地方便地购买;其次,千方百计降低成本,以适宜的价格销售;再次,经营者要不断增加产品的附加值,使产品能在更多的场合发挥作用,可在平日中更多次地使用。

2. 选购品

所谓选购品,是指顾客为了选购适当的商品,愿意投入金钱与时间,去许多家零售商店了解和比较商品的花色、式样、质量、价格等的消费品。例如,纺织品面料、女装、家具等都是选购品。选购品挑选性强,顾客不知道哪家的最合适,且因其耐用程度较高不需经常购买,所以他们有必要和可能花较多的时间和精力去一些较大零售卖场寻找他们需要的款式和质量。他们所买的产品的牌子、他们在哪里购物等这些情况都是重要的。为此,企业在营销中要注意企业或品牌的标记要醒目、易于辨认;同时要注意强调该品牌的优良品质、物超所值的价格以及完善的销售服务等等。

3. 特殊品

所谓特殊品,是指顾客愿意多花时间和精力,且愿意承担风险而购买的在自己心中具有独特地位的消费品。例如高级轿车、品牌服饰等。顾客在购买前对要购买的特殊品的特点、品牌、供应商、付款方式等均有充分认识,这一点同便利品相似;但是,顾客通常只愿到专卖店购买特定品牌的某种商品,而不愿购买其他品牌的某种特殊品;另外,特殊品只是一种特殊(重大)投资并不经常购买的商品。这与便利品不同。可见,顾客购买特殊品是付出巨大心力的,是高度介入性购买。

因此,企业在营销手段上要特别注重企业及品牌在顾客心中的特殊地位,同时,企业应该把产品质量的促销宣传推到价格之上。在方法上要巧妙运用广告表现的方式所呈现的感觉,力图对顾客产生较大的影响力。

4. 非渴求物品

所谓非渴求物品,是指顾客不知道有该商品存在或者即使知道,目前却没有兴趣购买的物品。例如:无油烟锅、家用酸奶机、家财保险、家庭消防器材等新产品,以及百科全书等。非渴求物品的性质,决定了企业必须加强广告、推销工作,使顾客对这些物品有所了解,产生兴趣,千方百计吸引潜在顾客,扩大销售。

表3-2　　　　　　　　　　消费不同消费品情况表

	便利品	选购品	特殊品	非寻求品
消费者购买行为	(1)经常需要,购买频率高。(2)购买者具有一般的商品知识和购买习惯,只要商品品质和价格无太大差别,不花时间挑选。(3)消费者对少数品牌可能会建立品牌偏好。	(1)购买频率低。(2)消费者没有固定的消费习惯和品牌偏好,购买之前对购买何种品牌并无成熟的想法,要经过挑选和比较后才会确定。(3)消费需求差异大,有的注重质量、有的注重价格、有的注重款式等。(4)需求变化大,受时尚影响大。	消费者对特定商品有特殊偏好,信念坚定,不需选择和比较,不愿使用同类代用品,不考虑价格高低,只是花时间去搜集这类商品的销售渠道。	消费者不愿意想起或不喜欢为它们花钱,大多不会主动地去寻找这类产品。
价格	价格低	价格较高	价格很高	价格较高
销售	在居民区附近销售	在百货商场等大卖场销售	在专卖店销售	在特定场所销售
促销	厂商促销	经销商与厂商促销	专卖店促销	上门促销
商品实例	牙膏、洗衣粉、报纸、杂志	服装、家用电器、家具	数码摄像机、别墅、汽车	家庭财产保险、家庭消防器材

(二)消费者购买决策的参与者

市场营销者在分析了影响购买者行为的主要因素之后,还需了解消费者如何真正作出购买决策,即了解谁作出购买决策。在购买决策的过程中,通常人们要扮演不同的角色,一般我们把它分为以下角色:如图3-8。

1. 倡议者:首先提出购买某个产品或某种服务的人;

2.影响者:其观点或建议对购买决策有影响的人;

3.决策者:最后决定整个购买意向的人。比如决定是否买、买什么、如何买、何处买、由谁卖等问题;

4.购买者:实际去购买的人;比如带上现金去商店选购等等。

5.使用者:实际使用产品或享受服务的人。

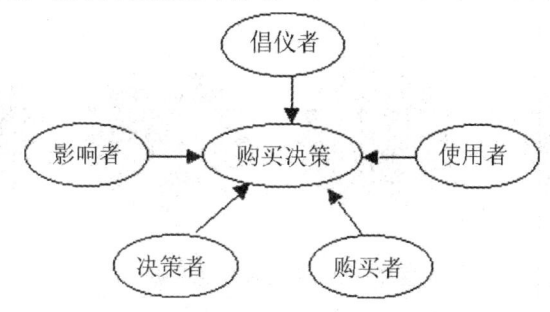

图3-8 购买决策的参与者

按照购物目的的不同,消费者的购买行为可分为个人购物和家庭购物两种两种模式。个人购物是为了个人消费而购买产品,而家庭购物则是为了家庭成员共同使用购买产品。当消费者进行个人购物时,可能同时扮演上述五种角色,而在进行家庭购物时,往往是由家庭成员承担不同的决策参与角色,而且随着购买环境和产品的不同,家庭成员在购买决策过程中的角色往往也会发生变化。

(三)消费者购买决策过程

消费者购买决策过程是指消费者在购买产品或服务过程中所经历的阶段。一般情况下,消费者简单的购买行为,比如购买牙膏、洗衣粉等便利品,不需要做过多的考虑,其决策过程比较简单,决策时间也短。但对于比较复杂的购买行为,比如购买服装、家具等选购品,尤其是购买电脑、数码摄像机、汽车等特殊品,其决策过程就会比较复杂,决策时间也比较长。据西方营销学者研究表明,消费者购买决策的一般过程可以分为五阶段模式,如图3-9所示。

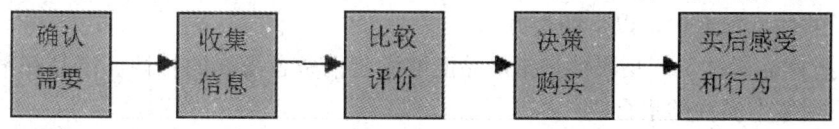

图3-9 消费者购买决策的一般过程

这个购买过程模式适用于分析复杂的购买行为,因为复杂的购买行为是最完整、最有代表性的购买类型,其他几种购买类型是越过其中某些阶段,简化了的复杂购买行为。

1.确认需要

确认需要就是消费者确认自己需要什么。需要是购买活动的起点,当其强度增加到一定程度时,就变成了一种驱使力,即动机。消费者的需要往往由内部刺激或外部刺激唤起。内部刺激是人体内的驱使力,如饥、渴、冷等;外部刺激是外界的"触发诱因",如广告等。需要被唤起后可能逐步增强,最终驱使人们采取购买行动,也可能逐步减弱甚至消失。

市场营销人员在这个阶段的任务是:(1)了解与本企业产品有关的现实需要和潜在需要,尽量满足其现实需要并激发其潜在需要。(2)了解消费者需要因时间推移以及外界刺激强弱而波动的规律性,以便设计诱因,增强刺激,唤起需要,最终唤起人们采取购买行动。

2. 收集信息

被唤起的需要如果能立即得到满足,则意味着消费者无须经过信息收集阶段,也可以理解为这个阶段很短、很快,接近于零。在一般情况下,被唤起的需要不是立即得到满足,消费者需要寻找某些信息。消费者信息来源主要有四个(如图3-10):

图3-10 消费者信息来源

(1)个人来源,包括家人、亲朋好友、邻居同事等的介绍。

(2)商业来源,包括广告、推销员、经销商、展览和商品包装说明等。

(3)公共来源,包括报刊、电视、广播、互联网和消费者评审组织等。

(4)经验来源,主要是指消费者通过自己对产品的参观、实际操作等得到的经验。

营销人员在这一阶段的任务主要是:(1)了解消费者的信息来源,了解不同信息来源对消费者的影响程度。一般来说,消费者经由商业来源获得的信息最多,其次为公共来源和个人来源,最后是经验来源。但是从消费者对信息的信任程度看,经验来源和个人来源最高,其次是公共来源,最后是商业来源。据研究表明,商业来源的信息在影响消费者购买决定时只起通知作用,而"个人来源"则起评价商品的作用。(2)设计信息传播。除利用商业来源传播信息外,还要设法刺激和利用公共来源、个人来源和经验来源,也可同时使用多种渠道,以加强信息的影响力或有效性。

3. 比较评价

在获得足够的信息后,消费者会根据这些信息和评价标准进行综合评价,并决定是否购买。消费者的评价标准包括以下两个方面:

(1)分析产品属性。产品属性是指产品能够满足消费者需要的特性。产品在消费者心中表现为一系列基本属性的集合。

例如,下列产品应具备的属性是:

手机:功能多、信号强、质量好、品牌好、价格合理、款式新颖等。

手表:精确性好、款式别致、防水性好、耐用性好等。

宾馆:洁净、舒适、用品齐全、服务周到、交通便利、收费合理等。

药品:迅速消除病痛、安全可靠、无副作用、价格合理等。

牙膏:洁齿、防治牙病、香型等。

(2)建立产品属性等级。以上所列的产品属性消费者可能都感兴趣,但消费者不一定对产品的所有属性视为同等重要,也就是说,在消费者眼中,产品属性的重要性是不一样的,如果要比较精确地区分这些重要性的大小,应使用属性权数以建立产品属性等级。方法如下:第一步,确定权数总和。先确定所有产品属性权数总和的范围,比如0-100。第二步,赋权数。根据重要性不同赋予产品属性不同的权数,越重要的权数越大,越不重要的权数越小。以手机为例,如果认为"质量好"最重要,可以打20分,"款式新颖"次重要,可以打15分,"价格合理"也很重要,可以打10分,其他依此类推,但各项产品属性的权数总和要等于100分。按照各项产品属性的权数进行排列,就建立了产品属性等级。如果要比较两款不同的手机以便作出选择,可采用类似方法:先建立手机的产品属性等级,然后依据产品属性的权数对两款手机产品属性逐项打分,如给A手机的"质量好"打19分,给B手机的"质量好"打18分,其他依此类推。最后计算各项产品属性权数总和,得分高的应优先选择。

消费者的比较评价是一个复杂的过程,企业应积极地采取有效的措施以提高自己产品被选中的几率。例如:(1)修正产品的某种属性,使之接近消费者的理想产品。(2)加强广告宣传,突出产品的性能优势,改变消费者心目中的品牌信念及不切合实际的偏见。

4. 决策购买

消费者经过产品评估后会形成购买意向,即决策购买,但这与实际购买并不是一回事。一般情况下,从购买意向到实际购买还有一些因素介入其间,包括他人态度和意外情况两个方面(如图3-11)。

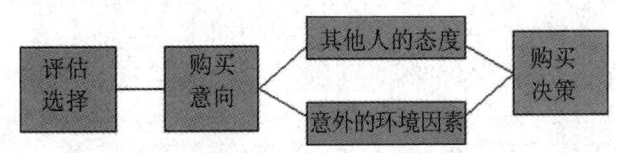

图 3-11　影响消费者购买决定的两个因素

消费者的购买意向,会因他人的态度而增强或减弱,他人态度对消费意向影响力的强度,取决于三个因素:(1)他人否定态度的强度,否定强度越强烈,影响力就越大。(2)他人与消费者的关系。关系越密切,影响力越大。(3)他人的权威性。他人对此类产品了解的专业水平越高,则影响力越大。

消费者购买意向的形成,总是与预期收入、预期价格和期望从产品中得到的好处等因素密切相关的,但如果出现了意外情况,这些因素改变了,那么购买意向就可能改变。比如预期的奖金收入没得到,原定的商品价格突然提高,购买时销售人员态度恶劣,或者有其他更需要购买的东西等等,都可能使顾客改变原来的购买意向。

5. 买后感受和行为

消费者决策过程并不随着购买过程的结束而结束,将"购买"视为消费行为的终点,是一个极短视的观点。因为消费者在购买产品以后,会与亲友交流使用感受,从而口口相传,形成连锁反应。与传统观念相比,现代市场营销观念最重要的特征之一是重视对消费者购后过程研究,以提高其满意度。消费者的购后过程分为三个阶段:

(1)购后使用和处置。消费者在购买所需商品或服务之后,会进入使用过程以满足需要。有时只是一种直接消耗行为,比如就餐、看演出、喝饮料等;有时则是一个长久的过程,如家电和家具等耐用消费品的使用。营销人员应当关注消费者如何使用和处置产品。如果消费者使用频率很高,说明该产品有较大的价值,会增强其对购买决策正确性的信心,增加其满意度和继续购买的可能性。如果一个应该有高频率使用的产品而消费者实际使用率很低或闲置不用,说明消费者认为该产品无用或价值较低,或产生不满意,进而懊悔自己购买太冲动,减低其将来购买该产品的可能性。

(2)购后感受。消费者通过使用和处置过程对所购产品和服务有了更加深刻的认识,他们会将其实际表现水平同期望水平进行比较,并体会到满意或不满意,进而影响以后的购买行为。一般来说,消费者满意与否由产品绩效和期望的关系决定。如果产品的绩效低于期望,消费者就会不满意;如果符合期望,消费者就会感到满意;如果超过期望,消费者就会很高兴。消费者的期望与产品绩效之间的差距越大,消费者的购物体验就越深刻。

(3)购后行为。消费者对产品的评价会形成其对该产品的信赖、忠诚或者排斥态度,决定了其对相应的购后行为:信赖产品,重复购买同一产品,形成惠顾购买;推荐、介绍产品给周围人群;抱怨、投诉、索赔;个人抵制,不再购买,并劝阻他人购买;控诉,通过大众媒体和消费者协会投诉等。

专家提示:
1. 满意的顾客是企业不花钱的活广告。
2. 松下幸之助曾说过:生意人应该把卖商品当作嫁女儿那样来对待。女儿出嫁后,父母会时时担心她婚后的生活是否美满。生意人若对顾客买的商品也有这样的心态,就会发自内心地去关心顾客的需要,重视商品是否符合顾客的心愿。如果每天都能抱着这样的态度做生意,就会跟顾客建立起超越纯粹买卖关系的相互信赖感。一旦到了这种程度,必会受顾客欢迎,进而使生意日益兴隆。

总之,营销者应该把握消费者的购买行为过程,并有的放矢地采取营销活动。特别是对顾客的买后感受和行为,企业更不能忽视。企业要建立一个机制,通过开设免费电话、派员回访顾客等方法帮助顾客轻易地与企业沟通。这样,一方面及时了解顾客的买后感受,发现新需求;另一方面还可以向顾客传递有关企业及产品的各种有益信息,坚定顾客的购买决定,激发顾客新的购买兴趣;同时还可以及时帮助顾客解决问题,以及利于企业调整营销策略,更好地为顾客服务,提高顾客的满意度和忠诚度,吸引更多的潜在顾客。

第二节 组织市场购买行为

企业的市场营销对象无疑包括广大消费者,但也应包括生产企业、商业企业和政府机构等组织机构。因为这些组织机构也需要消费,而且它们对原材料、零部件、机器设备、供给品、办公用品和企业服务等的需求构成了庞大的组织市场。企业为了提高市场占有率,扩大产品销售,满足组织市场的需要,就必须了解组织市场的购买行为特征及其购买决策过程。

一、组织市场的构成

组织市场是由各种组织机构形成的对企业产品和服务需求的总和。一般分为三种类型:产业市场、转卖市场和政府市场。(如图3-12所示)

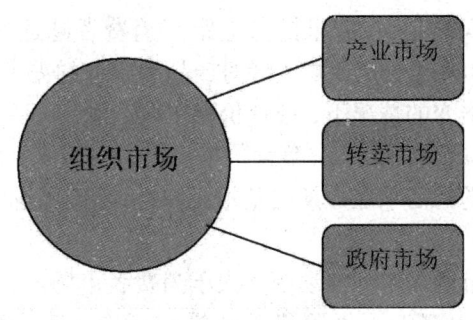

图3-12 组织市场的构成

1. 产业市场

产业市场也叫生产者市场，是指购买产品或服务用于制造其他产品或服务，然后销售或租赁给他人以获取利润的个人和组织组成的市场。其市场主体有：农业、林业、畜牧业、渔业、制造业、建筑业、采矿业、通信业、金融业和保险业等。

2. 转卖市场

转卖市场，也称中间商市场，是指由通过购买商品和服务并将之转售或出租给他人以获取利润为目的的个人或组织组成的市场。其市场主体有批发商和零售商。

3. 政府市场

政府市场是指由那些为执行政府的主要职能而采购或租用商品的各级政府单位组成的市场，准确来讲，国家政府市场上的购买者是各级政府的采购机构。因为政府通过税收、财政预算等掌握了相当大一部分国民收入，为了日常政务，政府机构经常要采购物资和服务，所以形成了一个很大的市场。政府机构往往是市场的最大买主，大概占有20%～30%的份额。

二、产业市场的购买行为

(一) 产业市场的购买行为的特点

与消费者市场购买行为相比，产业市场的购买行为具有以下特点：

1. 购买者少。例如某家轮胎厂的顾客可能只是某家汽车厂，大型采煤设备的顾客可能只是少数大型煤矿，飞机制造厂的顾客可能只是数量极少的航空公司。

2. 购买量大。虽然顾客少，但由于购买量较大，也许一个顾客就能买下一个企业全年的生产量，一张订单的金额可能就有数千万元甚至数亿元。

3. 购买者相对集中。同一产业的购买者相对集中在某些地区，比如美国半数以上的产业购买者都集中在纽约、加利福尼亚等七个州，因为石油、橡胶、钢铁工业企业主要集中在那里。而中国的工业客户主要集中在东北、华北、东南沿海一带。

4. 供需双方关系密切。供应方需要长期稳定的销路，而采购方需要有长期稳定的货源，每一方都对对方有重要意义，因此双方都保持着密切的关系，期待互惠互利、共同做大。

5. 派生需求。也叫引申需求。也就是说，产业购买者对产业用品或服务的需求，归根结底是从消费者对消费品的需求引申出来的。例如消费者的饮酒需求引起酒厂对粮食、酒瓶和酿酒设备的需求，引起相关企业和部门对化肥、农资、玻璃、钢材等产品的连锁需求。派生需求往往是多层次的，形成环环相扣的产业链条，消费者需求是一个产业链条的起点，是产业市场需求的动力和源泉。

6. 需求弹性小。一般规律是：在需求链条上距离消费者越远的产品，价格的波动越大，需求弹性却越小。在产业市场上，产业购买者对产品和服务的需求总量受价格变动的影响较小。比如在酒类需求总量不变的情况下，粮食价格下降，酒厂不一定大量购买，除非粮食是酒的主要成本且酒厂有大量粮食的仓库；粮食价格上升，酒厂不一定减少购买除非酒厂找到了其他替代原料。产业市场的需求在短期内基本无弹性，因为企业不大可能临时改变产品的原料和生产方式。

7. 需求波动大。产业市场需求的波动幅度大于消费者市场，这对新企业和新设备尤其如此。如果消费品需求增加10%，下一阶段工业需求就会上升200%，而消费品需求下跌10%，就可能导致工业需求全面暴跌，相当一部分生产企业会破产。

8. 采购人员比较专业。产业市场的采购人员大都经过专业训练，具有丰富的专业知识，对产品的性能、质量、规格和有关技术要求非常清楚。供货方应当从专业的角度向他们说明本企业产品和服务的优点和提供详细的技术资料和特殊的服务。

9. 多人决策。购买决策过程的参与者往往不是一个人，而是由技术专家和高级管理人员共同组成的"采购中心"，其他人也直接或间接地参与，即便是采购经理也很少独立决策而不受他人影响。

消费者市场特点与产业市场特点的比较（表3-3）：

表3-3　　　　　　　消费者市场特点与产业市场特点的比较

市场类别 市场特点	消费者市场	产业市场
购买者人数	众多	少
购买商品数量	少量、频繁购买	大量购买、次数少
购买者分布	分散	集中
买卖双方关系	不稳定	稳定
需求弹性	必需品弹性小，选购品、特殊品弹性大	弹性小
商品知识	少，属非专家购买	丰富，属专家购买
决策过程的参与者	个人或多人决策	多人决策

（二）产业购买的决策参与者

由于企业规模大小不同，其采购组织也会因之不同。比如小企业，通常只有几个采购人员，大企业则可能设有庞大的采购部门，由一位副总裁主管。有些企业的采购经理拥有采购决定权，而有些企业的采购经理通常只是将采购单交给供应商。一个企业中除了专职的采购人员之外，多数还有一些其他成员也参与购买决策过程。所有参与购买决策过程的人员构成了企业采购中心，它通常包括以下决策参与者（如图3-13）：

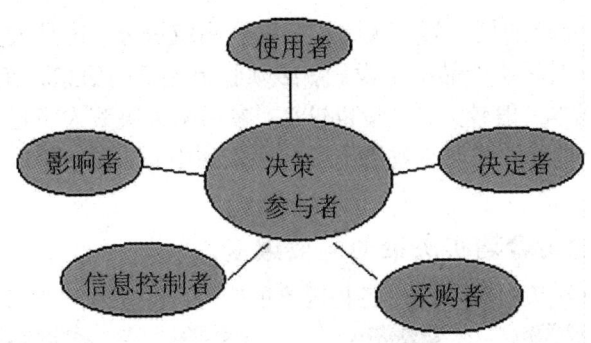

图 3-13 产业购买决策的参与者

1. 使用者。指企业内部具体使用产业用品的人员，比如办公室的电脑、复印机、打印机、传真机网上办公系统等，其使用者是办公室的秘书。使用者往往是最初提出购买某种产业用品意见的人，他们在计划购买产品中起着重要作用。

2. 影响者。指企业内部和外部直接或间接影响购买决策的人员，企业的科研人员或技术顾问通常是最主要的影响者。他们通常协助企业的决策者决定购买产品的品种、规格等。

3. 信息控制者。指企业内部和外部能控制信息流到采购中心的人员，如企业的购买代理商、技术人员等。

4. 采购者。指被赋予权力按照采购方案选择供应商和商谈采购条件的人员。在较复杂和重要的采购工作中，采购者还包括参加谈判的公司高级人员。

5. 决定者。指企业中有权批准购买产品的人。在标准品的例行采购中，采购者常常是决定者；而在较复杂的购买中，公司领导人常常是决定者。

(三)产业购买者的购买情况

产业购买者的购买情况一般可分三类(如图3-14所示)。

图 3-14 产业购买者的购买类型

(1)直接重购。是指企业的采购部门或采购中心在现有的供货商名单中选择供货企业，并直接重新订购过去采购同类产业用品。这是最简单的购买类型，所购买的多是低值易耗品，花费的人力较少，无须联合采购。对于这种购买类型，原有的供货商不必重复推销，但应努力使产品的质量和服务保持一定的水平，减少产业购买者的购买时间，争取长期稳定的合作。而未列入供货商名单的企业应设法先取得一部分订单，逐步争取更多的订单。

(2)修正重购。是指购买者想改变产品的规格、价格、交货条件而调整或修订原采购方案，这可能需要增加或者调整决策人数，还需要做一定的调查研究。对于这种购买类型，现有的供货商应清醒地认识到所面临的挑战，积极改进产品质量，完善服务，大力提高生产效率和降低成本，并积极公关，以保持现有的客户。而新的供货商要抓住难得的机遇，积极公关，争取更多的订单。

（3）全新采购。是指产业用户第一次购买某种产品或服务，这是最复杂的购买类型。因为是第一次购买，买方对新购产品心中没底，必须收集大量的信息，审慎决策，所花时间较长。而且首次购买的成本一般较大，风险也较高，参加购买决策人员也会较多。全新采购是营销人员的机会，如果他们能采取有效措施影响决策的中心人物，争取到订单的可能性比较大。

（四）影响产业购买者购买决策的主要因素

产业购买决策者在决策过程中会受各种因素的影响，可分为四类（如图3-15所示）：

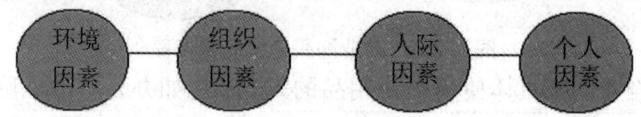

图3-15 影响产业购买者购买决策的主要因素

（1）环境因素。是指企业难以控制的外部宏观环境。诸如一个国家的经济体制、政治形势、法律、经济前景、市场需求、技术进步和市场竞争等。如果经济前景不佳，市场需求减少，市场竞争很激烈，那么产业购买者会减少购买。但如果看好经济前景或者国家的政策是扶持某一产业的发展，产业购买者就会增加投资，扩大原料采购和库存数量。

（2）组织因素。是指企业自身的因素。诸如企业的经营战略、经营目标、管理制度、组织结构等。比如有些连锁企业实行全球统一采购制度，意味着供货商将同人数更少但素质更高的采购人员谈判，这对供货商无疑是一个大的挑战。

（3）人际因素。企业的采购中心通常包括使用者、影响者、信息控制者、采购者和决定者，他们都参与购买决策过程，其职务、地位、态度、话语权和相互关系都会影响到最终的采购。供货商的市场营销人员应尽量了解每个人在购买决策中扮演的角色、选择标准及其相互关系，以便利用这些因素促成交易。

（4）个人因素。是指产业购买决策者的年龄、教育程度、性格、能力、偏好和风险意识等影响购买决策的因素。比如有些购买决策者的风险意识比较强，选择供货商之前就会审慎地比较各种竞争方案。

（五）产业购买者的购买过程

产业购买者购买过程的阶段多少，取决于产业购买者行为类型的复杂程度。从理论上讲，购买过程要经过八个阶段，但在直接重购这种最简单的行为类型下，产业购买者购买过程的阶段最少；在修正重购情况下，购买过程的阶段多一些；而在全新采购这种最复杂的情况下，会完整地经过各个阶段。（如图3-16所示）

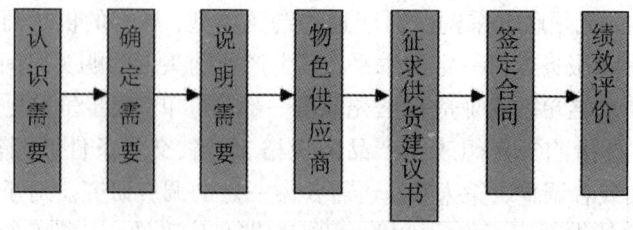

图3-16 产业购买者的购买过程

(1). 认识需要。认识需要指产业用户认识到自己的需要,明确所要解决的问题。认识需要是产业用户购买过程的起点,它一般由内部刺激或外部刺激引起。

①内部刺激。比如企业决定向市场推出一种新产品,因而需要采购生产新产品的新设备和原料;机器发生故障,需要更换零件或新机器;现有供货商提供的原料质量不好,需要更换供货商等。

②外部刺激。如采购人员通过广告、展销会、朋友或供货方等途径了解到有更好的产品,从而产生新的需要。

(2)确定需要。确定需要指确定所需产品的品种、规格、性能和数量等。对于标准化产品,最容易确定。非标准化产品须由采购人员和使用者、技术人员及其他相关人员共同协商确定。供货商的营销人员应详细地介绍产品的特性,协助采购人员确定需要。

(3)说明需要。说明需要指企业的采购组织确定需要后,应指定专家小组对所需产品进行价值分析,写出详细的技术说明书,作为采购依据。供货商的营销人员也可以通过价值分析向潜在顾客说明自己的产品和价格比其他品牌更理想,从而获取订单。

(4)物色供货商。物色供货商是指采购人员根据产品技术说明书的要求寻找最佳供货商。在修正重购和全新采购等复杂情况下,一般需要花较多时间物色供货商。供货商应尽最大努力提高本公司的知名度,以吸引采购人员的注意力。

(5)征求供货建议书。指采购人员在物色好几家潜在的合格供货商之后,邀请合格的供货商提出供货建议,以便挑选出最合适的供货商,并要求他们提出正式建议书。供货商的市场营销人员必须擅长调查研究、写报告和提建议,才能使本公司在竞争中胜出。

(6)选择供货商。指通过对供货建议书进行分析评价后,确定谁是供货商。评价内容包括供货商的产品质量、性能、产量、技术、价格、信誉、服务和交货能力等。当然在做出决定前,采购人员可能还会与较为合意的供货商谈判,以争取较低的价格和较好的供货条件。一般来讲,产业用户不会只有一家供货商,而是保留若干个进货渠道,以免受制于人,同时还可以促使他们竞争,从而获得价格折扣、更高质量的产品和服务。这是比较传统的做法,它能使企业节约成本,但也暗藏着风险。比如供货质量参差不齐、主要的供货商因价格竞争过度而破产等。自上世纪90年代以来,更多的企业已开始供货商营销,即倾向于把供货商看成是自己的合作伙伴,而不是压榨的对象,设法帮助它们提高供货质量、供货及时性,提高经营管理水平,从而保持双方能持续稳定发展。

(7)签订合同。通过以上过程,双方就会签订合同,在合同中会写清楚需要的产品数量、规格、价格、退货条件和交货日期等事项。多数产业用户愿意采取长期有效合同的形式,而不是定期采购订单。用户若能在需要的时候通知供货商随时按照条件供货,就可实行"无库存采购计划",从而降低库存成本。卖方也愿意接受这种形式,因为可以与用户保持长期的供货关系,增加业务量,抵御新的竞争者。

(8)绩效评价。是指产业用户对各个供货商的绩效加以评价,以决定维持或中止供货关系。绩效评价包括合同履行的情况和产品的实际使用情况等,评价方法可以按照若干标准加权评估。供货商应关注该产品的采购者和使用者是否使用同一标准进行绩效评价,以保证评价的客观性和正确性。

【复习思考题】

一、名词解释
1.消费者市场 2.消费购买动机 3.生理性消费动机 4.心理性消费动机 5.惠顾动机 6.社会阶层 7.参照群体 8.产业市场 9.转卖市场 10.政府市场

二、判断题
(　　)1.一般我们把动机分为两类，即生理性动机和心理性动机。
(　　)2.心理性消费动机又可分感情动机、理智动机和惠顾动机。
(　　)3."买椟还珠"这个故事说的是求实购买动机。
(　　)4.汽车能带来方便，属于便利品。
(　　)5.非寻求品就是大家都需要的商品。

三、选择题
1.组织市场一般分为哪些类型(　　)
　　A.产业市场　　B.转卖市场　　C.政府市场　　D.国际市场
2.影响消费者购买行为的因素有(　　)
　　A.文化因素　　B.社会因素　　C.个人因素　　D.心理因素
3.产业购买者的购买情况一般可分哪些类型(　　)
　　A.直接重购　　B.修正重购　　C.全新采购　　D.全球采购
4.亚文化一般分为哪几种(　　)
　　A.宗教文化　　B.种族文化　　C.民族文化　　D.区域文化
5.根据消费者的购买习惯不同，一般将消费品分为(　　)
　　A.便利品　　B.非寻求品　　C.选购品　　D.特殊品

四、回答问题
1.马斯洛需求层次论的内容是什么？
2.试分析消费者市场和产业市场的特点。
3.消费者购买动机的具体表现有哪些？
4.为什么说：将"购买"视为消费行为的终点，是一个极短视的观点？企业应如何去做？
5.简述产业市场购买者做出购买决策的过程。

五、案例分析

"状元红"酒：二进上海滩

河南上蔡酒厂酿造的"状元红"酒，色泽红润晶莹，品质醇香可口，且具有调和气血、补中固本的功效，长期以来受到人们的欢迎，自明末清初以来，享誉已有300多年。上世纪80年代以来，"状元红"不仅畅销我国北方，还进入了国际市场。但是"状元红"试销上海，却少人问津，一进上海滩便失利。

名牌老酒，却为什么惨遭冷遇？厂家经多方分析，发现主要原因是经营观念保守，以"古老名酒"自恃，总以为皇帝女儿不愁嫁，在北方一路顺风，在上海也会旗开得胜，因此没有深入调查上海酒类市场的情况，也不了解消费者的特点。结果导致目标不明，商标与包装陈旧落后，销售渠道单一，广告促销不力。尽管"状元红"久负盛名，可年轻人并不熟悉，误以为是单纯的药酒。同时上海瓶酒市场却呈现琳琅满目的兴旺景象，而"状元红"老一套的形象，没什么吸引力,所以在上海首战即告失利。

通过深入调查发现,青年人是上海瓶酒市场人数最多的消费者,其购买动机以"送礼""装饰"为多。围绕这一消费群体,"状元红"大有文章可做——因为它的酒度适中,适合上海人的饮酒习惯;红润晶莹的色泽,正符合装饰的需要;延年益寿的功能,满足了作为礼品的要求。因此,上蔡酒厂决定以青年消费者群体为目标市场,在"礼酒"、"装饰酒"上下功夫,二进上海滩。

与此相适应,在产品设计上,做到产品新、式样新、商标新。对于分销网点,打破原来的单一渠道,在上海繁华的南京路上向各酒店全面投放,并结合报纸广告进行大量宣传。上蔡酒厂针对上海的青年消费者群体的特点,采取相应的对策,多管齐下,二进上海滩,终于大获成功。

讨论:1."状元红"酒:初进上海滩为何失利?
　　　2."状元红"酒:再进上海滩做了哪些具体工作?

第四章 市场营销调研

【本章学习目标】
通过本章的学习,理解市场营销调研的含义及其作用,掌握营销调研的基本方法。

【引导案例】4-1: 日本资生堂公司的方略

为了在激烈的广告竞争中击败对手,日本资生堂公司就消费者对化妆品的需求心理和消费情况进行市场营销调研。它们将日本女性消费者按年龄分成四类:第一类为15~17岁的消费者,她们追求时髦,对化妆品的需求意识较强烈,但由于受学校特定环境的影响,所购买的化妆品较单一;第二类是18~24岁的消费者,她们对化妆品的消费追求高档化;第三类为25~34岁的消费者,她们大多数已结婚,对化妆品的需求是基于日常生活习惯;第四类为35岁以上的消费者,她们因年龄的增大,对化妆品的需求更为强烈,但显示了购买单一化妆品的倾向。资生堂公司根据上述调查结果,制定了"年龄分类"的广告销售策略,在不同的媒体上,针对各类消费者进行广告诉求,并使化妆品的式样、包装适应各类消费者的特点和需要,因此使产品得到了消费者的普遍欢迎。

想一想:
1. 日本资生堂公司的化妆品为什么得到了消费者的普遍欢迎?
2. 日本资生堂化妆品公司是根据什么对消费者进行营销调研的?
3. 你知道市场营销调研对企业成功营销的作用吗?

第一节 市场营销调研概述

一、市场营销调研的含义

企业市场营销的中心任务就是生产和经营能够满足顾客需求的产品和服务,并在此基础上实现企业利润。为此,企业必须通过市场营销调研搜集、整理、分析顾客需求及市场竞争状况。

所谓市场营销调研,是指个人或组织为某一特定目的,运用科学的方法,有目的、有计划系统地收集、整理和分析研究有关市场营销方面的信息,提出解决问题的建议,供营销管理人员了解营销环境,发现机会与问题,作为市场预测和营销决策的依据。即市场营销调研就是获取和分析、整理市场营销信息的活动过程。

二、市场营销调研的作用

在现代市场形势下,市场是企业的主宰,企业的一切经营活动都必须紧紧地围绕着市场这个中心,亦即企业的经营必须以消费者为中心。否则,谁偏离了这个中心,谁就会被市场无情地抛弃。因此,市场营销调研是企业一切营销活动的出发点和基础,是企业现代营销不可缺少的重要内容和手段,是企业获取营销成功的关键。随着我国市场经济的深入发展,随着国际、国内政治经济形势的变换,市场营销调研在企业市场营销活动中的作用越来越重要。具体说来有以下几点:

(一)有利于企业及时了解市场环境的发展、变化,并据此及时调整、确定企业的发展战略及策略

企业的营销活动是在一定的营销环境下进行的。企业生产什么产品、生产多少、如何销售,企业如何发展,等等,都必须根据市场的状况来决定及调整,必须依靠深入细致的市场营销调研作为决策的依据。正如古代兵家常言:"不打无把握之战"、"知己、知彼,百战不殆"。

【案例】4-2:　　　　杜邦公司的"市场瞭望哨"

美国杜邦公司创办于1802年,是世界著名的大企业之一。经过200多年的发展,杜邦公司今天所经营的产品包括:化纤、医药、石油、汽车制造、煤矿开采、工业化学制品、油漆、炸药、印刷设备等,近年又涉足电子行业,其销售产品达1800种之多;每年的研究开发经费达10亿美元以上,研究出1000种以上的新奇化合物——等于每天有2-3件新产品问世,而且每个月至少从新开发的众多产品中选出一种产品使之商业化。

杜邦公司兴盛200多年的一个重要因素,就是紧紧围绕市场开发产品,并且在世界上最早设立了市场环境"瞭望哨"——经济研究室。1935年成立的杜邦公司经济研究室,是由受过专门培训的经济学专家组成,以研究全国性和世界性的经济发展现状,结构特点及发展趋势为重点,注重调查、分析、预测与本公司产品有关的经济、政治、科技、文化等市场动向。

除了向总公司领导及有关业务部门做专题报告及口头报告、解答问题外,经济研究室还每月出两份刊物,一份是发行给公司的主要供应厂商和客户,报道有关信息资料、黄金价格、汇率的变动;一份是内部发行,根据内部经营全貌,分析存在问题,提出解决措施,研究短期(1年)和长期(5年以上)的全部或局部的战略规划、市场需求量,以及和竞争对手之间的比较性资料。每季出版一期《经济展望》,供总公司领导机构、部门经理在经营决策时参考。

(二)有利于企业进行准确的市场定位,并按照消费者的需求组织生产和经营

任何一个企业都无法满足整个市场的所有需求。因此,准确地选择目标市场,有针对性地满足某一消费层次的特定需求,就成为企业成功进入市场的关键。而市场营销调研又是这关键中的关键。因为,只有通过市场营销调研,企业才能对市场有深刻的了解,对自己的能力有正确的评估,才能在掌握全面系统的资料基础上,最后作出正确的抉择,确定进占的目标市场,确定市场定位,并按照消费者的需求组织生产和经营。

【案例】4-3:　　　　生力啤酒在香港市场的成功

1948年生力啤酒进入香港市场时,市场上已有十多个啤酒品牌。厂家经过深入的市场营销调查后,发现岭南人真正的口味是"淡",且注重它的"新鲜度"。于是,他们针对当地人的需求,在广告宣传上着重强调这两个基本特点,并称之为"番鬼佬凉茶",间接地暗示顾客生力啤酒有清凉散热的作用。产品一上市,这种产品的特点和定位正中顾客心意。结果企业获得了满意的回报。

(三)有利于企业发现市场机会,并促使企业开发新产品

通过对市场进行调研,企业可以发现消费者需求的新变化,从而找到新的市场机会,并据此开发新产品来满足消费者的需求,以保证企业利润的继续增长。

【案例】4-4:　　　只有淡季的思想,没有淡季的市场

海尔的"只有淡季的思想,没有淡季的市场"是企业营销观念的突破,它为企业开创了一片新天地。

洗衣机市场在夏季就是淡季,这似乎成了企业生产者头脑中的一条常识。海尔人却突破了这个常识,大胆地换角度考虑问题。他们通过市场营销调研分析发现:夏天人们并不是不需要洗衣机,相反,夏天恰恰正是最需要的。因为,夏季人们衣服洗得勤,只是现有产品不适合需要罢了。市场上洗衣机的容量太大,一般在5公斤左右,这对于经常洗小件衣物来说就不太适应了。由此,海尔人做出结论:夏季洗衣机的淡季是因为没有适宜的产品造成的。他们立即根据顾客的需求,设计、生产了一种1.5公斤的小型洗衣机投放市场,大受顾客欢迎。

(四)有利于企业开发国际市场

当今国际经济已发生巨大变化。随着国际分工的日益深入和细密化,随着国与国之间经济联系的不断强化,越来越多的资本、商品、服务、技术及信息等跨越出国界在世界范围内流动。在这种强大的经济全球化的大潮中,国内市场显得日益狭小。随着经济的发展,各国都有不满足于把经济活动局限于本国国内,进入世界市场,参与国际市场竞争,便成为大势所趋。俗话说:出门问路、入乡随俗。因此,国际市场营销调研,了解摸清国际市场的需求状况,就会为开发国际市场提供强有力的信息支持,就会成为企业进占国际市场的敲门砖。

【案例】4-5:　　　高标准、高质量与顾客需求

有一家生产自行车的厂家在与外商洽谈合作时,拿出自己的产品向外商强调,他们的自行车的强度是普通自行车的4~5倍,结果外商直接拒绝了合作。企业一头雾水。后经了解才知道:外商认为这种强度的自行车对一般顾客是没有实际意义的;企业付出高成本必然要卖高价,顾客是不会花高价购买这种并不实用的自行车,他们也不会对企业付出的高成本领情。一句话,这种自行车只对一部分有特殊需求的顾客有市场。

企业终于明白:强调质量是对的,但脱离顾客的实际需要,过分地追求高标准、高质量就是不明智的。只有了解顾客需求、适合顾客的质量才是最好的质量。从此以后,他们加倍重视市场营销调研工作,终于生产出适合顾客需要的自行车产品,并远销国外。

(五)有利于企业改善经营管理水平,提高经济效益

世上无数成功企业的经验证明:只有充分掌握各种市场信息,企业才能因地制宜地制定相关经营策略和管理制度,才能改善和提高经营管理水平,才能有效地提高企业的经济效益。

三、市场营销调研的内容

总的来说,市场营销调研的内容应该包括从认识市场机会和问题、制定营销决策到评估营销活动的效果等企业市场营销活动的各个方面。具体来说,包括以下几方面内容(如图4-1所示):

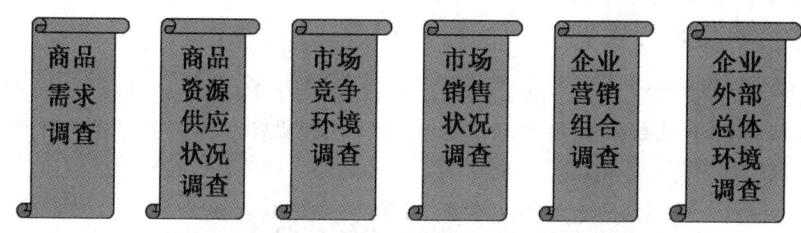

图4-1 市场营销调研的内容

(一)市场商品需求的调查

从现代市场营销观念来看,消费者的需求和欲望是企业营销活动的中心和起点,因此对市场商品需求的调研理应成为市场营销调研的核心部分。从微观上说,市场商品需求的调研主要包括:本企业服务对象的数量、消费者的购买动机、消费者的心理特点、消费者购买过程、消费者行为的类型等。从宏观上说,市场商品需求的调研主要包括:市场需求结构、需求层次的发展,实际与潜在购买较往年状况以及购买力的投向,消费者的消费习惯等。

(二)市场商品资源供应状况的调查

了解生产与市场商品供应状况,有利于了解企业在市场中的地位,也有利于企业制定科学合理的战略目标。市场商品资源供应状况的调查主要包括:生产发展的水平及技术、国内外生产发展的趋势与动向、新产品开发的发展方向、国内外市场上的产品结构与数量等。

(三)市场竞争环境的调查

市场经济就是竞争经济,企业的竞争能力、产品的竞争能力都只有在市场竞争中才能明显地反映出来。对市场竞争环境的状况进行调查,有利于认识本企业在竞争中所处的地位,有利于弄清竞争者经营策略对本企业的影响,从而为企业制定相应的竞争策略提供决策依据。对市场竞争环境的调查主要包括:竞争对手的经营管理水平、竞争者的营销组合策略、同行业产品的特点和技术标准、市场上同类产品的供应数量、生产厂家与经营者的数量等。

(四)市场销售状况的调查

对市场销售状况的调查包括本企业市场销售量与同行业市场的销售量,本企业与同行业的潜在销售量,企业的市场占有率与市场覆盖率,产品在市场上的销售量和饱和点,待开发市场上的销售量与开发趋势等。

(五)企业营销组合的调查

对营销组合进行调查,是企业分析和制定营销组合策略的必要条件之一,其主要内容包括:产品调查、价格调查、渠道调查和营销沟通调查等。其中营销沟通调查,主要包括企业采取营销沟通方式的适应性,公共关系的方式选择与效果的评价,广告的媒体选择,广告效果的调研与评价等。

(六)企业外部总体环境的调查

对企业外部总体环境的调查,主要包括对经济环境、政治法律环境、技术环境、社会文化环境等方面的调查。同时消费者保护运动和生态环境保护运动也对企业营销活动的影响产生重要影响,因此也应纳入此项调查的内容之一。

四、市场营销调研的类型

市场营销调研的类型广泛,不同类型的市场营销调研具有不同的特点和要求。企业面临的问题不同,所选择市场营销调研类型也会不同。一般来说,市场营销调研的类型按照不同的分类方式分为以下几种(如图4-2所示)。

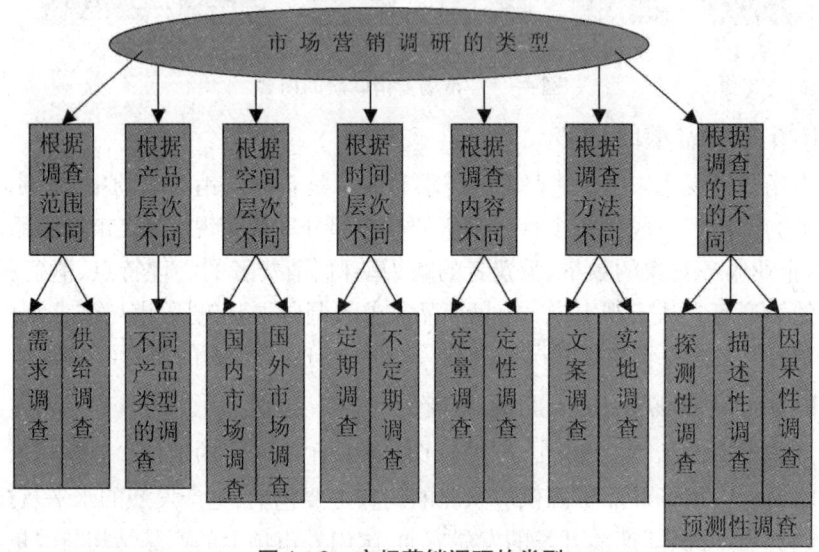

图4-2 市场营销调研的类型

(一)根据调查范围不同,营销调查可分为:需求调查和供给调查

需求调查是营销调查中最基本的内容,它包括消费需求量调查、消费结构调查、消费动机调查等内容。

供给调查是对某一时期内,在某市场中投放商品供给量的调查,包括商品进货途径、货源结构和供应数量的调查。

(二)根据产品层次不同,营销调查可分为:不同产品类型的调查

按产品层次不同,营销调查很多不同商品类别或商品品种的调查。如按商品大类可分为衣着类、食品类、日用品类、医药类、燃料类等营销调查。各种大类商品的营销调查可以进一步划分为不同的小类或具体商品的营销调查。如食品类商品可划分为粮食类、副食类、蔬菜类和调味品类等商品的营销调查。如调味品类又可划分味精、酱油和食用油等具体商品的营销调查。一般来说,按商品大类进行的营销调查,其资料可以用来研究居民的消费结构及其变化,从总体上研究市场。按商品小类和具体商品进行营销调查,所取得的资料对于研究不同商品的供求平衡,组织商品的生产与营销,提高企业的经济效益是必需的,对于从宏观上研究市场也有重要作用。

(三)根据空间层次不同,营销调查可分为:国内市场调查与国外市场调查

国内市场调查的对象主要是国内市场,它可以分为全国性、区域性市场调查;还可以分为城市、农村市场调查等。

国际市场调查是以世界市场的需求动向为对象而进行的调查。在经济全球化的今天,国内市场成为国际市场的重要组成部分,国际市场同时也影响着国内市场。

按不同空间层次组织的市场调查资料,对于研究不同空间市场的特点,对于合理地组织各地区商品生产与营销,对进行地区间合理的商品流通,具有十分重要的价值。

(四)根据时间层次不同,营销调查可分为:定期调查和不定期调查

定期性调查是指对市场情况或业务经营情况每隔一定时期所进行的调查,其目的在于获得关于市场或业务经营全部发展变化过程及其结果的信息资料。如月末调查、季末调查和年末调查等。定期调查一般是周期性的,调查的方式一般有定期抽样调查、定期报表调查等。

不定期调查则是为解决某种市场问题而专门组织的一次性调查。如某企业拟建新的零售商场,开拓新市场,经营新商品,一般都需要做一次性的市场调查,以了解市场范围、市场需求、市场竞争等方面的情况。

(五)根据调查内容不同,营销调查可分为:定性调查与定量调查

定性调查是指根据性质和内容进行的市场调查。,如对市场环境、政治经济环境,以及来自消费者各个方面的反映等进行定性分析,为企业的营销决策提供可行依据。

定量调查是指收集和了解有关市场变化的各种数据进行量化或模型分析,预测潜在的需求量和商品销售的变化趋势。

(六)根据调查方法不同,营销调查可分为:文案调查和实地调查

文案调查也称为二手资料调查。是指通过收集各种历史和现实的动态统计资料,从中摘取与市场调查课题有关的信息。文案调查具有简单、快速、调查费用低等特点,尤其是用于对历史资料和现状的了解,它既可以作为一种独立方法来运用,也可作为实地调查的补充。

实地调查也称为第一手市场资料调查。是指调查者亲临现场收集第一手市场资料的方法。它包括观察法、实验法和访问法等。实地调查在借助科学研究方法的基础上,能够得到比较真实的资料和信息。

(七)根据调查的目的不同,营销调查可分为:探测性调查、描述性调查、因果性调查和预测性调查

探测性调查是指对市场情况不十分清楚时,为了发现问题,找出问题的症结,明确进一步深入调查的具体内容和重点而进行的非正式的调查。如某企业拟投资开设新的综合商店,究竟其可行性有多大,首先可作探测性调查。从需求大小、顾客流量、交通运输条件和投资效益等方面初步论证其可行性。可行的话,则可做更深入细致的正式调查。一般来说,探测性调查不如正式调查严密、详细,一般不需制定详细的调查方案,其主要目的是在短时间内迅速发现问题,常常用于调查方案设计的事前阶段。它主要利用现在的历史资料、业务资料和核算资料,或政府公布的统计数据、长远规划和学术机构的研究报告等现有的第二手资料进行研究。或者邀请熟悉业务活动的专家、学者和专业人员,对市场有关问题做初步的研究。

描述性调查就是调查内容着重于市场状况特征,将所需调查的现象具体化。它要解决"谁"、"什么"、"什么时间"、"什么地点"和"怎样"的问题。如消费者的收入层、年龄层、购买

特性的调查等。假设一家书店想知道人们是如何惠顾该店的。就要描述下列问题:惠顾者谁?他们的性别、年龄和居住地点及他们如何来这里的?他们对快餐产品和服务的要求是什么等等。当然这些描述性问题必须根据调查的目的而定。如若是用来制定促销计划,重点应该放在人们是如何知道这家书店的,若是决定分店的位置,重点就是分析书店的商圈。

因果性调查,又称相关性调查,是指为了探测有关现象或市场变量之间的因果关系而进行的市场调查。它所回答的问题是"为什么",其目的在于找出事物变化的原因和现象间的相互关系,找出影响事物变化的关键因素。如广告与销售量、价格与销售量的关系中,哪个因素起主导作用,就需要采用因果性调查。

预测性调查是指为了预测市场供求变化趋势或企业生产经营前景而进行的具有推断性的调查,属于市场预测的范畴。它所回答的问题是"未来市场前景如何",其目的在于掌握未来市场的发展趋势,为经营管理决策和市场营销决策提供依据。例如,消费者购买意向调查、宏观市场运行态势调查、农村秋后旺季市场趋势调查和服装需求趋势调查等,都是带有预测性的市场调查。如在快餐店的经营中,通过建立销售额与广告的因果关系,得知广告与销售额成正比例关系,据此就可以预测下一年提高广告费会增加多少销售额。

五、市场营销调研的步骤

市场营销调研从策划到结束的全过程,一般包括五个步骤:确定调查目的、制定调查计划、收集调查资料、分析调查资料和撰写调查报告。(如图4-3所示)

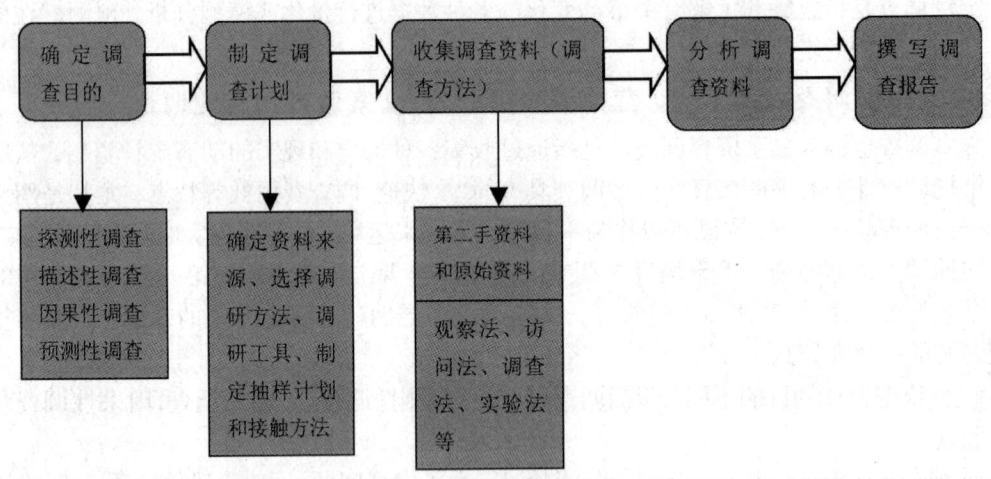

图4-3 市场营销调研的步骤

(一)确定调查目的

进行市场调研,首先要明确调查研究哪些问题,需要达到什么目的。所调查的问题,既不能太宽泛,也不能太狭窄,否则收集不到真正有效的信息。在明确问题的基础上,再确定调查目的。

(二)制定调查计划

制定市场调查计划是市场调查的准备阶段,策划是否充分周密,对今后市场调查质量影响很大。这一阶段具体包括确定资料来源、选择调研方法、调研工具、制定抽样计划和接触方法等(如表4-1所示)。

表4-1 制定调查计划包括的内容

制定调查计划	
资料来源	第二手资料、第一手资料
调研方法	观察法、访问法、调查法、实验法等
调研工具	调查表、仪器等
抽样计划	抽样对象、抽样数量、抽样程序等
接触方法	电话、邮件、面谈等

（三）收集调查资料

市场调查计划得到企业决策人员批准之后，则可按照市场调查计划的要求，组织调查人员向调查对象搜集有关资料，包括现成资料和原始资料。其中现成资料的来源包括内部资料和外部资料。原始资料是通过实地调查向调查对象搜集的第一手资料。在调查时要注意几个问题，它们关系到市场调查的成败。比如在面谈访问时，必须争取被访者的友好和真诚合作，才能收集到有价值的第一手资料。在进行实验调查时，必须注意使实验组和控制组匹配协调，在调查对象汇集时避免其相互影响，并采用统一的方法对实验处理和对干扰因素进行控制。

（四）分析调查资料

市场调查收集的各项数据和有关资料，大多是分散的、零星的、不系统的，如果不对其进行整理和分析，那么得到的也只是一堆杂乱无用的数据和资料，只有对调查资料进行科学整理和分析后，才能掌握现象的总体数量特征。数据整理和分析过程一般包括审校与校订，制作数据的频数分布表，计算主要变量的平均数、方差、标准差、相关系数和进行相关检验等。现在一般用比较专业的软件如EXCEL和SPSS来进行数据的分析，特别小的市场调查可以采用手工汇总处理。

（五）撰写调查报告

在完成以上步骤之后，就要撰写调查报告。市场调查报告是市场调查的综合成果，凡是进行调查，无论是何种类型的调查，都要撰写调查报告。然而怎样撰写调查报告则是能否充分体现调查质量的关键一环，如果调查报告写得拙劣，即使是最好的调查材料也会黯然失色。一般来说，调查报告应力求简明、准确、完整、客观，为科学决策提供依据如能使管理决策减少不确定因素，则此项营销研究就是富有成效的。

六、市场营销调研的方式

市场营销调研方式一般分为市场普查、重点调查、典型调查和抽样调查四种（如图4-4所示）。

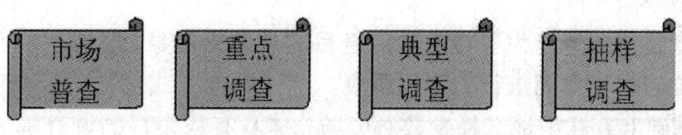

图4-4 市场营销调研方式

(一) 市场普查

市场普查是指调查者为了搜集一定时空范围内比较全面、精确的调查资料，对调查对象（总体）的全部样本所进行的逐一的、无遗漏的一次性全面调查。

市场普查的目的是了解市场的一些至关重要的基本情况，以便对市场做出全面、准确的描述，从而为制定有关政策、计划和战略提供可靠的数据。但值得注意的是，市场普查不一定非得在全国范围来做，也可以在地区和部门范围内做，还可以在企业中做，只要是对调查对象全部单位逐个进行调查，都可以称为市场普查。因此，市场普查是了解国情、省情、地情、县情、企情的最重要的调查方式。在实际应用中市场普查有宏观、中观和微观之分。宏观市场普查是指全国范围内的全面市场调查，如经济普查、工业普查和人口普查等。中观市场普查，是指在一定地区或一定行业范围内的全面市场调查，如白酒行业普查、IT 行业普查和某市商业网点普查等。微观市场普查是指企业组织的全面市场调查，如员工基本情况普查、员工忠诚度全面测评、某时段商品库存普查、供货渠道普查和销售渠道普查等。

市场普查的优点是，能够获得较为全面、准确、系统的调查数据，能够研究总体的基本特征，能够为重大决策提供信息支持。但也存在一些缺点，如调查费用较高，调查时间较长，时效性较差，调查工作量大，导致非抽样误差增大等等。因此市场普查不宜过多采用，只有在非常需要的时候和调查经费允许的条件下才采用。

市场普查一般通过普查员直接登记方式或被调查者自填方式来收集调查资料。

(二) 重点调查

重点市场调查是指在调查总体中，有针对性地选取一部分重点样本进行的非全面市场调查。所谓重点样本，是指在调查总体中处于十分重要地位的样本，或者在调查总体和问题中占绝大比重的那些样本。例如要了解全国钢铁产、销、存的情况，可从全国众多的钢铁企业中，选择宝钢、首钢、鞍钢、包钢和武钢等几家大型钢铁企业组成重点样本进行调查，就可掌握全国的钢铁产、销、存的基本情况。

重点市场调查的优点是由于极具代表性的重点样本数量不多，因而能够以较少的人力、物力、财力以及时间，较准确地掌握调查对象的基本状况。其缺点是重点样本与一般样本的差别较大，不具有普遍的代表性，一般情况下不能用重点市场调查所得的综合指标来推断调查对象总体的综合指标，但只需粗略估计则可以选用。例如某电脑企业向全国 100 家经销商供货，根据以往的销售统计资料，其中 20 家经销商的供货量占该企业供给量的 80% 以上。现对这 20 家经销商进行重点市场调查，了解到它们本年度向企业的进货量为 10 万台电脑，据此可粗略估计出该电脑企业本年度的总需求量应在 12.5 万台左右。

重点市场调查可以通过派员上门深入调查、邮寄调查和定期报告等方式来收集调查资料。

(三) 典型调查

典型市场调查是指调查者为了特定的调查目的从调查对象（总体）中有意识地选择一部分有代表性的单位组成样本而进行的专门调查。这种调查方式是先对调查对象作全面分析、比较，然后在此基础上有意识地选择少数对市场总体具有代表性的调查单位作为典型，再对其进行比较系统、深入的调查。典型调查的目的，不只是停留在对典型单位的认识上，而是通过对典型单位调查来认识同类市场现象总体的规律性及其本质。典型调查是一种从特殊到一般的认识过程，它符合人类的认知规律，因而是一种科学的调查方式。

典型市场调查的优点包括：(1)能够获得比较真实和丰富的第一手资料；(2)便于将调查和研究结合起来，可以深入、全面、细致地研究市场现象的本质和规律性。(3)调查范围小，调查单位少，可节省调查的人力、物力、财力和时间，可迅速获得调查结果，反映市场情况变化比较灵敏。其缺点有：(1)在选择典型单位时依赖于调查者的主观判断，难以完全避免主观随意性。(2)用部分样本的调查结果来判断调查总体的特征，缺乏有力的科学依据，推断的精度不够高，如果样本的代表性不强，用样本数据来推断总体特征时，往往会产生较大的误差。而对于调查结论的适用范围，也往往只能根据调查者的经验判断，无法用科学的手段做出准确测定。(3)缺乏一定的连续性和持续性，不利于数据的动态分析。

典型市场调查的关键在于选择典型单位，研究目的不同，选择的方法也不同。通常包括以下选择方法：(1)"取中选典"，即选择中等水平(平均型和多数型)的单位作为调查单位，以了解总体的数量特征。(2)"分类选典"，即首先应把总体中的所有个体划分为不同的类型然后再从各类中按其比例大小选择若干个典型单位。这样也可以较为准确地估计总体的一般水平。(3)"解剖麻雀式选典"，如果要总结经验教训，则应选择先进单位或落后单位作为典型，以便作深入细致的调查。

必须强调的是，虽然重点市场调查和典型市场调查都属于非全面市场调查方式，有其相似之处，但也存在明显的区别，不要混淆在一起。它们之间的区别是：(1)调查目的不同。重点市场调查是通过对重点单位的调查，认识总体的基本情况。而典型市场调查是通过对典型单位的研究，提示同类现象的本质和规律性。(2)选择调查单位的标准不同。重点市场调查选择的是总体中的重点单位，而典型市场调查必须选择对总体更具有代表性的单位。

（四）抽样调查

市场是由千差万别的个体所组成的总体，对市场总体情况进行市场普查，费时、费力、费财，如无必要，一般不必进行普查。重点市场调查也只能粗略地估计总体情况，而对典型市场的调查，由于典型单位的选择难以做到客观的控制，因而其使用范围也比较有限。而抽样市场调查方式能比较客观、科学地解决这些问题，因此得到了极其广泛的应用，成为市场调查中最重要的调查方式。

抽样市场调查又称随机抽样调查，是指调查者根据特定调查目的，按照随机原则从调查总体中抽取一部分单位作为样本而进行的一种非全面市场调查。抽样调查的目的不只是了解样本情况，更重要的是通过对样本的了解来推断总体，也就是说，其目的主要是获得与总体有关的资料。如用样本平均数推断总体平均数，用样本比率比较推断总体比率。由于样本是按随机原则抽取的，即总体中每个个体单位都有同等机会被抽中，从而排除了主观因素的干扰，能够保证用样本推断总体具有客观性。当然抽样调查的抽样误差不可避免，但可以计算和控制。正因为如此，抽样市场调查具有科学性、经济性、时效性和准确性等众多优点，作为市场调查最主要的一种方式，它的缺点在于抽样技术方案设计要求高，非专业人员难以胜任。

第二节 市场营销调查的方法

市场营销信息的主要来源一般可分为,现成的二手资料和亲自调查的第一手资料(原始资料)。因此,市场营销调研的方法总体上可分为:文案调查和实地调查两大类,其中各有其具体方法(如图4-5所示)。

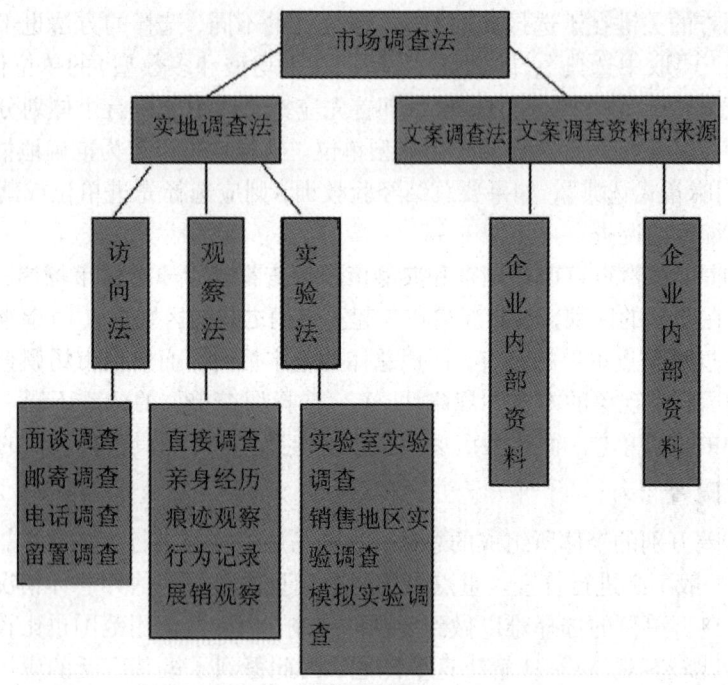

图4-5 市场调查方法一览表

一、实地调查法(直接调查法)

实地调查是调查者对有关市场发生的实际状态亲自进行现场实地调查,其方法有很多种。其中较为常用的方法有:访问法、观察法和实验法。市场营销调查中所使用的方法不同和方法选择的恰当与否,对调查结果都有不同程度的影响。因此,在确定调查方法时,一定要根据调查的目的、时间、费用、涉及的范围及实施的能力,认真分析,慎重选择,以决定采用哪种方法比较适宜。

(一)访问法

访问法是市场营销调研中最常用的一种调查方法,它把研究人员事先拟定的调查项目或问题以当面、电话或书面的不同形式向被调查者提出询问,以获得被调查者的消费动机、意向、态度等方面的信息。按照调查人员与被调查者接触方式的不同,访问法又分为以下几种方法(如图4-6所示):

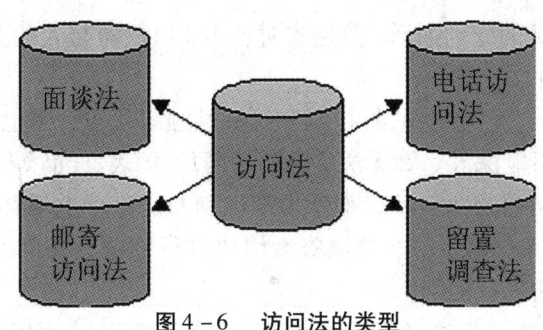

图4-6 访问法的类型

1. 面谈法。又叫个人访问法、家庭访问法或者直接访问法，是指调查者与单个的受访者面对面进行交谈收集资料的方法。它又分"标准式访谈"和"自由交谈式访谈"两种形式。标准式访谈是按照事先设计好的问卷或提纲顺序来提问的形式，而自由交谈并无提问顺序，只要围绕主题交谈即可，这是两者之间的最大区别。

面谈法要求调查者具备较高的素质，因此要对他们进行形象、礼仪和访谈技巧的培训。在根据调查目的确定访问者后，必须先进行预约，在得到受访者的同意后才能进行访问，在访问中应对受访者的回答进行检查，判定资料真实性，以决定是否需要进行二次访问。最后需以书面或电话形式进行致谢，感谢受访者的帮助。

面谈法具有众多优点：①拒答率低，因为是事先约好的，一般不会拒答，这是它的最大优点。②调查有深度，调查者可以提出许多受访者在公共场所不方便回答的问题。③准确性强，调查者可以充分解释问题，最大限度减少受访者对问题的认知误差，同时可根据被调查者回答问题的态度，判别资料的真实性。④灵活性较强，由于是面对面的交流，调查者可以采用一些方法来激发受访者的兴趣，也可以根据情况灵活掌握提问题的次序，随时解释受访者提出的疑问。

但这种方法也有其缺点，一是调查成本高、时间长，二是调查容易受到气候、调查时间、受访者情绪等到因素的干扰。所以它比较适用于以下情况：①调查范围比较小而调查项目比较复杂的情况。②需要得到顾客对某个产品的构想或某个广告样本的看法。③需要了解某类问题能否通过解释或宣传取得谅解。

2. 邮寄访问法。邮寄访问法是指调查人员将印制好的调查问卷，通过邮政系统寄给选定的被调查者，由被调查者按要求填写后再寄回来，调查者通过对调查问卷或调查表格的整理分析，得到市场信息。这种方法有许多优点，如：调查区域广，成本费用低；不存在调查者的情绪或偏见的影响；被调查者回答问题的时间比较充裕。但其缺点是：调查时间比较长，问卷回收率低，不能观察被调查者的情绪、态度的变化；填写调查问卷的人，不一定是目标顾客；被调查者易误解对调查问卷上的问题。为了解决问卷回收率低的问题，现在一般采用由知名度较高的机构协助开展问卷活动，如在发行量较大的报刊上刊登问卷，以吸引读者参与调查并把问卷结果寄回调查机构。还可以采用建立用户档案，选好调查对象；对调查问卷作适当的装饰设计；进行有奖问答，以小礼品馈赠被调查者等方法。

3. 电话访问法。电话访问法是指通过电话向被调查者询问有关调查内容和征询市场反映的一种调查方法。这是为解决带有普遍性的急需解决的问题而采用的一种调查方法。

电话访问的程序有三步：①确定调查范围及目标。②编制电话号码簿。③由调查者利用晚上或假期时间与被调查者通电话，或采用全自动计算机辅助电话访谈（CATS），使用内置声音回答技术取代调查员的分别通话,虽然省时省力,但机器与人的交流显然不能替代调查者与被调查者通话之间的交流。

电话访问具有省时省力、成本低、易控制和统一性强等优点,但也有以下缺点:①由于询问时间不能太长,问题不能深入。②无法综合使用照片、图表、样品等调查工具。③由于调查员不在现场,对于回答问题的真实性很难做出准确判断。鉴于电话访问的缺点,如有可能,在访问时应提前寄一封信或卡片告之被调查者将要进行的电话访问及访问的目的。在询问时,最好选用两项选择法进行询问。

4. 留置调查法。留置调查法又称堵截访问法、街头访问法、商场拦截法等,顾名思义就是在事先选定的若干地区由调查员拦截访问对象,征得受访者同意后,在现场填写调查问卷或者由调查员按问卷进行面访调查,如果现场不方便进行某些调查或者需要在计算机上回答问卷,也可以在征得受访者同意后把他(她)带到某个指定地点进行调查。

留置调查法一般要先进行抽样,然后拦截,拦截时要有礼貌并作简单的介绍说明,在访问中调查员要作好监控,尽量保证被调查者不受其他因素干扰,最后记得对受访者致谢,这是必不可少的程序。

留置调查法具有省时、省力和节省单个样本的访问费和交通费等优点,堵截避免了入户困难,调查的准确率高。但它的缺点有以下几个:①不适合内容较长、较复杂或不能公开的问题的调查。②拒访率高,最好使用一些赠品,以奖励的形式争取受访者的合作。③调查对象在调查地点出现带有偶然性,这会影响调查的精确度。

访问调查的每种具体方法,各有其特点,营销人员应注意把握(见表 4-2)。

表 4-2　　　　　　　　　　　访问调查各方法的比较

	面谈调查法	邮寄调查法	电话调查法	留置调查法
概念	调查者与单个的受访者面对面进行交谈收集资料的方法	调查者通过信函的方式进行资料收集的方法	指调查者通过电话向被调查者询问、征询有关市场反映的一种调查方法	调查员在街头拦截访问对象,在征得其同意后进行调查的方法,
优点	拒答率低;调查有深度;准确性强;灵活性较强	调查区域广,成本费用低;不存在调查者的情绪或偏见的影响;被调查者回答问题的时间比较充裕	省时省力;成本费用低;易控制;统一性强	省时、省力;成本费用低;调查准确率较高
缺点	调查时间长、成本高;调查容易受多种因素的干扰	时间较长;问卷回收率低;不能观察被调查者的情绪、态度的变化;填写调查问卷的人,不一定是目标顾客;被调查者易误解调查问卷上的问题	受时间限制,问题不能深入;无法综合使用调查工具;难以准确判断内容的真实性	调查内容有局限性;拒访率高;调查对象在调查地点出现带有偶然性,这会影响调查的精确度

(二)观察法

观察法是调查者到现场凭借自己的眼睛、耳朵或摄录像器材,直接或间接观察和记录正在发生的市场行为或状况的一种有效的收集资料方法。其特点是在被调查者不知情的情况下进行调查,收集原始资料。其特点是简便易行,直观可靠,但是有调查时间长、费用高、对观察人员素质要求高、只能观察表象资料等缺点。

1. 观察法的类型

观察法的具体类型很多,按观察的形式不同可分为直接观察法、亲身经历法、痕迹观察法、行为记录法和展销观察法等(如图4-7所示)。

图4-7 观察法的类型

(1)直接观察法。是指调查者直接深入到调查现场,对正在发生的市场行为和状况进行观察和记录。一般来说,调查者对观察现场的环境不做任何修正,对被观察者的可能行为不做任何规定和制约。

(2)亲身经历法。又叫伪装购物法,是指调查者伪装成顾客直接参与到特定的环境和被调查者对象一起从事某些经济活动,身临其境,借以收集有关的信息。

(3)痕迹观察法。是通过对现场遗留下来的实物或痕迹进行观察,以了解或推断过去的市场行为。如国外流行的食品橱观察法,即调查者通过察看顾客的食品橱,记下顾客所购买的食品品牌、数量和品种,来收集家庭食品的购买和消费资料。又如,通过对家庭的垃圾等痕迹的调查,也是较为重要的痕迹调查方法。被誉为美国市场调查创始人之一的查里斯·巴林,为了向羹汤公司证明蓝领工人的妻子买罐头汤而不是自己烹制,他曾把城市各处的垃圾经过科学抽样后收集起来,清点罐头汤盒的个数。

(4)行为记录法。是指把观察对象的市场行为通过卡片或照相机、录音机、录像机等器材记录下来。使用器材来记录,形象直观、逼真,免去了观察者的记录负担。但如果不是营业场所本身的调查行为,这种方法容易引起营业场所工作人员的干涉和被观察者的顾虑,容易失真。

(5)展销观察法。是指到展销会现场观察商品的外观设计、种类、销售情况和顾客需求的一种现场观察法。

2. 观察法的应用

观察法有时可用于市场的定量调查研究,但主要应用于市场的定性调查研究。其应用领域比较广泛,按观察场所不同可分为商品资源观察、营业现场观察和商品库存观察等。

商品资源观察,是指到供货单位直接进行观察,了解其商品的生产条件、技术水平、工艺流程、质量控制、商品种类、商品功能等,以决定是否进货。

营业现场观察,是指到商店、商场、超市等营业现场进行观察,以了解顾客的流量、顾客购物的偏好、顾客对商品价格的反映、顾客对产品的评价、顾客留意商品时间的长短、顾客购物的路径、顾客购物的品种和数量、顾客的购买欲望和动机、同类产品的设计、包装、价格和销售情况等。

商品库存观察，是指到仓库观察或者直接从库存管理系统了解商品库存情况，如了解哪些产品销售比较好，哪些产品仍然滞销，哪些产品过期等等。

（三）实验法

访问法和观察法有一个共同特点，就是在不改变环境下收集有关资料。实验法即从影响调查问题的许多可变因素中，选出一个或两个因素，将它们置于同等条件下进行小规模实验，然后对实验观察的数据进行处理和分析，确定研究结果是否值得大规模推广。它是研究特定问题的各因素之间的因果关系的一种有效手段，因为它可以通过对实验对象和环境及实验过程的有效控制，来达到分析各因素之间的相互影响关系及其程度，从中提取出有价值的信息，为决策提供依据。实验法的优点是方法具有主动性和可控性，结果具有较大的客观性实用性，实验的结论具有较强的说服力，可以探索在环境中不明确的市场关系。其缺点是调查时间长，费用高，有一定的局限性。实验法按照实验地点的不同，可以分为实验室实验调查法、销售区域试验调查法和模拟实验调查法等（如图4-8所示）。

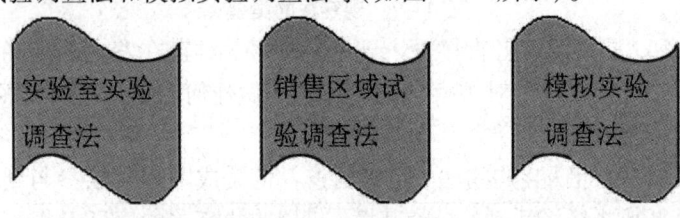

图4-8 实验法的类型

1. 实验室实验调查法

实验室实验调查法是指利用市场营销实验室或者心理实验室等进行市场调查研究的方法，包括生理指标仪器测试法、心理投射测试法、注意度测试法、认知测试法、意见测试法、创意评分调查法和情绪测试调查法等具体方法。这是一种近似的、仿真的市场实验，即把应该在实际市场上进行的实验，放到经过策划过的实验室内进行的市场调查方法。它的优点是比较省时、省事，节省成本，能够做到最大限度的保密，还可以进行更加深入的调查和了解。但是它最大的缺点是对设备和人员素质要求非常高，策划不周全时，可能会出现虚假现象，即使没有虚假现象的存在，也很难获得与实际市场完全一样的效果。所以我国企业很少进行这种类型的调查活动。

2. 销售区域实验调查法

销售区域实验调查法，是指按照原先设想的市场营销因素组合方案，在企业实际的销售区域上进行相对范围比较小的实验性销售，从而确定最优市场营销方案的调查方法。当企业对已经设计好的若干市场营销因素组合方案无从决断时，可以把这些不同的方案，放在不同的但具有可比性的具体市场内，进行实验性的销售活动，以实际销售综合效果最好的方案作为优选方案。

3. 模拟实验调查法

模拟实验调查法介于实验室实验调查法和销售区域实验调查法之间，是指利用实验室的方法和条件，创造一个与实际销售市场比较接近的环境，进行市场调查的方法。比如在新产品试制出来以后，上市之前，就可以在实验室内，邀请一些目标市场消费者进行短时间实际消费性试用。同时派出有关人员到现场对消费者的使用情况进行考察，收集消费者对产品在各个方面的意见和建议。

二、文案调查法（间接调查法）

（一）文案调查法的概念及特点

文案调查法又称间接调查法，是指通过查看、阅读、收集现成的、二手资料的一种调查方法。第二手资料是指某处已存放的信息资料或调查者按照原来的目的已收集、整理的各种现成的资料，如统计年鉴、报告、文件、期刊、报表等。

间接调查法的优点是：资料收集过程比较简易，特别是在互联网非常发达的今天，资料几乎应有尽有，而且通过网络调查也可以扩展间接调查的资料来源渠道，同时也提供了更节省、更有效的手段和工具，因此文案调查法能够省时、省力、省钱。但它的缺点是时效性差，二手资料主要是历史性的数据和资料，不一定能反映当前的实际情况，而且其准确性、相关性也可能存在一些问题。因此，在选用二手资料之前，有必要遵循一些基本原则，对二手资料进行审查与评价。

（二）间接资料选择的基本原则

对间接资料的选择，关系到调查的成败，要想选择出高质量的有效间接资料，应遵循以下原则（如图4-9所示）：

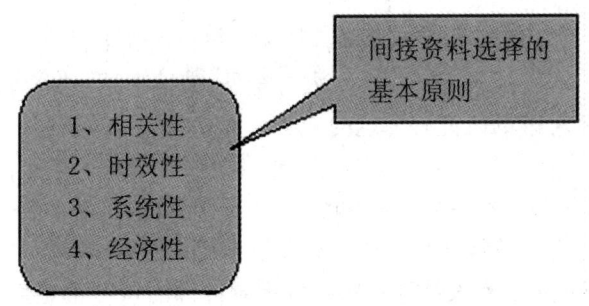

图4-9 间接资料选择的基本原则

1. 相关性。根据调查者的研究目的有针对性地重点收集与调查课题相关的第二手资料，包括背景资料、主体资料和其他相关资料。还要注意收集资料的适用性，以够用为原则，防止产生无用的垃圾信息。

2. 时效性。在收集资料时，一定要注意资料的时效性，因为二手资料的时效性是比较差的，如果资料反映的情况变化了，这些资料就失去了价值。因此，要用最快的速度及时收集、分析、利用各种最新资料、最新信息，以保证各种资料的时间价值。

3. 系统性。如果要提高二手资料的利用价值，在收集和整理时，就应该力求资料具有系统性、层次化和系列化。同一数据资料最好能够同时开发出属性数列、变量数列、空间数列、时间数列、相关数列和平衡数列的信息资源，定性资料最好能够划分为不同的类别或序列。

4. 经济性。要想高效而又节省地搜索已公布的数据资料就需要拟定一份计划，在计划中明确工作目标、地点、形式等事项，以帮助调查人员以最小的投入实现调查的目的。如利用在线数据库搜索时制定一个目的明确、计划周全的方法程序，对于节省上网时间及费用特别重要。

(三) 文案调查的资料来源

文案调查的资料来源,主要包括企业的内部资料和外部资料。内部资料主要是企业内部的各种业务、统计、财务及其他资料。外部资料主要是企业外部的各类机构、情报单位、国际互联网、在线数据库及各类出版物等提供的可供用户共享的各种资料。

1. 内部资料来源

(1) 业务资料。企业业务资料一般可以从企业业务部门获取。它是反映企业生产经营业务活动的一些原始记录方面的资料,是企业开展经营业务活动,进行市场分析的重要资料。主要包括各种订货单、进货单、发货单、存货单、销售记录、购销合同、顾客反馈信息及业务人员各种记录等。

(2) 统计资料。企业统计资料一般可以从企业统计部门获取。它是对企业各项经济活动的综合反映,是企业生产经营决策的重要依据,是进行市场调查的重要资料。主要包括企业各种统计报表,企业生产、销售、库存记录,各种统计资料的分析报告等。如贸易企业的商品购、销、存统计数据等。

(3) 财务资料。企业财务资料一般可以从企业财务部门获取。它是反映企业活劳动和物化劳动的占用和消耗情况及所取得经济效益的重要资料,是企业加强管理、研究市场、提高经济效益的重要依据。主要包括各种财务报表、会计核算和分析资料、成本资料、销售利润、税金资料等。

(4) 其他资料。除以上资料外,企业内部资料还有企业其他部门平时搜集整理的各种上级文件资料、政策法规、调研报告、工作总结、顾客意见、来信来访、档案卷宗、照片、录音、录像、剪报等资料。这些资料对市场研究有一定的参考价值。

2. 外部资料来源

(1) 各级政府部门发布的有关资料。如各级计委、财政、工商、税务、银行、贸易等部门经常定期不定期发布各种有关政策法规、价格、商品供求等信息。

(2) 各级统计部门发布的有关统计资料。各级统计部门每年都定期或不定期地发布国民经济统计资料。如统计年鉴、统计报告等。

(3) 行业协会发布的行业资料和各种专业信息咨询机构提供的市场信息。这些机构的信息系统资料齐全,信息灵敏度高,专业性强,比较可靠,不过这些机构的服务大多是有偿服务。

(4) 电视广播提供的各类资料。我国的电视广播事业非常发达,电视台、广播电台数量众多,覆盖全国,它们每天都发送大量的广告信息和各种经济信息,这也是重要的搜集外部资料的渠道。

(5) 各种公开出版物。如订购有关科技书籍、杂志、报刊。这些出版物经常登载科技信息、文献资料、广告资料、市场行情、预测资料和各种经济信息等。一般信息及时,容量大,如请专人阅读剪贴,分类储存,是一种搜集外部资料的好方法。

(6) 参加国内外各种博览会、展销会、交易会、订货会。这些会议一般都有新产品、新技术、新设备、新材料等生产供应方面的信息。

(7) 参加专业性、学术性经验交流会,可以从会上获得一些文件和材料。

(8) 各类研究机构的各种调研报告、研究论文集。

总之，实地调查法收集的基本上都是第一手资料，而文案调查法收集的是第二手资料。它们各具特点，并在市场调查中相互依存、相互补充。我们不应厚此薄彼。

三、调查问卷的设计及应注意的问题

（一）调查问卷的设计

1. 调查问卷概述

调查问卷是指有详细问题和备选答案的调查测试和记录的清单，一般留给被调查者填写，也可作为调查者口头提问与记录的提纲。它主要用于调查人们的基本特征、个人行为、态度、动机和其他相关情况。

根据调查者对调查问卷控制的程度，调查问卷分为非结构型调查问卷和结构型调查问卷。非结构型调查问卷，是指事先不准备标准表格提问方式和标准化备选答案，只规定调查方向和询问内容，由调查者和被调查者自由交谈的问卷。非结构型调查问卷在市场调研中应用比较少，而结构型调查问卷应用比较广泛。结构型调查问卷，又称标准化问卷，它的每个问题的提问方式和可能答案都是固定的，所有被调查者都回答同一结构的问题。它还可以分为封闭式调查问卷、开放式调查问卷和半封闭式调查问卷三种：

（1）封闭式调查问卷对提出的问题规定了备选答案，被调查者只能从已给定的答案中做出选择。其优点是答案标准化，便于编码和计算机处理，还节省作答时间。但它往往不能充分体现不同回答者的各种意见。

（2）开放式调查问卷只提出问题，不提供任何备选答案，由被调查者自由回答。其优点是回答者可以充分发表自己的看法和意见，但资料分散，难以量化，编码困难，难以计算机处理。另外，这种问卷对回答者的语言表达能力要求较高。

（3）半封闭式调查问卷兼顾了前两种问卷的优点，克服了它们的局限性，是前两种问卷的结合。如在一个问题中，除给出一定的标准答案外，还列出"其他"等开放式答案以备被调查者在"其他"处自由作答。

2. 调查问卷的基本结构

一份完整的问卷一般包括说明词、问卷主体和问卷附注三个部分：

（1）说明词，也叫开场白，首先是问候，表述主持调查机构及调查员的身份，说明调查目的，并交代访问结果将如何处理，最后要提示作答方法和对他们的合作表示感谢。说明词要通俗易懂、简明扼要。

（2）问卷主体，即调查问卷中最主要的部分，它涉及到搜集市场信息的具体内容，一般可分为三个方面：①关于调查对象的基本资料如性别、年龄、职业、收入等；②关于调查对象的行为资料，如购物、旅游、服务的具体活动与行为；③关于调查对象对本人或他人的能力、兴趣、意见、评价、情感、动机等方面的态度资料。

（3）问卷附注。主要包括调查证明记载和受访者姓名、电话号码、地点、方式和时间等资料。

【实例】: 空调市场调查问卷

尊敬的女士、先生:您好!

我们是××学校的学生,为了进行学习实践和了解空调市场情况,特组织此次市场调查,请您大力协助和支持。本问卷不对外公布,我们对您填写的内容绝对保密,请不要有任何顾虑。请按照您的实际情况在备选答案上打"√",无备选答案的,请写出您的答案。再次谢谢您的合作。

1. 请您写出您所知道的空调厂家名称:
2. 请问您家里有没有安装空调? □有 □没有(跳至第8题)
3. 您家中的空调是什么品牌?
4. 您家中的空调装在何处?
5. 请问您当初购买时考虑了哪些因素?
□省电 □安静 □清凉 □赠品多 □价格合理 □口碑好 □其他
6. 当初购买空调时是由谁决定的?
□自己 □配偶 □父母 □其他人
7. 当初根据什么选择这个品牌?
□家人共同决定 □亲友介绍 □经销商介绍 □广告
8. 您有没有计划在最近1个月内再添置空调? □有 □没有(跳至基本资料)
9. 您想装在何处?
10. 您会不会再装正在使用的厂家生产的空调?
□会 为什么?
□不会 为什么?
11. 您最希望公司赠送何种赠品?
12. 您经常看哪三个电视台的节目? (1) (2) (3)
13. 空调公司售后服务,您感到重要吗?
□是 □不很重要

基本资料

年龄:□21~30岁 □31~40岁 □41~50岁 □50岁以上

家人:□2人 □3人 □4人 □5人

□房屋自有 □租赁

被调查人: 日期: 访问人: 督导员

(二)调查问卷设计应注意的问题

1. 问题应该易于理解

调查问卷的用词必须礼貌且通俗易懂,易于理解,应避免使用一些难以理解的专业术语,避免使用一些枯涩的词句和不常见的字。例如不能询问:"您的生活属于什么水平?"因为调查对象可能不了解什么是生活质量水平,也可能不了解生活质量水平分成多少个等级或者档次,从而无从回答。

2. 问题应该易于回答

调查提问的方法应该是使调查对象容易回答的,不要提过大、笼统的问题,每一个问题都要很具体,内容不要过多,最好一问一题,而且最好使用单选题或多选题。例如,可以这样问:"您是怎样知道我们公司的产品的?"提供备选答案:A 听朋友介绍;B 看报纸;C 看电视;D 上网搜索。

3.问题应该确定

应该注意不要有概念含糊、寓意笼统的语言。凡是提问,都应该语言肯定、内容具体、含义准确。例如,不能问调查对象:"您喜欢××牌产品吗?"因为调查对象很难判断自己是喜欢还是不喜欢。应该改成先问:"您使用过××牌产品吗?"如果回答使用过,再可以问:"您购买使用的原因是:喜欢它的外观?喜欢它的结构?喜欢它的名字?喜欢它的服务?或者是其他方面?"如果回答没使用过,可以问其不喜欢的原因是:功能不足?外观不美?颜色暗淡?名字不好听?价格不合理?等。

4.避免使用引导性问题

在市场调研问卷中,不应该有引导或者诱答调查对象的提问方法,如不能问"您喜欢联想电脑吗?"因为调查对象在一般情况下只能回答"是"的。也不能出现显而易见的问题。如不能问"您是否认为现在的产品价格偏高?"

5.应该注意回避个人隐私

如不能直接问"您几岁了",如果确实要调查这些项目,可以这样问:"您的年龄是:20-30岁;31~40岁;41~50岁"其他如收入、单位、家庭等具体内容,都应尽量回避。

6.问卷应该简短为好

从调查活动的经济性考虑,在可能的情况下,问卷应该是尽量简短些。太长的问卷,被调查者可能没有耐心全部填完。

【复习思考题】

一、名词解释
1.市场营销调研　　2、探测性调查　　3、描述性调查　　4、因果性调查
4.预测性调查　　　5、重点调查　　　6、典型调查　　　7、抽样调查
8.实地调查　　　　9、文案调查

二、判断题
(　)1.在选用二手资料时,应尽可能多地占有资料,不必遵循其他原则。
(　)2.实验室实验调查法是我国企业使用最普遍的一种调查方法。
(　)3.根据时间层次不同,营销调查可分为:定期调查和不定期调查。
(　)4.在设计时调查问卷应尽量回避个人隐私。
(　)5.典型市场调查跟重点市场调查是一回事。

三、选择题
1.按调查范围不同,营销调查可分为(　)
　　A.需求调查　　　B.供给调查　　　C.定期调查　　　D.不定期调查
2.按调查的目的不同,营销调查可分为:(　)
　　A.探测性调查　　B.描述性调查　　C.因果性调查　　D.预测性调查

3. 市场营销调研方式一般分为( )
   A. 市场普查   B. 重点调查   C. 典型调查   D. 抽样调查
4. 面谈法又分( )两种形式
   A. 标准式访谈   B. 直接访谈   C. 自由交谈式访谈   D. 间接访谈
5. 调查问卷可以分为( )
   A. 封闭式调查问卷   B. 开放式调查问卷   C. 半封闭式调查问卷

四、回答问题

1. 市场营销调研的步骤有哪些？
2. 市场营销调研的方法主要有哪些？
3. 调查问卷设计应注意的问题有哪些？

五、案例分析

新"可口可乐"调研失误

20世纪80年代初，可口可乐公司在市场上的销售增长率从每年递增13%猛降到2%，同时领先对手百事可乐公司2倍的市场占有率降为只有2.9个百分点。可口可乐从独步天下变成只能与百事可乐分庭抗礼。问题在哪里？可口可乐公司开始了秘密市场营销调研，这次调研耗资500万美元，调查近20万名消费者，历时两年。

在这次市场调研中，可口可乐公司出动了2000名调查员，在10个主要城市调查消费者的口味，调查消费者是否会接受一种新的可口可乐饮料。他们向顾客出示了一系列问题的问卷，请被调查者当场回答。他们的问题中有这样一句话："可口可乐配方中将增加一种新的成分，使它喝起来更柔和，你愿意吗？"在有的问卷中他们也会问这样一句话："可口可乐将与百事可乐的口味相仿，你会感到不安吗？"调查结果显示，只有11%的消费者对新口味表示不安，而且其中的一半人表示会适应新口味的可口可乐。于是，可口可乐公司决定研究开发出全新口味的可乐。

为了万无一失，可口可乐公司投资400万美元进行了一次更大的口味尝试活动。13个大城市的19.1万消费者参与了对新口味可口可乐饮料的尝试。在众多口味饮料中，消费者对可口可乐的新口味青睐有加。55%的品尝者认为，新口味饮料胜过传统可口可乐配方。有1.5亿人在"新可乐"问世的当天品尝了它。试饮活动总结出一句话：应该立即上马生产新可口可乐饮料。

到底是用"新可乐"生产线彻底代替传统可乐生产线，还是为新可乐增加一条生产线呢？经过与遍布全球的瓶装厂商量，并进行财务预算后，可口可乐公司决定："用新可乐代替传统可乐，停止传统可乐的生产与销售。"

可是，意想不到的情况发生了。新饮料上市后4个小时，可口可乐公司接到650个抗议电话。10天后，每天接到5000多个抗议电话。更有雪片似的抗议信件。有的说要改喝茶水来代替可乐。在西雅图，一群忠实于可口可乐的消费者还组织了"美国老可乐饮者"协会，准备在全国范围内发动抵制"新可乐"的运动。在刚开始的一周内，新可乐的销售很好，但是1个月后，已经有新可乐的销售商和瓶装厂要求恢复经营传统的可乐了。3个月后，市场调研显示，只有30%的消费者说新可乐的好话了。愤怒的情绪在全美国蔓延，媒体也在煽风点火。消费者运动愈演愈烈，火山爆发了，可口可乐公司不得不立即恢复传统配方可乐的生产。

可口可乐公司犯的灾难性错误的根源在哪儿？他们再次查阅调查问卷后，发现市场营销调研问卷只考虑新可乐饮料,而忽视了一个问题:他们在向消费者调查各种关于生产或增加新可乐饮料的时候,忘了问消费者:"如果是在停止老可乐饮料的情况下,您是否会选择新饮料?"事后调查证明,由于老可乐已经成为美国的一种文化象征,几乎所有的消费者都认为不能停止生产,但在保留老可乐的情况下,新可乐对消费者而言也是一件好事。吸取了这次教训后,可口可乐公司同时使用两种配方一起生产和销售,终获成功。直到现在,仍然保持了在饮料市场上的霸主地位。

讨论:1. 新"可口可乐"调研失误的原因是什么?
2. 该案例给你什么启示呢?

第五章 目标市场战略

【本章学习目标】

通过本章的学习,明确市场细分的作用及其依据;初步学会运用市场细分的原理对市场进行有效细分及选择目标市场;能够根据有关影响因素的状况选择适宜的目标市场战略;能为产品进行正确的市场定位。

【引导案例】5-1: 日本精工手表抢占美国市场

美国与瑞士的机械手表一直享有世界名表的盛名。日本开发了电子表后,便以其款式新颖多样、价格低廉、产品质量好而风靡市场。日本精工准备进军美国手表市场。

他们首先对美国手表市场做了深入细致的市场调研,发现美国手表市场上的消费需求大致可分为三类(见表5-1):

表5-1　　　　　　　　　　　美国手表市场分析表

需求档次 市场特征	高档需求	中档需求	低档需求
消费者的需求特征	消费者追求象征性价值;要求手表名贵,计时精确,可作为高档贵重礼物	消费者要求手表计时基本准确,耐用,价格适中	消费者要求手表能够计时,价格低廉
在市场所占比重	31%	46%	23%
购买地点	大型商场、专卖店	商场、钟表店	商场、钟表店
消费者需求满足程度	充分满足	未满足	未满足

经过上述分析,精工发现了美国手表市场上大约有近70%的消费者的需求未能得到满足,这是一个很好的市场机会,精工表恰恰能满足这部分消费者的需求。于是,他们针对中、低档消费者的需求及美国高档表的营销策略,决定精工表不仅在商场、钟表店、专卖店销售,而且还通过广泛的、极其方便顾客的分销渠道(如:折扣商店、超市,甚至是药店)销售。终于,精工表凭借着物美价廉、款式新颖的特点,深受市场欢迎,很快取得了较大的市场占有率。

 想一想:
1. 日本精工表在其进入美国市场前做了哪些工作?
2. 为什么说精工表在美国发现了较大的市场机会?
3. 精工表在其选择的目标市场上,是如何经营的?
4. 该案例给你的启示是什么?

第五章　目标市场战略

第一节　市场细分

现代企业营销，面对的是一个十分复杂且瞬息万变的市场。市场上的众多顾客，对商品的消费需求往往并不相同，甚至差异极大。任何规模的工商企业，都不可能满足市场上所有顾客对商品的互有差异的整体需求，而只能选择其中某一部分加以满足，为此，企业就必须改变以往"面向大众"的策略，通过市场细分来确定目标市场，在细分市场上找准自己的位置，从而为企业的目标市场营销和准确的市场定位奠定良好的基础。

一、市场细分的概念

（一）问题的提出

市场细分（Market Segmentation）是 20 世纪 50 年代中期美国市场营销学家温德尔·史密斯（WendellR. Smith）在总结了企业营销实践活动之后首先提出来的一个新概念。它表明战后西方市场营销思想和战略进入了一个新的阶段。

从总体上看，有什么样的市场条件，就会产生什么样的营销思想。市场细分是目标市场营销的产物。目标市场营销的产生大致经历了三个阶段（如图 5－1 所示）：

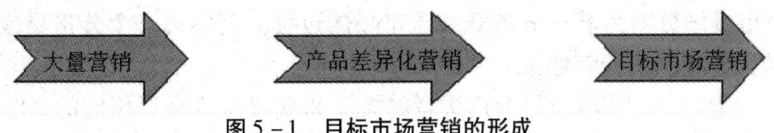

图 5－1　目标市场营销的形成

1. 大量市场营销阶段

大量市场营销是指企业面对所有的顾客，只大量生产、大量分配、大量促销单一产品。 早在 19 世纪末 20 世纪初，西方市场物资短缺，产品供不应求。企业奉行大量生产观念。在生产观念指导下，企业从生产出发，把消费者看作是具有相同需求的整体市场，认为只要商品价格低，消费者就会接受。于是，企业大量生产和销售单一的产品，以较低的价格，大众化的分销渠道，吸引所有的消费者。结果，市场上充斥着相似的单一产品，市场竞争也只局限于价格竞争。

2. 差异化市场营销阶段

差异化市场营销是指企业生产具有不同特色的、多样化的同类产品，以满足整体市场的需求。 20 世纪 30 年代，随着科学技术的进步，提供给市场上的产品日益增多，世界经济危机影响巨大，商品供求关系逐渐发生了转化：商品供不应求逐渐转化为供过于求，卖方市场逐渐转化为买方市场，市场竞争日趋激烈。在这种情况下，企业发现：在同一行业里企业经营的商品大致相同，竞争造成价格下跌、效益下滑。市场迫使企业转变营销观念。于是，一些企业已开始意识到产品差异的潜在价值，开始奉行产品观念。在产品观念指导下，企业从产品出发，生产不同特色、多样化的产品，以期增加消费者选择的机会，扩大商品销售量。值得注意的是：此时企业的差异化营销的出发点是生产者而不是消费者，企业没有真正有针对性地分析消费者不同的需求，并有针对性地满足它。

3. 目标市场营销阶段

目标市场营销是指企业在研究市场和市场细分的基础上，结合自身的资源和优势，选择其中最有吸引力、和最能有效地为之提供产品和服务的细分市场作为目标市场，制定出适合该市场特点的市场营销组合策略。 20世纪50年代，随着社会生产力的迅速发展，顾客的购买力及对商品的选择能力也在提高，生产和消费之间的矛盾日益尖锐，市场竞争更加激烈。产品差异化营销已远远不能解决企业所面临的市场问题。于是，市场再次迫使企业转变营销观念。面对市场严峻的形势，一些卓有远见的企业由于消费者需求明显的差异化，也由于企业自身资源、能力的局限性，开始尝试以市场消费者需求为市场营销的中心（企业信奉以消费者为中心的市场营销观念），对整个市场按照顾客需求的不同特征进行分类，从中寻求、选择适合自己的顾客群，开始实行市场细分策略。例如：美国的宝洁公司，发现消费者因洗涤不同质地的纤维织物而不满足于单一品种的肥皂，于是生产了三种不同性能、不同牌子的肥皂：一种是洗涤软性纺织品的碱性小的肥皂；一种是碱性强的肥皂；一种是多用途的全能肥皂。由于这些肥皂满足了不同消费者的不同需求，突破了只用价格竞争的框框，从而在肥皂市场上获得了最大的市场占有率，盈利甚丰。

温德尔·史密斯（WendellR. Smith）就是在总结了企业营销实践活动之后率先提出了市场细分的概念，为企业营销开拓了新的视野。

（二）市场细分的概念

市场细分是指企业在市场营销调研的基础上，按照消费者对某类商品需求与欲望的不同特征，把整个市场细分割为若干分市场或子市场的过程。其中每一个分市场或子市场，都是由需求与欲望大致相同消费者组成。

市场包含着无数的购买者，每个购买者的需要和欲望显然是不相同的，也就是他们的购买着眼点各不相同。企业既不可能为每一个购买者设计一套市场营销组合，也不能忽视购买者的需要和欲望有差异，因而只能根据一些标准把购买者分为若干个市场。

这里必须指出的是，细分市场不是根据产品品种、产品系列来进行的，而是从消费者（指最终消费者和工业生产者）的角度，按照他们对同类产品的需求和欲望进行划分的。因此，市场细分的实质是划分消费者群，是识别具有不同需求和欲望的购买者或用户群的活动过程。例如本章引导案例中精工表按消费者对手表需求的特征，将手表市场分为：高档、中档和低档三个细分市场。

二、市场细分的客观基础

对市场进行细分，并不是人们主观意志决定的，而是商品经济不断发展的客观要求和必然产物（如图5-2所示）。

图5-2　市场细分的客观基础

(一)市场产品供应的多元性

随着商品经济的发展,市场上众多的、各具经营优势的企业,会依靠自己在资源、设备、技术、地理位置等方面的不同优势,源源不断地向市场提供大量的各具特色的商品,从而,使市场上的商品呈现不同程度的差异性。同时,也使市场竞争更加激烈。这就客观上要求企业为进行有效的市场竞争,必须进行市场细分,并且集中企业的资源优势,从中选择最有潜力、最适宜企业发展的细分市场,作为自己的目标市场。因此,市场产品供应的多元性是市场能够细分的前提条件。

(二)市场消费者需求的差异性和相似性

消费者个人由于经济、地理、文化素养、民族习惯等方面的差异,形成了各种各样的偏好、兴趣,对商品的需求千差万别,于是就形成了差异性。譬如服装,有人喜欢穿正装、有人喜欢穿休闲装、有人喜欢穿运动装等。正是因为消费者需求的差异性,才使整体市场有可能细分。同时我们也要看到,市场上具有明显差异的消费需求,又包含着某种共性,即消费者需求和行为会存在相似的一面。譬如日常生活中的缝衣针、白糖、煤等,购买者对它们的要求基本相同,定期的购买量也大致相同。正是这个特点,使市场细分能够把对某类商品有相似需求的消费者聚集成一个消费者群——一个某类产品的消费者子市场,使市场细分化作为一种实用的科学方法成为可能。市场细分就是建立在消费者需求差异性和相似性的这种交叉特征基础上的。

三、市场细分的意义

实践证明,在复杂多变的大市场里,企业只能根据自身的优势条件,从事某方面的生产、营销活动,选择力所能及的、适合自己营销的目标市场,才会成功。因此,善于细分市场并据以确定目标市场,对企业营销活动具有极其重要的作用。

(一)有利于企业分析和发掘新的市场机会

市场机会是已存在于市场,但尚未得到满足的消费者需求。这种需求往往是潜在的,一般不易被发现。通过市场细分,企业对每一个细分市场的消费需求、购买潜力、满足程度、竞争情况等进行分析对比,探索出有利于本企业的市场机会,其中,市场需求未获满足而竞争对手又较弱的细分市场,正是极好的企业市场机会。抓住这样的市场机会,结合企业的资源状况,从中形成、确立宜于开发自身发展的目标市场,并制定出适宜的目标市场策略,企业定会成功。本章引导案例,就是企业细分市场并获成功的典范。

(二)有利于企业制定和调整市场营销策略

市场细分后的子市场比较具体,细分市场的规模、特点显而易见,比较容易了解消费者的需求,企业可以根据自己的经营思想、方针及生产技术和营销力量,确定自己的服务对象,即目标市场。针对较小的目标市场,便于制定特殊的营销策略。同时,在细分的市场上,信息容易了解和反馈,一旦消费者的需求发生变化,企业可根据反馈信息,迅速改变原来的营销组合策略,制定出相应的对策,以适应市场需求的变化,提高企业的应变能力和竞争力。

【案例】5-2： 日本"江崎泡泡糖"的成功

日本劳特糖业公司一直占据着泡泡糖市场霸主的地位，而江崎糖业公司在泡泡糖市场则为无名小卒。但是，江崎公司并不气馁，一直积极、主动地寻找市场机会发展自己。终于，他们在针对劳特公司泡泡糖进行调研分析时发现：劳特泡泡糖有四点不足：1、以成人为对象的泡泡糖市场正在扩大，而"劳特"依然以儿童泡泡糖市场为经营重点；2、"劳特"产品口味单一。他们只生产果味型泡泡糖，而消费者需求正向多样化发展；3、"劳特"产品款式单一。他们只生产条板状呆板的泡泡糖，而市场需求也呈多样化；4、"劳特"泡泡糖110日元的售价不方便顾客。顾客每次购买时，需多掏10日元的零币，很不方便。为此，江崎糖业公司经过审慎的分析、研究，决定向"劳特"发起攻势。他们要以成人泡泡糖市场作为自己的目标市场，并制定了相应的营销方案。很快，他们就推出了具有精心包装、形状各异的"功能型泡泡糖"。他们针对不同人群食用泡泡糖的需求，开发了：司机用泡泡糖，他们在泡泡糖中添加了强浓度薄荷和天然牛黄，以强烈的刺激驱除司机的困倦；交际用泡泡糖，具有清洁口腔、祛除口臭的功效；体育用泡泡糖，内含多种维生素，益于消除疲劳；轻松型泡泡糖，通过添加叶绿素，调整人的不良情绪。同时，他们还将泡泡糖的售价定为50日元、100日元两种，以方便顾客，避免了找零钱的麻烦。结果，"江崎"功能型泡泡糖的问世，向飓风一样席卷全日本市场。江崎公司从劳特公司手中瓜分到25%的市场份额，获得巨大成功。

（三）有利于有效地分配企业的资源（人、财、物）

任何一个企业的资源、人力、物力、资金都是有限的。而市场细分对提高经济效益的作用主要表现在两个方面：一是通过市场细分，选择适合自己的目标市场，集中人、财、物及资源，集中投入目标市场，去争取局部市场上的优势，取得理想的经济效益；二是在市场细分之后，企业可以面对自己的市场，组织适销对路的商品。只要产品适销对路，就可以加速商品流转，加大生产批量，降低企业的生产销售成本，提高生产工人的劳动熟练程度，提高产品质量，全面提高企业的经营效益。

【案例】5-3 "小狗乖"散步鞋风靡美国老年人市场

美国皮鞋市场上有各种不同皮革制做的鞋，款式约有150多种。企业如果要面对这样一个大市场，显然需要巨大的资源。美国一家很小的制鞋公司，本来在皮鞋市场上缺乏竞争力，但他们在市场调研中发现：第一，老年消费者购鞋时，往往把穿着轻便、舒适作为第一首选，其次是价格低廉，而对款式要求不高。第二，市场上可满足老年消费者需求的皮鞋甚少。为此，他们决定把老年人皮鞋市场作为自己的目标市场。他们充分利用自己的猪皮原料，还专门研制了能为猪皮消薄、磨光的机器，专门生产与竞争者不同的轻便猪皮鞋，还起了一个别致的品名："小狗乖"（意为：皮鞋的轻便，都不能惊动小狗）。果然产品一上市，大为畅销，企业也因此获得了很好的收益。

（四）有利于中小企业开发市场

进入市场的工商企业很多。大型工商企业，由于具有规模优势和规模效益，生存和发展能力相对较强。而中、小企业一般在人力、物力、财力和信息等方面的资源能力有限，在整体市场或较大的细分市场上，缺乏竞争能力。但是中小企业如果能善于发现一部分特定消费者未被满足的需要,细分出一个小市场,避实就虚,推出相应的产品,就有可能在浩瀚的商海中找到绿洲。如某一小型商店,因多年经营钟表,积累了丰富的商品知识和销售经验,对顾客的需求和爱好有较深入的了解,所以,在与大型百货商店的竞争中,集中力量经营钟表,避免了人、财、物的分散使用,结果在竞争中不但站稳了脚跟,而且大有发展。

第二节 市场细分的标准

一、消费者市场细分的标准

消费者市场的细分标准,因企业不同而各具特色,在实际中,企业一般是组合运用有关变量来细分市场,而不是单一采用某一变量。概括起来,细分消费者市场的变量主要有四类,即地理变量、人口变量、心理变量、行为变量。以这些变量为依据来细分市场就产生出地理细分、人口细分、心理细分和行为细分四种市场细分的基本形式。如表 5-1 所示。

表 5-1　　　　　　　　消费者市场细分变量

细分标准	细分变量
地理环境	地理区域、地形、气候、城市规模、人口密度、交通运输条件
人口状况	年龄、性别、家庭规模、家庭收入、职业、教育、文化水平、信仰、种族、国籍、家庭生命周期等
消费心理	社会阶层、生活方式、社交、态度、自主能力、服从能力、领导能力、成就感
消费行为	使用者状况、购买时机、数量、购买阶段、品牌忠诚度、追求利益等

(一) 地理因素

地理环境包括区域、地形、气候、城镇规模、人口密度、交通运输条件等具体变量因素。我国市场上按地理方位可分为东北市场、华北市场、华中市场、华东市场、华南市场、西南市场和西北市场等;按行政区划又可以分为省、市、自治区、县等。我国有 34 个省、市、自治区,实际上就是 34 个子市场。由于地理位置的不同,消费者的需求有很大差异。例如:在吃的方面,不同地区有不同的口味,所谓"南辣北咸东甜西酸"、南方以米饭为主食,北方以面粉为主食;由于气候的不同,消费者需求也不相同:南方湿热地区,人们对蚊帐、雨具、胶鞋的需求量大,但在西北干燥地区,人们则几乎对这类商品没有什么需求。可见,地理因素影响消费者的需求和反应,形成不同的消费习惯和偏好,存在不同的需求特点,企业营销活动必须采取有针对性的对策。

(二) 人口状况

人口状况包括年龄、性别、家庭规模、家庭收入、家庭生命周期、职业、教育、文化水平、信仰、种族、宗教、国籍等因素。如以年龄为标准的细分市场,可以把市场细分为老年市场,中年市场,青少年市场和婴幼儿市场等。人口是构成市场最主要的因素,它与消费者的需求、与许多商品的销售都存在密切的联系。工商企业认真研究人口因素对生活资料市场的影响，是十分重要的。

例如：三鹿乳业公司就针对不同年龄的细分市场，分别推出不同奶粉，如：在婴幼儿市场，推出了母乳化奶粉、助长奶粉等；在青少年市场推出了小博士奶粉、学生奶粉等；在中老年市场三鹿公司又推出了中老年奶粉、津力生降糖奶粉、降血脂奶粉等，以满足不同顾客的不同需求，深受消费者喜爱。

（三）心理因素

按照消费者心理因素细分市场的过程即为心理细分。具体地说：心理细分是按照消费者的社会阶层、生活方式、个性特点、社交、态度、自主能力、服从能力、领导能力、成就感等心理变量对市场进行细分的过程。心理因素对消费者的购买活动有着极大的影响（这部分内容已在第三章讲解，在此不再赘述）。重视依照消费者心理因素进一步分析、研究市场，这对于企业发掘新的市场机会、改进产品及有针对性地调整企业营销策略都有着极其重要的作用。例如："脑白金"的成功主要得益于产品市场定位准确和恰到好处的心理营销。

【案例】5-4　　　　"脑白金"成功的奥秘

早在1995年末，一种叫melatonin（即人脑松果腺体素，也叫"褪黑素"）的安眠食品在美国市场上引起了一股不小的热潮。史玉柱发现了国外市场上的这一热烈反响，并产生在国内市场做这个产品的念头。然而，不等史玉柱动手，国内就有几家公司开始引进销售melatonin。如：一家公司以melatonin的音译成中文的名称"美乐托宁"在央视上打广告促销，还有一家公司采取不做广告，以低价促销的方法，将melatonin取名为"眠纳尔通"进行销售。其他如直接取名为"松果腺体素"、"褪黑素"等名称销售的公司也不在少数。但几年过去，这些公司有的已退出市场，没有在这个产品上赚到钱；有的虽还在市场销售，却销的并不怎么好。

史玉柱基于对国内药品、保健品市场的了解，分析了国内这几家公司失利的原因，于是，他坚定了做这个产品的想法。

首先，在melatonin的基础上开发拥有自有知识产权的新产品

史玉柱发现，melatonin作为保健食品其功能比较单一。它主要是解决了让睡眠不好的人能够睡好，且又不像其他安眠药那样存在第二天头脑昏沉，长期服用会导致药物依赖性等副作用。但是，一个健康有问题的人要迅速恢复健康，除了要能够睡好之外，还应该有一个好的胃口。能吃、能睡再加上排泄顺畅，才等于拥有健康的身体。于是，他们搞了一种由化积消食通便的山楂与利尿除湿的茯苓等天然植物药成份组成的中药口服液。由"口服液+melatonin"构成一个新的产品，并取了一个好听、好记、通俗又高贵的名字："脑白金"。并加以商标注册。同时宣称没有这种口服液的含melatonin的任何其他产品均非"脑白金"。

其次，准确的市场定位

"脑白金"产品开发出来后，怎样把它营销好是又一个关键问题。此前，"美乐托宁"、"眠纳尔通"等的营销者都走药店这样一个渠道，取名也都像药名，因此可视为一种"类药品"。这样做的原因是由于药品通常具有较大的利润空间。但药品也有营销上的难点：一是在广告上受到比较严格的限制；二是销量上难以做大。为避免这些缺陷，"脑白金"不再往药品上靠，而是把自己定位为保健食品中的"健康礼品"。这样定位，有四个好处：

第五章 目标市场战略

第一，既然是健康食品，仍然可以走药店的销售渠道，但同时也可以在超市等渠道上卖，销售通路更为广泛，有利于做大销量；

第二，便于广告促销，不必像"类药品"那样做广告要受药监、工商等部门的审批、审查的严格限制；

第三，利润空间更为广阔、自由。"美乐托宁"、"眼纳尔通"的市场定位类似于安眠药，尽管它们比传统的安眠药在性能上有优越之外，但价格上却不能不受传统安眠药的牵制（一盒装有20片的传统安眠药市场仅售1元左右）。但"脑白金"的市场定位是礼品，既然是礼品，价格高一些更符合作为礼品所要求的"档次"，高价是合理的，也是购买者心理上乐于接受的。同时，也摆脱了其他具有相同或相似功能的药品或保健品的价格牵制；

第四，可以借势造势，顺势而为地夺取由烟、酒等传统的高利润但有害人们健康的商品所占据的礼品市场份额。香烟和白酒是我国社会长期以来在社交场合习惯使用的高价格高利润商品。但随着社会的文明和进步，吸烟、喝酒对人器官的损害大量见诸于各种媒体的报道中，禁烟、禁酒的公益广告遍布各类公共场所。此时"脑白金"以健康礼品的身份登场，自然如摧枯拉朽一般将一大块原属于烟、酒的礼品市场夺为己有。

此外，"脑白金"的广告策略也颇有特色。一盒"脑白金"的日常消费周期为10天，这个消费水平只有较高收入者才能承受。但高收入者对入口的保健食品在不知情的情况下轻易不会贸然尝试。这使得当时作为一个新产品投放市场的"脑白金"在获得市场认同方面存在不小的难度。脑白金为解决这个问题，设计了这样的一种独特的广告：

1. "脑白金"把广告的主攻对象放在送礼者身上，送礼者的特点是购买的礼品并非是自己享用，只要求能"拿的出手"就行，所以不会存在太大的"能不能吃？敢不敢吃？吃是不吃？"的心理障碍。

2. 为了解除收礼者对享用"脑白金"的心理障碍，史玉柱的健特公司在"脑白金"的产品中又放入了一个构成要件：一本名为"脑白金席卷全球"的书。它图文并茂地大肆向读者讲解"脑白金"在国外如何风靡、如何火爆；国外的名人、政要如何在大吃特吃"脑白金"；各国的媒体如何在热烈报道脑白金的神奇。这本书实际上是一个装扮得如科普读物的"火力"猛烈的广告。当收礼者收到别人送的脑白金，他至少会打开看一看，当看了这本书中从国外媒体上摘录的美国总统克林顿、美国国会议员、罗马教皇等都在服用"脑白金"以及"脑白金"的种种好处，还有什么顾忌不敢吃吃试试的呢？这种广告激起的消费冲击波，也是"脑白金"迅速火爆热销的原因之一。

（四）购买行为因素

购买行为细分市场是以购买者购买或使用商品的时机、追求的利益、使用者情况、购买数量及使用率、对产品的态度、对品牌的忠诚度等为基础来划分消费者群的过程。购买行为因素是创建细分市场的最佳起点。按行为细分市场主要包括：

1. 购买时机

根据消费者提出需要、购买和使用产品的不同时机，将它们划分为不同的群体。譬如，航空与人们出差、度假或探亲等时机有关，航空公司可以在这些时机中选择为人们的特定目的服务；生产果汁之类清凉解暑饮料的企业，可以根据消费者在一年四季对果汁饮料口味的不同，将果汁市场消费者划分为不同的子市场。

2. 追求利益

就是根据购买者对产品所追求的不同利益所形成的另一种有效的细分方式。消费者购买某种产品总是为了解决某类问题，满足某种需要。然而，产品提供的利益往往并不是单一的，而是多方面的。消费者对这些利益的追求时有侧重，例如，同样是购买牙膏，有的消费者重视保护牙齿的防止龋齿的作用，有的追求保持牙齿的洁白光泽，有的对牙膏的味道很注意，有的则强调经济实惠。因此，生产牙膏的企业，假如要以追求利益来细分市场，就必须使自己的牙膏突出某种特性，并分别决定各自的品牌，最大限度地适应某一个或几个消费者群。

3. 使用者状况

根据消费者是否使用和使用程度细分市场。通常可分为：经常购买者；初次购买者；潜在购买者；非购买者。市场占有率高的企业，致力于将潜在使用者变为实际使用者，而规模较小的企业则希望使用者从竞争者的品牌转向本企业的品牌。

4. 使用数量

根据消费者使用某一产品的数量大小细分市场。通常可分为大量使用者、中度使用者和少量使用者。也可称为"数量细分"。大量使用者通常占市场总人数的比重不大，但其消费量占消费总量的比重却很大。

5. 品牌忠诚度

企业还可以根据消费者对产品的重视程度来细分市场。可分为坚定的、多核心的、转移的品牌信赖者及不信赖者四组不同的消费者群。企业要通过了解消费者品牌忠诚情况和品牌忠诚者与品牌转换者的各种行为与心理特征，不仅可为企业细分市场提供一个基础，同时也有助于企业了解为什么有些消费者忠诚本企业产品，而另外一些消费者则忠诚于竞争企业的产品，从而为企业营销决策提供启示。

6. 购买阶段

消费者对各种产品的了解程度往往会因人而异。针对处于不同购买阶段的消费者群体，企业要进行市场细分并运用适当的市场营销措施。例如，对于不知道本企业产品的消费者，要加强广告宣传，以引起他们的注意；对于已经知道本企业产品的消费者，着重宣传使用本企业产品带给他们的利益；对于感兴趣的、想买的或准备买的消费者，要告诉他们经销商店、地点及服务项目。

7. 态度

企业还可以根据市场上消费者对产品的热情程度来细分市场。通常可分为五种态度：热情的、肯定的、漠不关心的、否定的和敌对的。企业对待不同态度的消费者应当分别采取不同的市场营销措施。比如，对热情者和肯定者，感谢他们的支持；对漠不关心者，通过适当的媒体进行宣传介绍，使他们转为关心；对于否定和敌对的，也应当进行必要的宣传解释，以缓和他们的情绪和改变他们的态度。

总之，由于消费者需求千差万别，企业究竟选用什么标准作为进行市场细分，至今也没有一个正确的方法或固定的模式。各行业应在实践中，不断探索，结合实际，选准细分市场的标准，以发掘出最佳市场机会。

二、生产者市场细分的标准

细分生产者市场的变数，有一些与用来细分消费者市场的变数相同。但还要根据生产者的特点，主要考虑以下几点：如表 5-2 所示。

表 5-2　　　　　　　　　　　生产者市场细分变量

细分标准	细分变量
最终用户	商品的规格、型号、品质、功能、价格等
用户状况	大、中、小量用户、购买次数、户数、资金等
地理位置	资源条件、自然环境、企业地理位置、生产力布局、交通运输及通讯条件等

（一）生产者用户的要求

不同的最终用户往往有不同的利益要求。企业对不同类型的最终用户要相应地运用不同的市场营销组合。以橡胶轮胎为例，豪华汽车比一般汽车的轮胎优质；飞机制造需要的轮胎，其安全标准较之农业拖拉机的要求高得多。工商企业要根据生产质量用户的要求来细分市场，把要求大体相同的用户集合成群，以便企业开展针对性经营。

（二）用户的规模和购买力

企业规模的大小主要依据企业资金的多少和购买力的大小来划分。大用户单位户数虽少，但购买力很大；小用户单位则相反，户数虽多，但购买力不大。企业应分别建立联系和接待大顾客与小顾客的制度。大顾客宜于直接联系，直接供应，在价格、信用等方面给予更多优惠；而小顾客则宜于使产品进入商业渠道，由批发商或零售商去组织供应。例如，美国有一家办公室家具大制造商，就将其顾客分为两类：一类是大顾客，像国际商用机器公司、标准石油公司等，由全国性客户经理会同现场区域经理负责联系；另一类是小顾客，则由外勤销售人员会同特约经销商负责联系。

（三）用户的地理位置

用户地理位置涉及当地资源条件、自然环境、地理位置、生产力布局等因素。这些因素决定地区工业的发展水平、发展规模和生产布局，形成不同的工业区域，产生不同的生产资料需求特点。工商企业按用户的地点来细分市场，选择用户较为集中的地区作为自己的目标市场，不仅联系方便，信息反馈快，而且可以更有效地规划运输路线，节约运力与运费，同时，也能更加充分地利用销售力量，降低推销成本。

三、市场细分的原则（有效市场细分的条件）

企业可根据单一因素，亦可根据多个因素对市场进行细分。选用的细分标准越多，相应的子市场也就越多，每一子市场的容量相应就越小。相反，选用的细分标准越少、子市场就越少，每一子市场的容量则相对较大。如何寻找合适的细分标准，对市场进行细分，在营销实践中并非易事。一般而言，成功、有效的市场细分应遵循以下基本原则（如图 5-3 所示）：

图 5-3　有效的市场细分应遵循的基本原则

（一）差异性

它是指各个分市场的消费者对同一市场营销组合方案的差异程度。不同细分市场会有不同的反应。如果不同细分市场顾客对产品需求差异不大，行为上的同质性远大于其异质性，此时，企业就不必费力对市场进行细分。另一方面，对于细分出来的市场，企业应当分别制定出独立的营销方案。如果无法制定出这样的方案，或其中某几个细分市场对是否采用不同的营销方案不会有大的差异性反应，便不必进行市场细分。

（二）可衡量性

它是指各个分市场的购买力和规模大小能被衡量的程度。亦即细分出来的市场不仅范围明确、统一，而且对其容量、潜力大小也能大致作出判断。细分市场时，要能从每一个子市场上找到相似的消费需求、获得购买潜量和购买特征的确切数据。有些细分变量，如具有"依赖心理"的青年人，在实际中是很难测量的，以此为依据细分市场就不一定有意义。

（三）可进入性

就是企业有能力进入所选定的分市场的程度。亦即是企业考虑目标市场的选择要与企业的资源相一致，能够使产品进入并给顾客施加影响的市场。一方面，有关产品的信息能够通过一定媒体顺利传递给该市场的大多数消费者；另一方面，企业在一定时期内有可能将产品通过一定的分销渠道运送到该市场，消费者能够接受并购买到这些产品。否则，该细分市场的价值就不大。

（四）可盈利性

它是指企业所选定的分市场，其容量或规模足以使企业达到有利可图的程度。进行市场细分时，企业必须考虑细分市场上顾客的数量，以及他们的购买能力和购买产品的频率。如果细分市场的规模过小，容量有限，细分工作则烦琐、成本高、获利小，就没有开发的价值。所以，细分市场应该是现实中最大的同质市场，值得企业开发和利用。例如，汽车制造商将不会掏钱出来发展一种适合于不足1.2米的侏儒使用的汽车，因为这既不值得又不切实际。

（五）稳定性

它是指企业所选定的分市场在市场需求、容量、发展潜力的稳定程度。即要求企业占领市场后，在一定时期内要保持相对稳定。因为企业目标市场的改变必然带来资源投放、经营设施和营销策略的改变，从而增加企业的成本。而这种变动过快给企业带来的风险和损失也会随之增加。因此，一般说来，目标市场越稳定，越有利于企业制定长期的营销和策略，越有比较稳定的利润。

专家提示：
1. 不是所有的市场都要细分；
2. 市场细分有可能增加企业的营销成本；
3. 大家共同追求一个最大的子市场，会造成众败俱伤（"多数谬误"）；
4. 市场细分是发现可能目标市场和进行目标市场选择的前提和条件。

第三节 目标市场战略

一、目标市场的确定

(一)目标市场的概念

目标市场是指企业在细分市场的基础上,经过评价和筛选所确定的作为企业经营目标而开拓的特定市场,即企业可望能以某相应的商品和服务去满足其需求,为其服务的那几个消费者群体。

目标市场选择是指企业从可望成为自己的几个目标市场中,根据一定的要求和标准,选择其中某个或某几个目标市场作为企业营销对象的决策。

任何企业拓展市场,都应在细分市场的基础上发现可能的目标市场并对其进行选择。首先,对企业来说,并非所有的细分市场和可能的目标市场都是企业所愿意进入和能进入的。其次,作为一个企业,无论规模多大,实力多强,都无法满足所有买主的所有需求。由于资源的限制,企业不可能有足够的人力、财力、物力来满足整体市场的需求。因此,为保证企业的营销效率,避免资源的浪费,必须把企业的营销活动局限在一定的有限市场范围内;否则,势必会分散企业的力量,达不到预期的营销目标。鉴于上述原因,企业必须在细分市场的基础上,根据自身的资源优势,权衡利弊,选择合适的目标市场。

市场细分与目标市场及目标市场选择是三个既有区别又有密切联系的概念,它们相互联系,而且在先后程序上不得颠倒(如图5-4所示)。

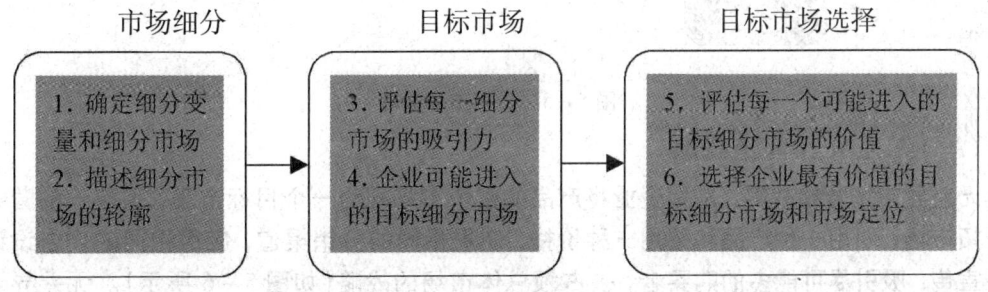

图5-4 市场细分、目标市场和目标市场选择

市场细分是按不同的购物欲望和需求划分消费者群的过程;而确定可能的目标市场是企业选择某几个市场的过程;目标市场选择,则是在几个可能的目标市场中选择最有价值的目标市场,作为营销对象的决策过程。所以,发现目标市场和进行目标市场的选择,都有赖于市场细分。市场细分是发现可能目标市场和进行目标市场选择的前提和条件,发现可能目标市场和目标市场选择则是市场细分的目的和归宿。

(二)成功、有效的目标市场应具备的条件

1.有一定的规模和发展潜力

企业进入某一市场是期望能够有利可图,如果市场规模狭小或者趋于萎缩状态,企业进入后难以获得发展,此时,应审慎考虑,不宜轻易进入。当然,企业也不宜以市场吸引力作为唯一取舍标准,特别是应力求避免"多数谬误",即与竞争企业遵循同一思维逻辑,将规模最大、吸引力最大的市场作为目标市场。大家共同争夺同一个顾客群的结果是,造成过度竞争和社会资源的无端浪费,同时使消费者的一些本应得到满足的需求遭受冷落和忽视。

2. 与企业战略目标一致

某些细分市场虽然有较大吸引力,但不能推动企业实现发展目标,反而会分散企业的精力,使之无法完成其主要目标,这样的市场应考虑放弃。

3. 与企业资源相适应

细分市场应考虑企业的资源条件是否适合在某一细分市场经营。只有选择那些企业有条件进入、能充分发挥其资源优势的市场作为目标市场,企业才会立于不败之地。

4. 企业在该市场具有竞争优势

竞争优势主要表现为:该市场上没有或很少有竞争;如有竞争也不激烈并有足够的能力击败对手;该企业可望取得较大的市场占有率。

二、目标市场战略

所谓目标市场战略,是指企业对客观存在的不同消费者群体,根据不同商品和劳务的特点,采取不同的市场营销组合的总称。企业选择的目标市场不同,提供的商品和劳务就不同,市场营销策略也不一样。一般说来,目标市场的战略有以下三种(如图5-5所示):

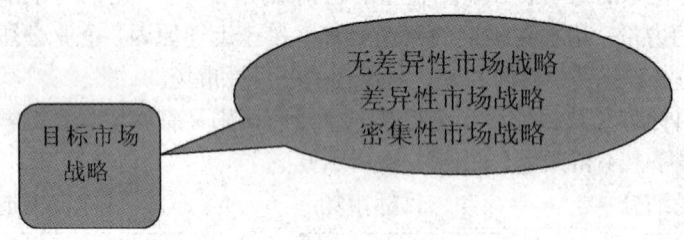

图 5-5 目标市场战略

(一)无差异性营销战略

无差异市场营销战略,是指企业将产品的整个市场视为一个目标市场,用单一的营销战略开拓市场,即用一种产品和采用一种价格,使用相同的分销渠道,应用相同的广告设计和广告宣传,吸引尽可能多的购买者,去占领总体市场的战略(如图5-6所示)。无差异营销战略只考虑消费者或用户在需求上的共同点,而不关心他们在需求上的差异性。可口可乐公司在20世纪60年代以前曾以单一口味的品种、统一的价格和瓶装、同一广告主题,将产品面向所有顾客,就是采取的这种战略。

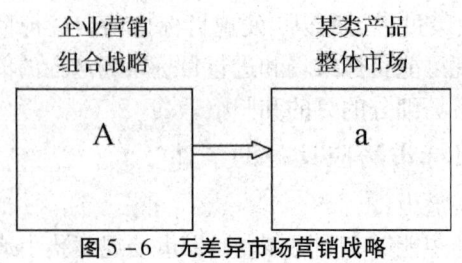

图 5-6 无差异市场营销战略

无差异营销的理论基础是成本的经济性。其指导思想是：市场上所有消费者对某一商品的需求是基本相同的，企业大批量经营就能满足消费者的需求，获得较多的销售额，因而企业可把总体市场作为企业的目标市场。

这一战略的最大优点是：成本费用低，利润水平高。由于大批量生产和经营单一产品，可以减少生产与储运成本，取得规模效益；无差异广告宣传和其他促销活动可以节省促销费用；不搞市场细分，可以减少企业在市场调研、产品开发、制定各种营销组合方案等方面的营销投入，有利于提高利润水平。这种策略对需求广泛、市场同质性高且能大量生产、大量销售的产品比较合适。

此种战略的缺点是：难以满足消费者多样化的需求，不能适应瞬息万变的市场形势，应变能力差。正是由于这些原因，世界上一些曾经长期实行无差异营销战略的公司，如被视为实行无差异市场营销典范的可口可乐公司，面对百事可乐多种口味的差异化营销的强劲攻势，也不得不改变原来战略，一方面向非可乐饮料市场进军，另一方面，针对顾客的不同需要推出多种口味、多种规格、多种包装的新可乐产品。

因此，一般说来，选择性不强、差异性不大的大路货商品，供不应求的商品，具有专利权的商品等，宜采用此战略。新产品刚刚入市时，也可以采用此战略。在生产观念和推销观念时期，它是大多数企业实施的营销战略。随着消费者需求向多样化、个性化方向发展，生产力水平和科技水平进一步提高，其使用范围逐步缩小。

（二）差异性营销战略

差异性营销战略是指企业把整体市场细分为若干个不同的市场群体，依据每个细分市场在需求上的差异性，分别制定一套独立的营销方案。即组织不同的商品，根据不同的商品制定不同的价格，采取不同的分销渠道，应用多种广告设计和广告宣传，去满足不同顾客的需求。（如图5-7所示）。

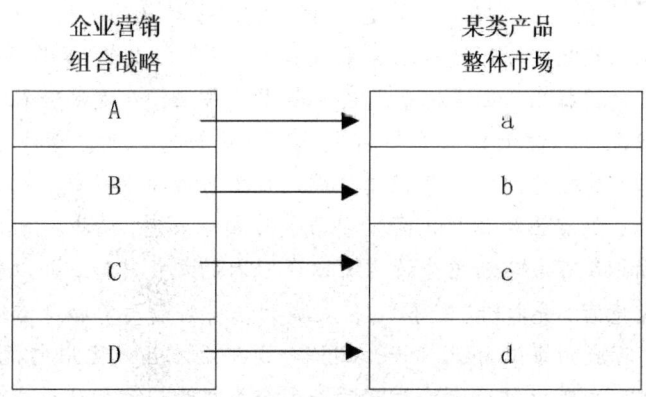

图5-7 差异性市场营销战略

例如：宝洁公司把洗衣粉这一看似简单的产品，从功能、价格、心理等方面加以划分，设计了九种品牌的洗衣粉：汰渍（Tide）、洗好（Cheer）、格尼（Gain）、达诗（Dash）、波特（Bold）、卓夫特（Dreft）、象牙雪（1vorySnow）、奥克多（Oxydol）和时代（Eea）。他们认为，不同的顾客希望从产品中获得不同的利益组合。有些人认为洗涤和漂洗能力最重要；有些人认为使织物柔软最重要；还有人希望洗衣粉具有气味芬芳、碱性温和的特征；也有人希望物美价廉。于是他们就利用洗衣粉的九个细分市场,分别设计了九种不同的品牌。最终,占领了美国更多的洗涤剂市场,目前市场份额已达到55%,这是单个品牌所无法达到的。

差异性营销的指导思想是:消费者对商品的需求是多种多样的,企业经营差异性商品以满足消费者各种需求,就能提高企业的竞争能力,占领较多的市场,因而选择较多的细分市场作为企业的目标市场。

很显然,差异性市场战略的最大优点在于:小批量、多品种、生产机动灵活、针对性强,全面满足消费者的不同需求,由此促进产品的销售;同时,企业是在多个细分市场上经营的,一定程度上可以减少经营风险;而且,一旦企业在几个细分市场上获得了成功,则有助于提高企业的形象及提高市场占有率。

差异性营销战略的缺点在于:一是产品品种多,管理和存货成本将增加,并且由于公司必须针对不同的细分市场发展独立的营销计划,会增加企业在市场调研、促销和渠道管理等方面的营销成本;二是可能使企业的资源配置不能有效集中,顾此失彼,甚至在企业内部有彼此争夺资源的现象,使拳头产品难以形成优势。

因此,差异性市场战略适用于选择性较强、需求弹性大、规格等极复杂的商品营销。

【案例】5-5: 选准媒体 专攻青年

被誉为世界"啤酒之王"的百威啤酒,几十年来一直雄居美国及世界最畅销和销售量最大的啤酒业霸主之位。百威啤酒的巨大成功,除了它确实是美国首屈一指的高品质啤酒外,与其卓越的营销策略有着重要关系。

百威啤酒在进入日本市场之前,首先对日本的啤酒市场、社会结构、不同年龄和阶层的消费者状况进行了细致的调查。日本经济的高速发展,使日本居民的消费水平空前高涨,特别是年轻一代有很强的购买欲望和购买潜力。百威啤酒在随后的广告策略中,就充分体现了日本青年的特殊心理背景。百威啤酒首先进一步缩小广告对象的范围,设定在25-35岁的男性之间。这个对象的设定,与百威啤酒原来就具有的"年轻人的"和"酒味清淡"的形象十分吻合。在广告媒体的选择上,百威把重点放在杂志广告上,专攻年轻人市场,并推出特别精印的激情海报加以配合。由于日本青年的受教育程度普遍较高,各种各样的杂志也非常丰富,每一种杂志都有其较为固定的年轻读者群。日本男青年在一天工作后,晚间喜欢与朋友一起在外喝酒娱乐,更突出群体性消费的特点,而相对来说,看电视时间要少很多,个人性消费要少一些。所以,百威啤酒首先攻占日本年轻人的文化阵地,并以独特的扣人心弦的海报激发他们的视觉感官,先打进"圈子",使之成为一种时尚消费和身份地位的象征。在杂志上获得成功之后,百威向海报、报纸等媒体进军,3年后才开始运用电视媒体。而这3年中,日本年轻人早已把百威啤酒作为自己生活的一部分来接受。他们从过去的追逐时尚的新颖满足感转换为超前领先,引导了全日本的啤酒市场。百威啤酒让这个市场的目标顾客群相信,百威是我们的,是我们这个"圈子"的一部分,我们有责任让所有的人都了解它、热爱它,因为它属于我们。这就是百威啤酒的成功之处,它不仅让你享受了高品质的啤酒,还让你在心理上得到满足和尊重。

(三)集中性营销战略

集中性营销战略也称为密集型营销。这是企业把整个市场细分后,选择一个或少数几个细分市场为目标,实行专业化经营,即企业集中力量向一个或少数几个细分市场推出商品,占领一个或少数几个细分市场的战略(如图5-8所示)。实行这一战略,企业不是追求在一个大市场中角逐,而是力求在一个或少数几个子市场中占有较大份额。例如,某生产空调器企业不是生产各种型号和款式、面向不同顾客和用户的空调机,而是专门生产安装在汽车内的空调机,并力求占领该市场的最大份额;又如汽车轮胎制造企业只生产用于换胎业务的轮胎,均是采用此战略。

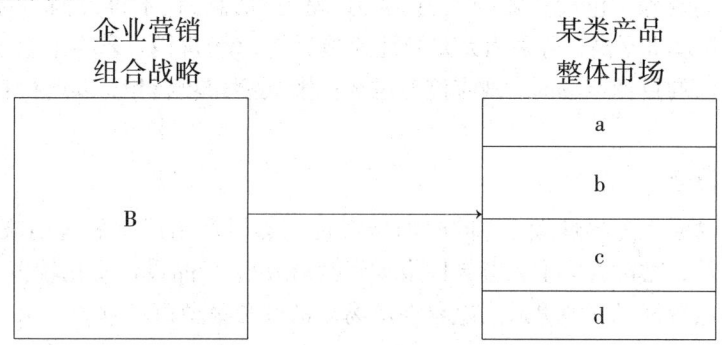

图5-8 集中性市场营销战略

集中性营销战略的指导思想是:与其四处出击收益甚微,不如集中突破一点取得成功。集中性营销的主要优点在于:可准确地了解顾客的不同需求,有针对性地采取营销战略;可节约营销成本和营销费用,从而提高企业投资利润率。

集中性营销战略的局限性体现在两个方面:一是市场区域相对较小,企业发展受到限制;二是潜伏着较大的经营风险,一旦目标市场突然发生变化,如消费者偏好发生转移,或强大竞争对手的进入,或新的更有吸引力的替代品出现,都可能使企业因没有回旋余地而陷入困境。

这一战略特别适合于资源力量有限的中小企业。中小企业由于受财力、技术两方面因素的制约,在整体市场上可能无力与大企业抗衡,它们所追求的不是在较大市场上占有较小的份额,而是在细节市场上占有较高的份额。

目标市场各战略各具特点,营销人员应注意把握(见表5-4):

表5-4 目标市场各战略特点比较

特点 战略类型	优点	缺点	适用情况
无差异性营销	规模效益大,成本费用低	忽视市场需求的差异性,部分消费需求的不到满足	1.同质性、规模效益明显的产品;2.供不应求的产品;3.初入市的新产品
差异性营销	重视市场需求的差异性,不同消费需求得到满足	成本费用高	实力雄厚的大企业
集中性营销	专业化经营,成本费用低	市场区域较小,潜在经营风险较大	资源实力有限的中小企业。

三、影响企业选择目标市场战略的因素

上述三种目标市场战略各有利弊,在营销实践中,企业究竟选择何种市场营销战略,主要取决于所经营的商品、市场状况及企业自身条件,具体说,需要考虑以下因素:

(一)企业状况

主要指企业的资源。包括企业的人力、物力、财力、信息、技术等方面。若企业资源条件好,经济实力和管理水平高,可采用无差异性或差异性市场营销。若企业资源有限,无力把整体市场作为自己的目标市场时,则应该考虑选择密集型市场营销,以取得在小市场上的优势地位。

(二)产品特点

有些商品在品质上差异性较小,同时消费者也不加以严格区别和过多挑剔,例如钢铁、煤炭、大米、食盐等,比较适用于无差异性市场营销;相反,产品设计变化较多,如汽车、电器、服装、电视机、食品等商品,则更适用差异性市场营销或密集型市场营销。

(三)市场特点

市场特点是指各分市场间区别程度。如果市场消费者的爱好相似,每一时期购买需求和数量比较接近,对市场营销刺激的反应也相同,对营销方式的要求无多大差别时,这说明市场是同质的或相似的,企业可采用无差异性市场营销;若市场上的消费者需求的同质性较小,明显地对同一商品在花色、品种、规格、价格、服务方式等方面有不同的要求时,则宜采用差异性市场营销或密集型市场营销。

(四)产品市场生命周期

一般地说,产品从投入市场到退出市场要经过四个阶段,产品处在不同的阶段,应采取不同的市场营销策略。当产品处于进入市场阶段时,由于竞争者较少,企业主要是探测市场需求和潜在顾客,这时宜采用无差异性和密集型市场营销;当产品进入成熟或衰退市场阶段,企业为保住原有市场,延长产品市场生命周期,集中力量对付竞争者,应当采用密集型市场营销。

(五)竞争者的战略

竞争是市场经济的必然产物,是价值规律强制作用的结果。市场经济决定企业普遍存在于激烈竞争的市场环境中。因此企业采用哪种目标市场营销,应针对竞争对手的实力和市场营销情况而定。当竞争对手已进行积极的市场细分,实施差异性营销时,企业就应当采用差异性市场营销或密集型市场营销对付之;若竞争对手力量较弱,则可采用无差异性市场营销或差异性市场营销。

企业在判断和选定目标市场营销策略时,应综合考虑上述诸因素,权衡利弊,方能决定。目标市场营销策略应相对稳定,但市场本身又是庞大复杂、变化多端的,当市场形势或企业实力发生重大变化时,则应因时、因地、因人及时变化。

第四节　市场定位

【案例】5-6：　让人误解的补血圣品——东阿阿胶

一直以"补血圣品"自居的东阿阿胶，从市场份额的占有来看并不名副其实。仅以广东和浙江两个主要的市场为例，从市场观察来看，一般消费者在需求购买补血药品时，选择更多的是：红桃K和哈药的朴雪口服液。当问及消费者为什么不选购东阿阿胶时，他们很惊奇，"17岁的男孩子能喝阿胶吗？"诸如此类的疑问，让消费者望而却步。可见，在消费者心目中甚至包括医生在内，阿胶的定位是：阿胶并不是一个用来补血的产品，而是一个中医的、女性补血调经的药品，一个女性的气血虚弱时，才需要的药品。

东阿阿胶作了大量努力，试图劝说男性也用来补血，同样没有成功。因为男人只有肾虚，很少听人说有血虚。再说男人也不会去服用女性补血调经的产品。单纯贫血的人也不选阿胶。

东阿阿胶终于发现了自己的错误，将东阿阿胶重新定位为"滋补品"。另外，东阿还专为男人市场开发了一个海龙胶，定位在男人补肾，并在全国大作广告宣传，期望能获得成功。

从这则案例中我们发现，东阿阿胶在消费者心目中甚至包括医生在内，都认为是女人补血的专用品，而不适宜其他人群。这说明东阿阿胶本身并没有问题，只是产品定位的不准确，才是东阿阿胶在市场失利的主要原因。可见，市场定位是企业营销成功与否的一个重要环节。

一、市场定位的概念与程序

（一）市场定位的概念

企业进行市场细分，确定自己的目标市场之后，紧接着就要考虑目标市场各个方位的竞争情况，结合企业本身的资源实力，采取适当的市场定位，才能进入市场，才能实施目标市场营销策略和运用市场营销因素组合策略。

所谓市场定位就是企业根据目标市场上同类产品竞争状况，针对顾客对该类产品某些特征或属性的重视程度，为本企业产品塑造强有力的、与众不同的鲜明个性，并将其形象生动地传递给顾客，求得顾客认同。这里所说的企业整体形象包括产品、经济实力、信誉、对社会的奉献等多方面的形象。例如"优质产品"形象、"优质服务"形象、"廉价"形象、"经济实力雄厚"形象、"守信用"形象、"热心公益事业"形象等等。市场定位的实质是使本企业与其他企业严格区分开来，使顾客明显感觉到和认识到这种差别，从而在顾客心目中占有与众不同的有价值的位置。

市场定位要靠企业自己的努力，但最终还要顾客认可。当企业的市场定位与其整体形象在顾客心目中的位置相一致时，企业的市场定位就成功；不一致时，产品就无法为目标消费者提供他们所需要的产品价值，消费者就不认可，企业经营就会失败，企业就要重新定位。例如，广州天河城、中华广场、广州百货商店、新大新公司等，把自己定位在大型百货商店的位置,这与它们的规模大、实力雄厚、商品品种繁多、质量可靠、顾客多等是分不开的,自然地在顾客心目中形成了大型百货商店的概念。中国大酒店、东方宾馆、白天鹅宾馆、花园酒店、亚洲大酒店等从规模、装修、设施、服务等方面,都给顾客留下一流酒店的形象,自然地承认它处于五星级酒店位置。市场定位是通过为自己的产品创立鲜明的个性,从而塑造出独特的市场形象来实现的。一项产品是多个因素的综合反映,包括性能、构造、成分、包装、形状、质量等,市场定位就是要强化或放大某些产品因素,从而形成与众不同的独特形象。市场定位不仅强调产品差异,而且要通过产品差异建立独特的市场形象,赢得顾客的认同。

(二)市场定位的作用

1. 有利于企业把握市场机会

企业开展市场定位工作,能分析目标市场中各个位置的情况,结合自己的实力,找出最能适合自己营销的位置。同时,当市场环境发生变化时,通过市场定位分析工作,发现自己的市场位置已不能适应市场环境变化的要求,又可以重新定位,尽量拉近目标市场与企业之间的距离。因此,它能帮助企业时时把握住市场机会。

2. 有利于市场竞争

市场定位是适应市场竞争需要而进行的活动。企业通过市场定位,分析目标市场各个方位市场竞争的情况,了解哪个位置竞争者多,哪个位置竞争者少,哪个位置是空缺;同时了解各个位置的市场容量,各个竞争者的长处和短处,企业从而根据自己的实力来选择自己的市场位置。在确定企业的市场位置时,如果企业要与竞争者展开竞争,则企业的市场定位应尽量靠近竞争者的市场位置;如果企业要避开竞争者的锋芒,则企业的市场定位要远离竞争者的市场位置,做到井水不犯河水。企业确定了市场位置之后,能更好地制定目标市场营销计划,采用有效的竞争策略。

3. 有利于改变消费者的偏好

市场定位虽然依赖于顾客的心理状态,但通过市场定位,分析企业所经营的市场位置、顾客的偏好及其改变的可能性,利用广告进行反复宣传和其他促销途径,促使消费者形成新的偏好。例如,广州市民长期饮用广州啤酒厂的"双喜"牌啤酒,已经习惯其口味;当珠江啤酒投放市场初期,由于市民对其口味不习惯,曾出现销售困难的局面。后来该厂通过大力的广告宣传和其他促销措施,很快改变了广州市民的口味习惯,广泛偏爱其味,使珠江啤酒迅速占领广州市场。

(三)市场定位的程序

企业市场定位一般应遵循以下的程序(如图5-9所示):

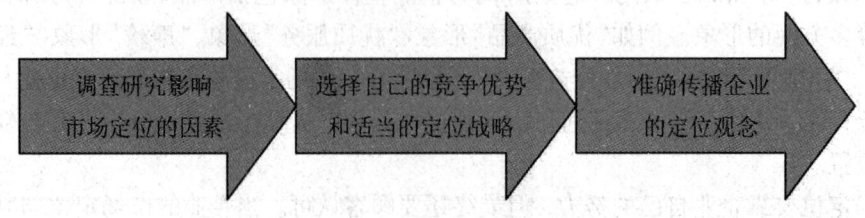

图5-9 市场定位的程序

1. 调查影响市场定位的因素,确认目标市场的竞争优势

适当的市场定位必须建立在市场营销调研的基础上,必须先了解有关影响市场定位的各

种因素，以便明确潜在的竞争优势。

(1) 竞争者的定位状况。要了解竞争者正在提供何种产品，在顾客心目中的形象如何，并估测其产品成本和经营状况。在市场上，顾客最关心的是产品本身属性（如质量、性能等）和价格。因此，企业一方面要确认竞争者在目标市场上的定位；另一方面要正确衡量竞争者的潜力，判断其有无潜在的竞争优势，并据此进行自己的市场定位。

(2) 目标消费者对产品的评价标准。了解购买者对其所要购买产品的偏爱和愿望以及他们对产品优劣的评价标准是什么。市场定位成功的关键，在于企业能否比竞争者更加了解消费者，能否对市场需求与其服务之间的关系有更深刻和独到认识。例如，对于饮料，目标顾客关心的是口味、价格，还是营养的成分。企业应努力搞清楚消费者最关心的问题，并作为定位决策的依据。

(3) 企业自身的能力条件。将本企业在采购、技术、设备、生产、财务、营销方面的情况与竞争者相比较，明确有哪些优劣，从而根据竞争状况和自身条件确定本企业产品在市场上的位置。

2. 选择相对竞争优势，确定定位战略

相对竞争优势是一个企业能够胜出竞争者的能力。竞争优势有两种基本类型：一是在同等条件下比竞争者定价低；二是在相同价格或较高价格的条件下可提供更具特色的产品或服务，以满足顾客的特色需要。企业可以通过与竞争者在产品、成本、促销、服务等方面的对比分析来确定自己相对的竞争优势，进行恰当的市场定位，并据此制定相应的市场营销战略。

3. 准确传播企业的定位观念

企业在做出市场定位决策后，还必须大力开展广告宣传，把企业的定位观念准确地传播给潜在顾客。要避免因宣传不当在公众中造成三种误解：一是档次过低，无法显示出自己的特色；二是档次过高，不符合企业实际情况，使公众误认为企业是经营高档次高价产品；三是混淆不清，顾客心目中没有明确的认识，如对同一产品或同一服务，有人认为是高档的，有人认为低档的。上述种种误解，都是由于定位宣传失误所致，都会给企业形象和经营效果造成不利影响，从而无法引起顾客的注意和兴趣，更加谈不上在激烈的市场竞争中，将本企业的独特竞争优势显现出来。

二、市场定位的方法

各个企业经营的产品不同，面对的顾客不同，所处的竞争环境也不同，因而市场定位所依据的方法也不同。总的来讲，市场定位的方法有以下四种（如图 5-10 所示）：

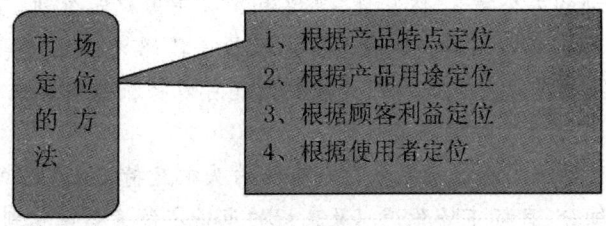

图 5-10　市场定位的方法

(一)根据具体的产品特点定位

构成产品内在特色的许多因素都可以作为市场定位所依据的原则,比如所含成分、材料、质量、价格等。"七喜"汽水的定位是"非可乐",强调它是不含咖啡因的饮料,与可乐类饮料不同。"艾罗宁"止痛药的定位是"非阿司匹林的止痛药",显示药物成分与以往的止痛药有本质的差异。

(二)根据产品的用途定位

为老产品找到一种新的用途,是为该产品创造定位的好方法。比如"脑白金"本是一种保健药品,可是企业将它定位为礼品,取得了好的销售效果。

(三)根据顾客得到的利益定位

产品提供给顾客的利益是顾客最能切实体现到的。美国米勒公司推出了一种低热能的品牌啤酒,将其定位为喝了不会发胖的啤酒,迎合了那些经常饮用啤酒而又担心发胖的人的需要。在汽车市场,世界上各大汽车巨头的定位也各有特色,英国的劳斯莱斯豪华气派、德国的大众具有货币的价值、日本的丰田侧重经济可靠物美价廉、瑞典的沃尔沃则结实耐用等。

【案例】5-7: 开发"休息伴"寻找新市场

在很长一段时间,主要的软饮料市场可提供进一步开发的细分市场已所剩无几,而且新型的替代产品发展迅猛。结果是软饮料生产商们发现他们主要产品的市场份额在日益缩减。其销售成本却在急剧增长。但是可口可乐公司在饱和的市场上仍旧能拓展销路,其秘诀就是:寻找新的细分市场,对其做全面的改进和完善。他们开发出一个新产品——"休息伴"(我国许多城市随处可见的可口可乐售饮料机),并在全国范围内的小型办公场所安装了这种产品,使办公室工作人员足不出户就可以享用可口可乐饮料。由于咖啡饮用量的减少和人们开始喜欢上碳酸软饮料,办公室场所对饮料公司来说变得越来越不可缺少了。可口可乐公司的"休息伴",标志着市场细分的新趋势和大规模的未开垦的办公室市场争夺战的开始。

在历时3年的"休息伴"市场试销过程中,可口可乐公司为寻找"休息伴"的最终目标市场,不断改进其市场细分策略。最初一项调查表明,将"休息伴"置于20人或20人以上的办公场地可以获得相当的利润,因此公司欲将20-45人的办公室作为目标市场。但是,这就意味着可口可乐公司将丧失100多万个不足20人的办公室这一巨大市场,显然这一目标市场不合情理。可口可乐公司进一步分析、调研,发现小型办公室数量大有增长之势,并证明对于那些经常有人员流动的办公室,"休息伴"只要有5人使用就能盈利,最后公司确定5-45人的办公场所作为目标市场。同时,那些需要走很长一段路才能到达售饮料机的大型办公室,其市场潜力与小办公室是等同的。因为分销商还可以将机器安装在大型办公室里,使得可口可乐公司的饮料可以随时被雇员得到。

许多年来,可口可乐公司稳坐世界软饮料市场的头把交椅,除了它的产品有独特的配方以外,它良好的市场细分、目标市场营销以及良好的市场定位策略也起到了至关重要的作用。

(四)根据使用者定位

企业常常试图将其产品指引给某一类特定的使用者,以便根据这些顾客的看法塑造恰当的形象。例如:市场上各种品牌的香水是针对各个不同的分市场的,有些香水定位于雅致的、富有的、时髦的妇女;有些则定位于热情奔放的年轻女性等。

事实上,许多企业进行市场定位的依据往往不止一个,而是根据多个依据同时使用。因为要体现企业及其产品的形象,市场定位必须是多维度的、多侧面的。

【案例】5-8　　　　美国米勒啤酒的成功

美国米勒啤酒公司曾将其原来唯一的品牌"高生"啤酒定位于"啤酒中的香槟",吸引了许多不常饮用啤酒的高收入妇女。后来发现,30%的狂饮者大约消费了啤酒销量的80%,于是,该公司在广告中展示了石油工人钻井成功后狂饮的镜头,还有年轻人在沙滩上冲刺后开怀畅饮的镜头,塑造了一个"精力充沛的形象"。在广告中提出"有空就喝米勒",从而成功占领啤酒狂饮者市场达10年之久。

三、市场定位的策略

市场定位是一种竞争性定位,它反映市场竞争各方的关系,是为企业有效参与市场竞争服务的。主要策略有以下几种(如图5-11所示):

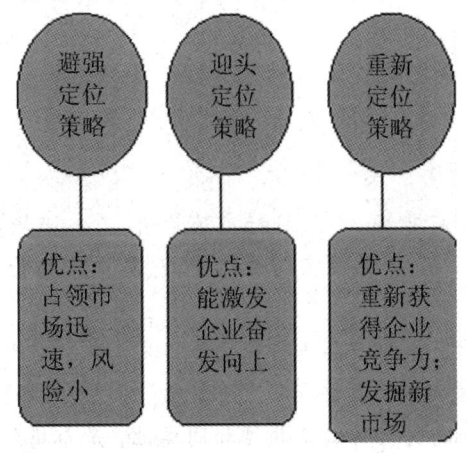

图5-11　市场定位策略

(一)避强定位策略

这是一种避开强有力的竞争对手进行市场定位的模式。企业不与对手直接对抗,将自己置定于某个市场"空隙",发展目前市场上没有的特色产品,拓展新的市场领域。这种定位的优点是:能够迅速地在市场站稳脚跟,并在消费者心中尽快树立起一定形象。由于这种定位方式市场风险较小,成功率较高,常常为多数企业所采用。

(二)迎头定位策略

这是一种与在市场上占据支配地位的、亦即最强的竞争对手"对着干"的定位方式,即企业选择与竞争对手重合的市场位置,争取同样的目标顾客,彼此在产品、价格、分销、供给等方面少有差别。

在世界饮料市场上,作为后起的"百事可乐"进入市场时,就采用过这种方式,"你是可乐,我也是可乐",与可口可乐展开面对面的较量。在摩托车市场上,本田与雅马哈对着干也是一个众人皆知的例子。实现迎头定位,企业必须做到知己知彼,应该了解市场上是否可以容纳两个或两个以上的竞争者,自己是否拥有比竞争者更多的资源和能力,是不是可以比竞争对手做得更好。否则,迎头定位可能会成为一种非常危险的战术,将企业引入歧途。

当然,也有些企业认为这是一种更能激发自己奋发向上的定位尝试,一旦成功就能取得巨大的市场份额。

(三)重新定位策略

重新定位是指对那些销路少,市场反应差的产品进行二次定位。初次定位后,随着时间的推移,新的竞争者进入市场,选择与本企业相近的市场位置,致使本企业原来的市场占有率下降;或者由于顾客需求偏好发生转移,原来喜欢本企业产品的人转而喜欢其他企业的产品,因而市场对本企业产品的需求减少。在这种情况下,企业就需要对其产品进行重新定位。所以,一般来讲,重新定位是企业为了摆脱经营困境,寻求重新获得竞争力和增长的手段。不过,重新定位也可作为一种战术策略,并不一定是因为陷入了困境,相反,可能是由于发现产品新的市场范围引起的。例如,为青年人设计的某种款式的服装在中老年人中也开始流行开来,该服饰就需要重新定位。

【复习思考题】

一、名词解释
1. 市场细分   2、目标市场   3、目标市场营销   4、市场定位
5、无差异市场营销   6、差异性市场营销   7、集中市场营销

二、判断题
( )1. 市场细分实际上是对产品进行分类。
( )2. 依据消费者对商品的同质需求和异质需求,可以把市场分为同质市场和异质市场。
( )3. 消费者需求和购买行为的差异性和同类性,是市场细分的主要依据。
( )4. 市场细分是选择目标市场的目的和归宿。
( )5. 一个理想的目标市场必须有足够的市场需求。

三、选择题
1. ( ) 差异的存在是市场细分的客观依据
    A. 产品   B. 价格   C. 需求偏好   D. 细分
2. 市场细分化是根据( )的差异对市场进行的划分
    A. 买方   B. 卖方   C. 产品   D. 中间商
3. 企业决定生产各种产品,但只向某一顾客群供应,这是( )
    A. 产品/市场集中化   B. 产品专业化
    C. 市场专业化   D. 选择性专业化
4. 按照人口的具体变量细分市场的方法就是( )细分
    A. 地理   B. 行为   C. 心理   D. 人口
5. 就每一特定市场而言,最佳市场营销组合只能是( )的结果
    A. 市场细分   B. 精心策划   C. 综合平衡   D. 统筹兼顾

6.依据目前的资源状况,能否通过适当的营销组合去占领目标市场,即企业所选择的目标市场是否易于进入,这是市场细分的( )原则
  A.可衡量性　　　B.可实现性　　　C.可赢利性　　　D.可区分性
7.采用无差异营销战略的最大优点是( )
  A.市场占有率高　　　B.成本的经济性
  C.市场适应性强　　　D.需求满足程度高
8.同一细分市场的顾客需求具有( )
  A.绝对的共同性　　　B.较多的共同性
  C.较少的共同性　　　D.较多的差异性
9.重新定位,是对销路少、市场反应差的产品进行( )定位
  A.避强　　　B.对抗性　　　C.竞争性　　　D.二次
10.集中性市场战略尤其适用于( )
  A.跨国公司　　　B.大型企业　　　C.中型企业　　　D.小型企业
11.( )是实现市场定位目标的一种手段
  A.产品差异化　　　B.市场集中化　　　C.市场细分化　　　D.无差异营销

四、回答问题

1.什么是市场机会?如何对市场机会进行价值评估?
2.简述有效市场细分的原则。
3.简述市场细分的主要步骤。
4.试述可供企业选择的目标市场营销战略。
5.试述市场细分化的主要意义。
6.试述市场定位策略。
7.选择目标市场的营销策略应考虑哪些因素?

五、案例分析

"采乐"去屑,挖掘药品新卖点

西安杨森生产的"采乐"去头屑特效药,上市之初便顺利切入市场,销售量节节上升,一枝独秀。

"采乐"的成功模式主要来自于产品创意,去头屑特效药,在药品行业里几乎找不到强大的竞争对手,在洗发水的领域里更是如入无人之境,所以西安杨森找到了一个极好的市场空白地带,并以独特产品品质,成功地占领了市场。

头屑是由头皮上的真菌过度繁殖引起的,清除头屑应杀灭真菌,普通洗发只能洗掉头发上的头屑。西安杨森的方法是杀灭头上的真菌,针对头屑发病的根本。这些独特的产品功能性诉求,有力地抓住了目标消费者的心理需求,使消费者要解决头屑根本时,忘记了去屑洗发水,想起了"采乐"。

讨论:
1."采乐"的市场定位是什么?
2."采乐"采用的是哪种市场定位策略?

第六章　产品策略

【本章学习目标】

通过本章学习,明确产品整体概念,以及产品组合策略。了解产品市场生命周期的原理;掌握产品市场生命周期各阶段的特点以及相应的营销策略;明确新产品开发的重要性及开发策略;掌握品牌和包装策略。

【引导案例】6-1:　农夫果园:产品差异化策略摇动果汁市场

在碳酸饮料、瓶装饮用水、茶饮料三大品类几年来相继掀起市场热潮以后,果汁饮料以健康时尚的形象成为饮品市场的新宠。2003年以来,市场空间进一步扩大,加之果汁市场排名前十位的品牌没有一个市场综合占有率超过20%,整个行业还缺少强势的领导品牌。各大饮料巨头纷纷挺进果汁市场。然而,企业要想在激烈的市场竞争中获得优势,除了比拼资金、设备、原料等因素外,营销策略的水准也将成为胜败的关键。

农夫山泉公司在审慎地对果汁市场进行调研、分析后,决定以差异化营销策略出击果汁市场。

(一)混合口味:产品设计差异化

市场上PET包装的果汁饮料口味繁多,主要有橙汁、西柚汁、苹果汁、蓝莓、相思果、柠檬汁、葡萄汁、梨汁、芒果汁、桃汁、杏汁、猕猴桃汁、草莓汁、山楂汁、凤梨汁、西番莲汁、番茄汁、蕃石榴汁等,一般以橙汁、苹果汁、桃汁、葡萄汁四种最为常见。但这些产品一般都是单一口味,如统一的"鲜橙多"、汇源的"真鲜橙"、可口可乐的"酷儿"、还有"三得利"等,而且目前市场的主要竞争停留在单一的橙汁口味。国内市场上果汁饮料"混合口味"还没有成功的先例。虽然果汁饮料中"牵手"是混合果汁,但其主要是100%含量的不同果蔬混合,而且并没有提出混合果汁的概念,采用的也主要是利乐包,不利于即饮渠道的推广。

农夫果园独辟蹊径选择了"混合口味"作为突破口,一来可以避开与先入为主的几大品牌正面冲突,二来可以确立在混合果汁品项中的领导地位。

他们在调查中发现:混合果汁有它的"混合优势",符合消费者的需求。第一是营养互补的概念。一般人们都会认为,多种水果营养更全面、更符合人体对各类营养元素的需求。第二就是口味。对于PET包装的果汁饮料来说,口味是消费者最为注重的一个指标,混合果汁能够做到各类水果风味互补,调制出独特的口感。农夫果园推出的有橙、胡萝卜、苹果混合和凤梨、芒果、蕃石榴混合两种口味。在针对消费者喜好度及消费者对农夫果园两种口味的测试发现:一般果汁饮料消费者的喜好度为65%左右,农夫果园的两种口味达到了79%和78%,表明消费者对混合口味的欢迎。另外,混合口味还具有排他性。产品设计上混合口味的差异化策略奠定了农夫果园成功的第一步。

(二)产品命名的差异化

产品设计的差异化也直接获得产品命名的差异化。在果汁饮料行业,更多的是以水果类别命名,例如"鲜橙多"、"蜜桃多""葡萄多"等等,而农夫山泉公司针对混合果汁的特点,将果汁系列命名为"农夫果园",这一品牌给人的联想是和谐纯朴的果园风情,宁静悠远的天然环境增加了果汁来源的真实性;这一名称也注意结合农夫山泉,延续"农夫"的品牌优势。这一与众不同的命名,还具有很好的延伸性,以后出台新的果汁饮料可以统一在"农夫果园"的旗下,品牌的推广可以为以后的新品积累影响力。

(三)宣传诉求差异化

2001年,统一率先推出PET包装的果汁饮料——"鲜橙多",这一包装以大众即兴消费为主,随处可以买到,随时可以喝到,携带方便,给中国果汁业带来一场革命。随后,众多企业迅速跟进。如康师傅推出每日C系列,汇源推出"真"系列,娃哈哈也相应推出果汁饮料和果汁汽水。但这些企业在跟进统一的同时,宣传诉求也更多地模仿了"鲜橙多"。

这一方面,可口可乐旗下的"酷儿"首先走上差异化道路,以可爱的卡通人物把自己从众多的果汁品牌中区分开来,一举成为2002年果汁市场上一个亮点。

2003年,农夫果园的宣传诉求也充分运用了差异化策略,广告上不仅摆脱了美女路线,而且与"酷儿"的角色营销也不一样。农夫果园彻底扬弃所谓的形象代言人,而以一个动作作为其独特的品牌识别——那就是"摇一摇"。

"摇一摇"在理论上也具有异曲同工的效果。感性偏好上,农夫果园以消费者可以亲身体验的动作"摇"加强产品与人的互动性,"摇一摇"也使得宣传诉求与同类果汁产品迥然不同,以其独有的趣味性、娱乐性增添消费者的记忆度。理性认同上,"摇"这一动作也暗示了果汁中有"货"。这是基于农夫果园的产品特性:第一,浓度高;第二,含有丰富的果肉纤维。农夫果园勇敢地把许多厂家为消除误会(果肉沉淀并不意味着产品质量有问题)而在产品包装上无奈地打上"如有沉淀,为有效成分果肉,请摇匀后放心饮用"的文字内容,凝聚成一句广告口号,把果肉纤维暗示为产品销售的一个卖点,把过去摇一摇的推辞口吻换成了推荐语气,农夫果园这样的宣传诉求立足于理性,不失为绝妙的差异化策略。

(四)包装、容量、浓度的标新立异

1. 包装上的差异化

农夫果园的包装瓶签是三种水果横剖面的组合图,色彩艳丽;LOGO为一个果农怀抱一大筐水果,洋溢着丰收的气氛。包装上最吸引人的还有农夫果园的超大瓶口。为了让产品更具人性化,饮用时能够使整个口腔充满果汁,让味蕾更多地品尝果汁原味,农夫果园在国内率先将市场上PET包装瓶口一般为28mm扩为38mm超大口径的瓶口。这多少显得有些异类的包装,在终端的果汁货架上能够吸引更多的关注。

另外,包装上还有一个创意是农夫果园的运动盖。农夫果园的包装和农夫山泉一样,分为普通盖和运动盖两种。在瓶盖的差异化上,农夫有着丰富的经验。几年前进入瓶装水市场的时候,农夫山泉通过广告宣传和终端陈列把运动装的趣味性、时尚性发挥得淋漓尽致。这一回,农夫果园的运动盖从设计上来说比农夫山泉有过之而无不及,其特点是当瓶子打翻时,盖子会自动关闭,保证饮料不溢出。这样可以增添饮用的乐趣,既吸引目标消费群购买,也在一定程度上培养他们对品牌的忠诚度。

2. 容量上的差异化

在容量上,农夫果园也显得别出心裁。农夫果园目前有两种规格:600ml和380ml。而市

场上的 PET 果汁饮料，如统一、康师傅、健力宝、汇源、酷儿等都为 500ml 或 350ml，农夫果园在容量上比同类产品多 100ml 和 30ml。

产品上市短短几个月，农夫果园的销售已经攀升过亿。正是这些差异性的整合，终于形成了农夫果园的核心竞争力，令其成为果汁市场上最具锋芒的新星。

想一想：
1. 农夫果园采用了什么样的产品策略？表现在哪些方面？
2. 农夫果园混合型果汁满足了顾客什么需求？
3. 你认为农夫果园差异化产品策略的关键是什么？

第一节　产品与产品组合

企业的一切生产经营活动都是围绕着产品进行的，即通过及时、有效地提供消费者所需要的产品而实现企业的发展目标。企业生产什么产品？为谁生产产品？生产多少产品？这一似乎是经济学命题的问题，其实是企业产品策略必须回答的问题。企业如何开发满足消费者需求的产品，并将产品迅速、有效地传送到消费者手中，就构成了企业营销活动的主体。然而，企业要想生产、经营满足市场需求的产品，首先必须对产品有一正确的认识。

【案例】6-2：
美国一生产办公家具的企业一直坚持"质量第一"，市场销路不错。可不知从什么时候开始，产品出现了大量的积压。老板非常不解，用力地捶着积压的文件柜愤愤地说：这么结实的柜子，哪怕从四楼推下去都不会摔坏，为什么就卖不出去！
你能告诉他原因吗？

一、现代营销的整体产品概念及其作用

（一）整体产品的含义

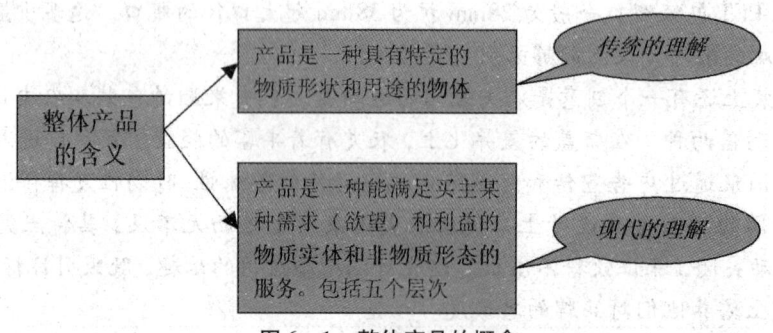

图 6-1　整体产品的概念

对于产品概念，传统的理解经常局限在产品的实物生产成果方面，局限在产品特定的物

质形态和具体用途上,亦即:产品就是一种具有特定的物质形状和用途的物体。这是对产品的狭义理解。随着科学技术的快速发展,社会的不断进步,消费者需求特征的日趋个性化,市场竞争程度的加深加广,导致了产品的内涵和外延也在不断扩大。以现代营销观念给产品下定义,产品是一种能满足买主某种需求(欲望)和利益的物质实体和非物质形态的服务。诸如电视机、化妆品、家具等有形物品已不能涵盖现代观念的产品,产品的内涵已从有形物品扩大到服务(美容、咨询)、人员(体育、影视明星等)、地点(桂林、维也纳)、组织(保护消费者协会)和观念(环保、公德意识)等;产品的外延也从其核心产品(基本功能)向一般产品(产品的基本形式)、期望产品(期望的产品属性和条件)、附加产品(附加利益和服务)和潜在产品(产品的未来发展)拓展。即从核心产品发展到产品五个层次(如图6-2所示)。

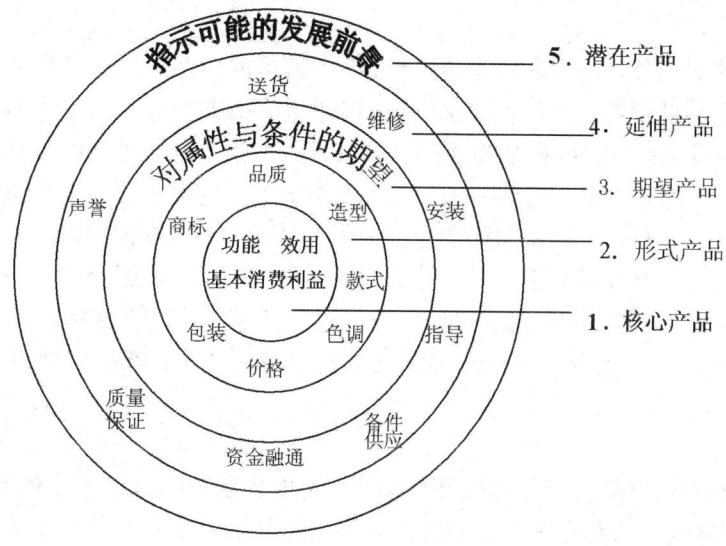

图6-2 整体产品含义

1. 核心产品

每种产品都有一部分令顾客感到非要不可的核心利益。通常驾驭顾客选购某种产品的内在动力就是产品的基本利益。**核心产品位于整个产品的中心,它是产品能提供给顾客的核心利益或基本价值,是顾客真正要购买的利益和服务,是整体产品中最基本、最主要的部分。**企业生产和销售产品,首先就要着眼于产品能给购买者提供什么样的实际利益。要明确:顾客购买某种产品,并不是为了占有或获得产品本身,而是为了获得能满足某种需要的效用或利益。例如:顾客购买一架数码照相机,是为了要满足其娱乐、爱好、留作纪念,甚至显示自我等等的需求。再如:顾客购买化妆品,实际上是购买美貌的希望;顾客购买洗衣机是为了方便、省力、省时地清洗衣物。因此,在设计产品时,企业首先必须确定将给顾客带来的核心利益是什么,企业必须理解与产品购买及使用有关的全部客户体验。

2. 形式产品

形式产品是核心产品借以实现的形式,即向市场提供的产品实体和服务的形象。产品的基本效用必须通过某些具体的形式才得以实现。一般来说,形式产品具有以下特征:质量、款式、特色、包装和品牌等。市场营销者必须围绕核心产品(顾客购买产品时所追求的利益)设计、制造产品。以冰箱为例,产品形式是人们在购买时考虑的:产品质量、功能、价格、造型、品牌、尺寸、颜色等因素。服务产品也有产品形式：如人们在理发时，不仅要求剪短头发，而且要求提供满意的发型。服务中，即使同一种发型也有质量高低之分。在旅馆住宿的顾客不仅需要休息和睡眠，而且要求旅馆提供房间、浴室、毛巾等。可见，形式产品向人们展示的是核心产品的外部特征，它能够满足消费者的不同要求。

3. 期望产品

期望产品是消费者购买产品时期望得到的与核心产品密切相关的一整套属性和条件。例如：对于购买洗衣机的人来说，期望该机器能省时省力地清洗衣物，同时不损坏衣物，洗衣时噪音小，方便进排水，外型美观，使用安全可靠等。在旅馆住宿的顾客期望旅馆还要提供干净的床，工作用灯，相当程度的宁静等等。

4. 附加产品

附加产品也称为延伸产品，是顾客购买产品时，获得的全部附加服务和利益。它是生产者为了满足消费者因获得前三个层次产品利益而派生出的延伸需求，而提供的更为广泛的利益，包括企业的声誉、提供的保证、信贷、送货、安装及其他销售服务等。由于顾客购买产品是为了满足某种需要，因此他希望得到与满足该需要有关的一切利益，也就是说顾客的需要实际上形成一个系统，菲利普·科特勒称之为："一个产品的购买者在使用该产品时试图完成的整体任务和有关方法。"IBM认识到了这一点，形成了所谓"系统销售"概念，即向顾客提供计算机以及有关的一整套附加产品，包括指导、软件程序、软件编制、快速修理、保证等等，而不仅仅是一台计算机。一个企业，如果善于开发适当的附加产品，就有可能更有效地进行竞争。

5. 潜在产品

潜在产品是顾客因产品而产生出的新的需求，可能发展成为未来产品的潜在状态产品。例如：电视机与电脑设备功能合一成为新型的产品，既可以娱乐收看节目，又可以上网查资料、传递信息等。当然，这些潜在需求可能是顾客自己尚未意识到，或顾客已经意识到但尚未被重视或根本不敢奢望的一些产品价值。可见，**潜在产品是满足顾客潜在需求的超值利益，它预示着该产品最终可能有所增加和改变的利益**。企业重视开发潜在产品的益处是他能在上述核心产品、形式产品、期望产品和附加产品之外使顾客潜在需求得到超值满足，并大大强化顾客对产品的偏好与忠诚程度。

专家提示：

现代营销理论认为，产品已经不仅仅是具有某种功能、某种形状的物质产品，而且产品还包含了能满足人们一切需求的非物质形态的服务。产品既能满足人们的物质需求，也能满足人们心理的、精神的需求。

现在，你能正确回答案例6-2的问题了吗？

（二）树立产品整体概念对企业营销活动的意义

整体产品概念是对市场经济条件下产品概念的完整、系统、科学的表述。它对市场营销管理的意义表现在：

1. 整体产品概念是企业贯彻市场营销观念的基础，利于企业更好地满足顾客的需求

整体产品概念是从满足顾客的基本需求入手，以满足顾客整体需求为中心，指导企业整个市场营销管理活动，是企业贯彻市场营销观念的基础。**企业市场营销管理的根本目的就是**

首先要保证顾客的基本利益,而顾客追求的基本利益大致包括功能和非功能两方面的要求。顾客对前者的要求是出于实际使用的需要,而对后者的要求则往往是出于社会心理动机。而且,这两方面的需要又往往交织在一起,并且非功能需求所占的比重越来越大。**整体产品概念,正是明确地向产品的生产经营者指出,要竭尽全力地通过有形产品、附加产品、期望产品和潜在产品去满足核心产品所包含的一切功能和非功能的要求,充分满足消费者的现实的及潜在的需求。**可以断言,不懂得整体产品概念的企业不可能真正贯彻市场营销观念,也就不可能更好地满足顾客的需求。案例6-2中的生产办公家具的老板就是不懂得这个道理。

2. 利于企业准确地确定产品的市场地位

当今,由于科学技术迅猛的发展以及快速的扩散,也由于顾客对切身利益关切度的提高,顾客越来越以营销者产品的整体效果来评判、确认哪个厂家、哪种品牌的产品是自己喜爱和满意的。对于营销者来说,产品越能以一种顾客易觉察的形式来体现顾客购物选择时所关心的因素,就越能获得好的产品形象,形成产品特色,进而确立有利的市场地位。

整体产品概念就是把产品由一种物质实体扩展为多层次的物质与非物质的组合体。企业只有通过产品五个层次的最佳组合,才能不仅满足顾客的物质需要,而且满足顾客心理的、精神的需要;不仅满足顾客的现实需要,而且满足顾客的潜在需要。唯有如此,企业也才能在激烈的市场竞争中确立产品的市场地位。

3. 利于企业更好地在激烈的市场竞争中形成特色,树立企业形象

产品差异构成企业特色的主体,企业要在激烈的市场竞争中取胜,就必须致力于创造自身产品的特色。由于科学技术的迅猛发展和顾客需求的复杂化以及市场竞争的白热化,产品的核心功能日趋相同,甚至包括产品的分销渠道、销售方式等也越来越雷同。因此,美国营销学家断言:未来市场竞争的关键不在于企业生产什么产品,而在于企业能提供什么服务。**整体产品概念就是强调企业不仅要重视顾客对核心产品、形式产品的需求,还要特别重视顾客对期望产品、附加产品和潜在产品的需求。**这在激烈的市场竞争中也显得越来越重要。谁能率先发现顾客期望的、潜在需求,谁能更快、更多、更好地满足顾客的复杂利益整合的需要,谁就能与竞争产品区别开来、形成特色、树立形象,就能拥有顾客、占有市场、取得竞争优势。国内外许多企业的成功,在很大程度上应归功于他们认识了整体产品概念,更好地把对顾客提供的各种服务看作是产品实体的统一体。

二、产品分类

市场上的产品丰富多彩、五花八门。按照不同的分类的标准,产品可划分出许多不同的类别。产品分类主要有以下几种(如表6-1所示):

表6-1　　　　　　　　　　　产品分类一览表

产品分类标准	按产品是否耐用划分	按产品是否有形划分	按顾客购物习惯划分
产品分类	1. 耐用品 2. 非耐用品	1. 有形产品 2. 无形产品	1. 便利品 2. 选购品 3. 特殊品 4. 非渴求物品

(一)根据产品是否耐用,产品可分为耐用品和非耐用品

耐用品是指在正常情况下能多次、长期使用的有形物品。例如,电冰箱、服装、机床等。

经营耐用品通常毛利可定得高些,但要特别注意:耐用品需要人员推销、销售服务和保证。

非耐用品是指在正常情况消费周期很短,容易消耗的有形物品。例如文具、牙膏等。这些物品很快就被消费掉,消费者和用户购买频繁,所以经营者应当采取分散销售,通过诸多尽量靠近居民的商业网点出售这类物品,便于顾客随时随地购买;价格上毛利不宜定得过高,薄利多销为好;企业还要大力开展广告促销活动,以诱导顾客喜爱和购买本企业产品。

(二)根据产品是否有形,产品可分为有形产品和无形产品

所谓**有形产品**是指具有具体物理形状的物质产品。生产性企业生产的如电视机、计算机、家具、服装和饮料等产品即为有形产品。

所谓**无形产品**是相对于有形产品而言的,这种产品一般不具备具体的产品形态,有时也会通过某些介质而反映出某种形态。比如:我们向航空公司购买机票,所获得的产品是无形的——从甲地到乙地的位移,但这种无形的产品可以通过飞机票这样一种介质表现出来,顾客可以凭借这张机票,作为享受该种无形产品(服务型产品)的凭证。劳务性企业提供的如保险服务、旅游服务、咨询服务等都属于无形产品。无形产品与有形产品相比,主要有四大方面的特点:无形性、瞬时性、不可分割性和多样性。无形性是指某项服务的购买者在购买之前无法直接感觉到该项服务的存在,因而服务是无形产品。瞬时性是指顾客只能即时享受服务,而不能储存到未来。不可分割性是指服务的提供者与购买者通常有直接的接触,以使交换得以发生。多样性是指服务的提供比产品的生产有着更大的差异性,提供服务的工人会受到所从事工作、工作伙伴、教育程度、工作经验、个人因素等的影响。

有形产品和无形产品的根本区别,就在于其能否储存。有形产品可以储存,所以其制造过程和交付过程是可以分离的,我们日常工作、生活中所用到的有形产品,往往都是在工厂制造出来后,经过许许多多的流通环节,才到达最终消费者的手中。而无形产品则不能储存,所以其制造过程和交付过程是不能分离的。例如我们去听音乐会,音乐家的演奏过程,既是制造过程,也是交付过程,消费者得到的是这种过程中的体验。

(三)根据顾客购物习惯的不同,产品可分为便利品、选购品、特殊品和非渴求物品四类

这四类产品在本书第三章,顾客购买对象中已有说明,故不再赘述。

专家提示:

1、产品分类还有其他一些分类方法,企业可根据需要按不同的标准进行分类。

2、不论怎样,营销者明了不同的产品类型,有利于其根据不同的变量关系制定适宜的营销策略。

三、产品组合策略

(一)产品组合的概念

产品组合是指企业向目标市场所提供的全部产品或业务的结构。或者说它是企业所有产品线和产品项目的集合,即企业经营范围和结构(如图6-3所示)。

1、产品线

产品线是指互相关联或相似的一组产品。即:产品核心内容相同而规格、款式、档次不同的一组密切相关的产品。也称为产品大类或产品系列。它是一系列产品项目的集合。产品线的划分可依据:产品功能相似、顾客群相似、分销渠道同一、消费上具有连带性、或属于同一价格范围。例如:化妆品、家用电器、服装等都可形成不同的产品线。通常每条产品线都设专人管理,称为产品线经理。每条产品线内又包括若干产品项目。

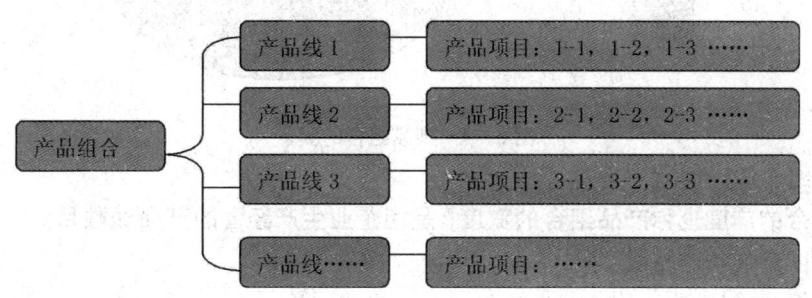

图6-3 产品组合示意图

2.产品项目

产品项目是指产品大类中每一个具体的产品。具体地讲,它是产品线中各种不同品种、规格、质量的特定产品,是企业产品目录中逐一列出的具体的品种,可用品牌、型号、规格、款式、档次等区分。如表6-2中,顶新国际集团方便面生产线内有康师傅珍品精装、面霸120、小虎队干脆面、康师傅挂面、福满多、福满多6个产品项目。

表6-2　　　　　　　台湾顶新国际集团产品组合

	产品组合的广度(宽度)					合计
	方便面	饮料	糕饼	快餐	其他	
产品组合的长度	康师傅珍品精装	果汁系列	米饼	德克士	房地产	
	面霸120	清凉系列	蛋酥卷		脱水蔬菜	
	小虎队干脆面	乌龙茶	彩笛卷		包装材料	
	康师傅挂面	纯净水	乐芙球			
	福满多	实粒派	轻巧薄饼			
	好滋味	冰(绿)茶系列	3+2苏打饼干			
			礼包			
			礼盒			
合计	6	6	8	1	3	24

(二)产品组合的要素

各类企业的产品组合可从其广度(宽度)、长度、深度和关联度四个方面反映出自己的特征。这四个方面就构成了产品组合的要素(如图6-4所示)。

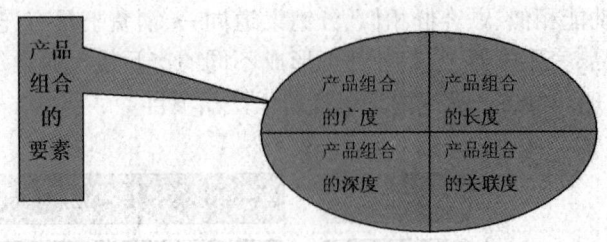

图6-4 产品组合的要素

1. 产品组合的广度

产品组合的广度也称产品组合的宽度,是指企业生产经营的产品线数目。如表6-2中,顶新国际集团有5条产品线。

2. 产品组合的长度

产品组合的长度是企业所有产品线中产品项目的总和,它是企业生产或经营全部产品项目之和。如表6-2中,顶新国际集团的产品组合的总长度为24。

3. 产品组合的深度

产品组合的深度是指某一产品线中产品项目的多少,即每一产品有多少花色、口味、规格。如面霸120有7种口味、2种包装,则其产品组合的深度是14。**产品线中产品项目数越多,则产品组合的深度越深。**

4. 产品的关联度

产品的关联度是各产品线在最终用途、生产条件、分销渠道等方面相互关联的程度。如表6-2中方便面、饮料、糕饼三类产品的相关联程度较高,而它们与快餐及其他大类产品的相关联程度较低。**关联度越高,越有利于企业的经营管理。**

产品组合的四个要素为企业制定产品战略提供了依据。

(三)产品组合策略

企业在调整和优化产品组合时,根据不同的情况,可以选择如下策略(如图6-5所示)。

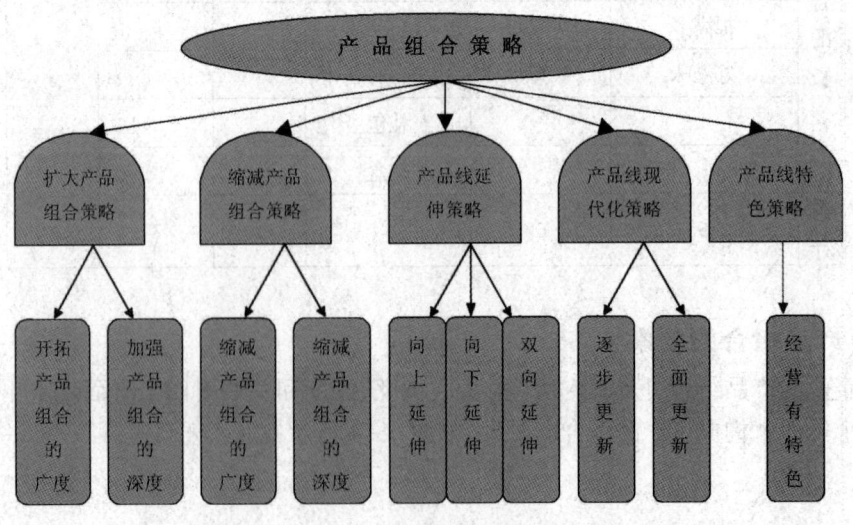

图6-5 产品组合策略

1. 扩大产品组合策略

扩大产品组合策略包括开拓产品组合的广度和加强产品组合的深度，前者指在原产品组合中增加产品线，扩大经营范围；后者指在原有产品线内增加新的产品项目。当企业预测现有产品线的销售额和盈利率在未来可能下降时，或市场繁荣时，就应当考虑在现有产品组合中增加新的产品线，或加强其中有发展潜力的产品线，搞多品种经营，扩大企业经营范围，以给企业带来较多的盈利机会。

2. 缩减产品组合策略

缩减产品组合策略就是减少产品组合的广度和深度。市场繁荣时期，较长较广的产品组合会给企业带来更多的盈利机会，但是在市场不景气或原料、能源供应紧张时期，缩减产品线反而能使总利润上升，因为剔除那些微利甚至亏损的产品线或产品项目，缩小企业的经营范围，则利于企业集中力量发展获利多的产品线或产品项目。

3. 产品线延伸策略

任何企业的产品都有自己特定的市场定位。例如：美国"林肯"牌汽车定位于高档车市场，"雪弗莱"牌汽车定位于中档汽车市场；而"斑马"牌汽车则定位于低档车市场。**产品线延伸策略是指针对产品档次而言的。它是指部分或全部地改变原来产品的定位，突破原来经营产品档次的范围，使产品线延长**。产品线延伸可以分为三种类型：向下延伸、向上延伸和双向延伸。

（1）向下延伸。**企业在原有产品的基础上，逐渐增加一些较低档的产品项目，称之为向下延伸**。向下延伸通常适用于以下情况：一是高档产品在市场上受到竞争者的威胁；二是高档产品销售增长率缓慢；三是企业最初进入高档产品市场的目的是建立品牌信誉，给人以质量优良的印象，然后进入中、低档产品市场，吸引购买力较低的顾客，以扩大市场占有率和提高销售增长率；四是补充企业产品线空白。向下延伸也存在一些风险：第一，可能影响企业原有产品的市场形象及名牌产品的市场声誉；第二，推出低档产品迫使竞争对手转向高档产品开发；第三，需要重新设置销售系统等等。

（2）向上延伸。**企业在原有的产品线内渐次增加高档产品的项目，称之为向上延伸**。这种策略适用于：高档产品市场具有较大的潜在增长率和较高利润率的吸引；企业的技术设备和销售能力已具备加入高档产品市场的条件；企业要重新进行产品线定位。采用这一策略也要承担一定的风险，要改变产品在顾客心目中的地位是相当困难的，处理不慎，还会影响原有产品的市场声誉。

【案例】6-3：　　　　　玉兰油品牌上移切出更大市场

随着消费水平的提高，中国近年化妆品消费逐渐中高端化，玉兰油及时抓住市场的变化，将原定位于中低端市场的玉兰油产品线不断上移，在中低端、中高端两线作战。即，一方面继续保持、发展玉兰油润肤产品的市场；另一方面开发新产品，提升品牌形象。他们先后开发了"玉兰油新生换肤系列"、"玉兰油多效修护系列"等一系列玉兰油升级产品。为了配合打造玉兰油高档、时尚的形象，他们更换了产品的包装，并强化了高端卖场专柜陈列的形象塑造，选择张曼玉、宋慧乔、女子十二乐坊作为"美丽大使"，大打广告攻势。终于，玉兰油中高端市场的全面提升，带动了中低端市场的发展，极大地刺激了超市、大卖场的销售上扬，市场份额明显上升。

(3)双向延伸。即原来定位于中档产品市场的企业掌握了市场优势之后,决定向产品线的上下两个方向延伸,增加高档和低档产品项目。这种策略在一定条件下有助于加强企业在全行业的市场地位,提高竞争力。但值得注意的是:企业一定是在原有的中档产品市场上取得了竞争优势,而且有足够的资源能力时,才可以采用双向延伸策略。否则,还是单项延伸较为稳妥。

4.产品线现代化策略

有时产品线的长度虽然适当,但产品线的水平跟不上市场前进的步伐,致使产品工艺陈旧落后。此时,必须对产品线实施现代化策略。**对企业原来陈旧落后的产品进行现代化更新**。产品线现代化可以采取两种实现途径:一是逐步更新;二是全面更新。逐步实现现代化可以充分了解顾客的需求,节省资金耗费,但竞争者很快就会察觉,并有充足的时间采取措施与之抗衡;而全面更新是在短期内将产品线上不符合现代化要求的产品项目全面更新。这样可以出奇制胜,减少竞争者,但这样也会耗费资金较多。

5.产品线特色策略

通常,以低档廉价品吸引顾客,以高档名牌货树立声誉是采用此策略的企业普遍使用的。当然,只要企业的产品线区别于竞争对手,又可以获得顾客的青睐,采用此策略就可行。

第二节 产品市场生命周期

一、产品市场生命周期的含义及其意义

(一)产品市场生命周期的概念

任何一种产品在市场上的销售情况和获利能力并不是固定不变的,它将随着产品进入市场时间的推移,随着消费者需求的变化而变化。这种演变过程正如人和其他生物的生命一样,也经历着诞生、成长、成熟和衰亡的过程。**产品市场生命周期是指某种产品从进入市场到被淘汰退出市场的全部演变过程,一般它包括产品的投入期、成长期、成熟期和衰退期四个阶段**。(如图6-6所示)

产品只有经过研究开发、试销,然后进入市场,它的市场生命周期才算开始。产品退出市场,则标志着生命周期的结束。产品市场生命周期显现了产品销售历史中的不同阶段,以及与各个阶段相对应的营销策略和利润潜量有关的不同的机会和问题。企业可通过确定其产品所处的阶段或将要进入的阶段制定更好的市场营销计划。因此,产品市场生命周期是很重要的概念,它对企业制定产品策略,以及在产品市场生命周期不同阶段采用的经营策略有着重要的意义。

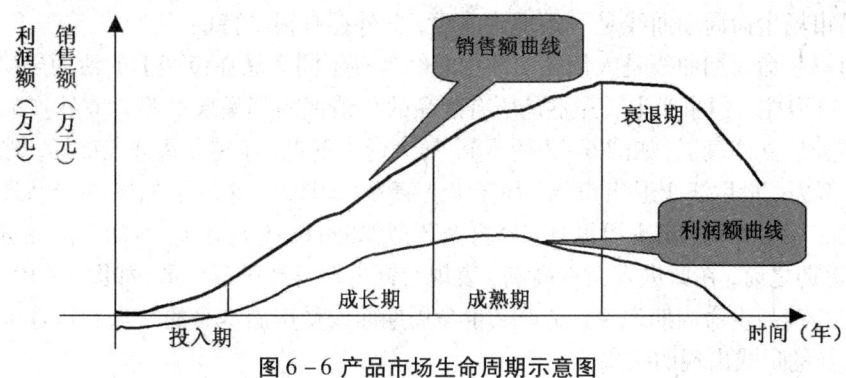

图 6-6 产品市场生命周期示意图

(二)研究产品市场生命周期应注意的问题

1. 产品市场生命周期不同于产品的使用寿命

产品使用寿命(自然寿命或物理寿命):是产品从投入使用到报废为止所延续的时间。使用寿命一般指物质形态的变化,是具体的、有形的、自然的变化;而产品市场生命周期是市场形态的变化,是抽象的、宏观的、社会的。

产品的使用寿命与产品市场生命密切相关,前者寿命的长短关系到产品购买数量、产品声誉,从而影响产品市场生命周期的长短。

2. 产品市场生命周期之所以存在,它是三种力结合的必然结果

第一种是科学技术进步的推动力。新技术为新产品的出现在客观上奠定了非常重要的基础,对新产品的出现产生巨大的推动力。任何一个企业都阻挡不住科学技术不断推陈出新的发展趋势,因为这是客观的必然。

第二种是消费者需求变化的拉动力。比如喜新厌旧,从消费心理学的角度来讲,它是一种极其正常的追求变化的发展趋势。

第三种是企业之间为了攫取竞争优势而产生的内在驱动力。只要存在着商品交换,只要有市场竞争,只要存在着市场上的利益分割,企业间攫取竞争优势的步伐就永远不会停止。怎样营造竞争优势呢?既然存在着前面所讲的两种力,企业就会不断地把两个力结合在一起,以赢得自己在市场竞争中的优势,这也是竞争的必然结果。它不取决于某个企业或某个企业家的愿望,尽管你不想利用它,不想开发新产品,也阻挡不住新产品不断出现的发展趋势。只要有竞争,就必然存在一种攫取优势的内在驱动力,这种内在驱动力推动新产品的出现,这样新产品就会不断地代替老产品。因此说,产品的市场生命周期有其客观必然性,这是一种内在的激励。

3. 产品市场生命周期主要是指产品种类(产品大类)的生命周期

产品种类是指具有相同功能及用途的所有产品。它的市场生命周期较产品品种和具体牌号的产品的生命周期长。产品种类的销售增长平常表现为典型的生命周期过程;而具体产品品种(奶糖类)或具体牌号产品(如上海大白兔奶糖)的某些型号受企业所采取的竞争策略的影响,其销售额呈不规则的变化,生命周期较短或最短

4. 产品市场生命周期是以国家或地区来划分的

同一产品在不同国家或地区所处的产品市场生命周期的阶段可能不同。比如,黑白电视机在我国经济发达的城市已处于衰退期,但在经济不发达的农村却处于成长期或成熟期。

5. 产品市场生命周期曲线是一条理论曲线,此外还有很多特例

产品市场生命周期曲线是人们在实践中总结各种不同产品在市场上的活动规律后概括出来的,具有典型性。但事实上,并不是所有产品的总销售额都呈现 S 型。有些产品可能一上市就迅速增长后立即衰退(如图 6-7 所示),属大起大落型;有些产品进入市场,迟迟打不开销路,几经努力,最后终于退出市场,属未老先衰型(如图 6-8 所示);有些产品进入衰退期后又进入第二个生长期,出现再循环,属再循环型(如图 6-9 所示),有的产品在进入成熟期后、转入衰退期之前,在此进入销售高潮,表现为锯齿形发展属扇贝形(如图 6-10 所示),等等。这都符合产品生命周期理论,是产品生命周期曲线受产品本身的特点和特殊市场环境的影响,以变异的形式出现的结果。

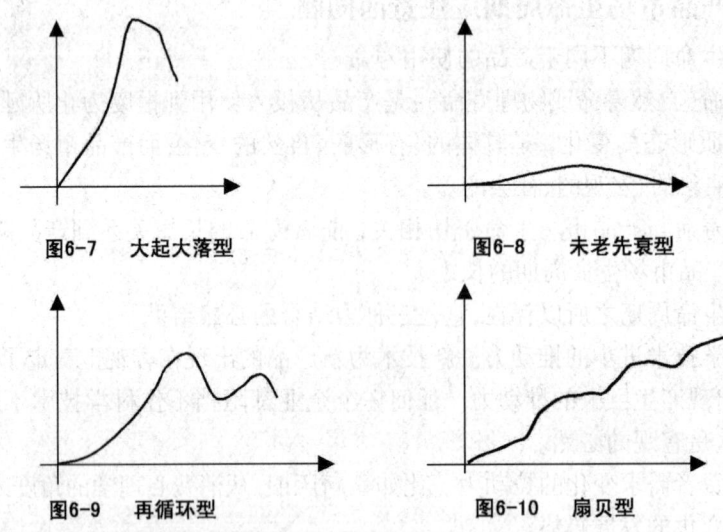

图 6-7　大起大落型　　　　图 6-8　未老先衰型

图 6-9　再循环型　　　　　图 6-10　扇贝型

(三)判定产品市场使命周期的方法

要判断某种产品处于市场生命周期的哪一个阶段,大致有以下几种方法(如图 6-11 所示)可供参考运用。

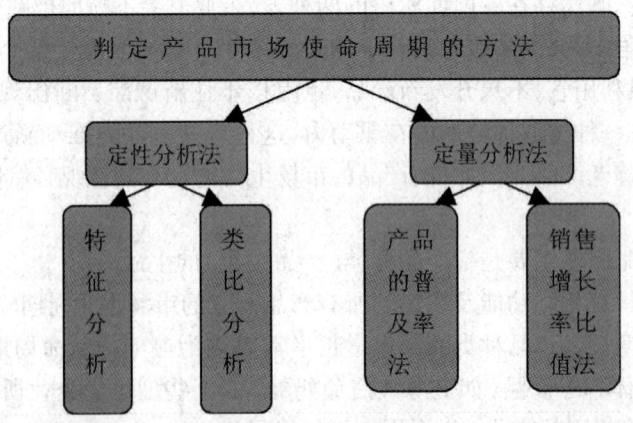

图 6-11　判定产品市场使命周期的方法

1. 定性分析法

(1)特征分析。根据产品上市之后在不同的周期阶段中的一般特征,同企业现在市场上产品比较，以大致判断产品所处的生命周期阶段。如：本企业经营的某种产品在市场上表现出来的特征与产品市场生命周期某阶段一般特征相似，就可以判定该此种产品大致处于生命周期的哪个阶段。采用这种方法，其使用效果通常和主管人员的经验、判断力有很大关系。

(2)类比分析。根据类似产品所经历的产品市场生命周期的情况作对比分析，看现在生产销售的产品是否出现了各阶段类似的现象，以此来判定产品可能进入的市场生命周期阶段。如：根据现一代产品的市场表现，参照前一代产品生命周期各阶段的销售资料及出现的某些现象，判断现一代产品的市场生命周期。采用这种方法，选择的商品一定要在投入市场后的状况相似。

2. 定量分析法

(1)产品的普及率法。用产品的饱和普及率与当时实际的普及率相比较判定其市场生命周期阶段。如家用电器在普及率达到5%以前为投入期；5%-50%为成长前期；51%-80%为成长后期；81%-90%为成熟期。但利用产品普及率判断要注意不同种类产品的普及率与产品市场生命周期关系有所不同。可利用统计资料进行分析，来确定划分阶段的标准。

(2)销售增长率比值法。用产品销售增长率的数据制定定量标准，划分产品市场生命周期的各个阶段。即用△Y/△X之值判定。

△Y表示销售量的增加量；△X表示时间的增加量。

一般判断的标准是：

投入期的销售增长率不够稳定；

当△Y/△X之值大于10%，产品属于成长期；

当△Y/△X之值在1-10%之间，产品属于成熟期；

当△Y/△X之值小于0.1%，或出现负值时，产品已经进入衰退期。

从实际获得的经验来看，用某一单一指标判断产品处于市场生命周期的哪个阶段往往欠佳。以上方法只是分析时的依据，最终还要靠经验综合各种复杂因素才能做出较为准确的结论。

二、产品市场生命周期各阶段的特征及策略

(一)投入期的特点及策略

投入期：投入期又称介绍期，指产品进入市场，销售缓慢增长的时期。新产品投入市场，顾客对产品还不了解，销售渠道不完善，只有少数追求新奇的顾客可能购买，销售量很低且增长缓慢。为了扩展销路，需要大量的促销费用，因为它需要高水平的促销努力，对产品进行宣传，以达到：(1)告诉潜在的消费者新的和他们不知道的产品；(2)引导他们试用该产品；(3)使产品通过零售网点分销。在这一阶段，由于技术方面的原因，产品尚未定型，工艺也不成熟，产品的性能和质量不够稳定，废品率高，制造成本高，再加上市场需求量小，产品不能大批量生产，因而成本高，企业利润低，甚至出现亏损。由于处于产品投入市场的初始阶段，市场竞争不激烈。产品也有待进一步完善。

根据这一阶段的特点，企业应努力做到：投入市场的产品要有针对性；进入市场的时机要合适；设法把销售力量直接投向最有可能的购买者，使市场尽快接受该产品，以缩短投入期，更快地进入成长期。

在产品的投入期，一般可以由产品、分销、价格、促销四个基本要素组合成各种不同的市

场营销策略。仅将价格高低与促销费用高低结合起来考虑，就有下面四种策略可供选择（如表6-3所示）：

表6-3　　　　　　　　投入期可选择的价格-促销组合策略

促销水平 价格水平	高	低
高	快速撇脂策略	缓慢撇脂策略
低	快速渗透策略	缓慢渗透策略

1. 快速撇脂策略。即企业以高价格、高促销费用策略将新产品推向市场。企业采用高价策略是为了在每单位销售额中获取尽可能多的利润，尽快收回投资。同时，企业运用高促销费用策略，能够快速建立知名度，占领市场。实施这一策略须具备以下条件：产品有较大的需求潜力；目标顾客求新心理强，愿出高价急于购买新产品；企业面临潜在竞争者的威胁，需要及早树立品牌形象。一般而言，在产品引入阶段，只要新产品比替代的产品有明显的优势，市场对其价格就不会那么计较。

2. 缓慢撇脂策略。即企业以高价格、低促销费用的策略将新产品推向市场，目的是以尽可能低的费用开支求得更多的利润。实施这一策略的条件是：市场规模较小；产品已有一定的知名度；目标顾客愿意支付高价；潜在竞争的威胁不大。

3. 快速渗透策略。以低价格、高促销费用推出新产品。目的在于先发制人，以最快的速度将新产品打入市场，取得尽可能大的市场占有率。然后再随着销量和产量的扩大，使单位成本降低，取得规模效益。实施这一策略的条件是：该产品市场容量相当大；潜在消费者对产品不了解，且对价格十分敏感；潜在竞争较为激烈；产品的单位制造成本可随生产规模和销售量的扩大迅速降低。

4. 缓慢渗透策略。以低价格、低促销费用推出新产品。低价可扩大销售，低促销费用可降低营销成本，增加利润。这种策略的适用条件是：市场容量很大；市场上该产品的知名度较高；市场对价格十分敏感；存在某些潜在的竞争者，但威胁不大。

（二）成长期的特点及市场营销策略

成长期是指新产品经过市场投入期以后，消费者对该产品已经熟悉，消费习惯业已形成，销售量迅速增长的阶段。其主要特点为：进入成长期以后，购买者增多，老顾客重复购买，并且带来了大量新的顾客，销售量激增；建立了比较理想的营销渠道；产品大批量生产，且产品已定型，技术工艺比较成熟，单位产品成本迅速下降；竞争者看到有利可图，将纷纷进入市场参与竞争，市场竞争加剧。企业利润开始迅速增长，但随着竞争的加剧，同类产品供给量增加，价格随之下降，企业利润增长速度逐步减慢。企业为维持市场的继续成长，需要保持或稍微增加促销费用，但由于销量增加，平均促销费用还是有所下降。

针对成长期的特点，企业为维持其市场增长率，延长获取最大利润的时间，可以采取下面几种策略：

1. 改善产品品质。如：提高产品质量，增加产品新的功能，改变产品款式，开发产品新的型号，开发产品新的用途等。对产品进行改进，可以提高产品的竞争能力，满足顾客更广泛的需求，吸引更多顾客。

2. 寻找新的细分市场。通过市场细分，找到新的尚未满足的细分市场，根据其需要组织生产，迅速进入这一新的市场。

3. 开辟新的销售渠道，扩大商业网点，增加对市场的覆盖。

4. 改变广告宣传的重点。把广告宣传的重心从介绍产品转到建立产品形象上来，树立产品名牌，维系老顾客，吸引新顾客。

5. 根据竞争形式在适当时机降低价格以提高竞争能力，以激发那些对价格比较敏感的消费者产生购买动机和采取购买行动。

（三）成熟期的特点及市场营销策略

成熟期是指市场需求趋向饱和，潜在的顾客已经很少，销售额增长缓慢直至转而下降的阶段。进入成熟期以后，产品的销售量增长缓慢，逐步达到最高峰，然后缓慢下降；成本、费用已降到最低点，产品售价降低；促销费用增加；产品的销售利润也从最高点开始下降，单位产品利润减少；市场竞争非常激烈，各种品牌、各种款式的同类产品不断出现。

对成熟期的产品，宜采取主动出击的策略，使成熟期延长，或使产品市场生命周期出现再循环。为此，可以采取以下三种调整策略：

1. 调整市场。这种策略不是要调整产品本身，而是发现产品的新用途、寻求新的用户或改变推销方式刺激现有消费者增加使用频率或使用数量等，以使产品销售量得以扩大。如凡士林最初只是作为产品的润滑剂，后来又被开发为医用，还被用于美容、美发。再例如，香水制造商设法说服那些不使用香水的女人试用香水；说服男人使用香水；把香水销到其他地区或国家。

2. 调整产品。这种策略是通过产品自身的调整来满足顾客的不同需要，吸引有不同需求的顾客。整体产品概念的任何一层次的调整、改变都可以使消费者获得新的利益。例如，提高产品质量，增加产品的功能、特性，改变产品的款式、色彩，等等。如，目前市场上销售的奶粉，大多数都将过去500克一袋散装变为500克一袋内有20包小袋装。这不仅极大地方便了顾客，而且增加了使用数量，扩大了销售。

3. 调整市场营销组合。即通过对产品、定价、渠道、促销四个市场营销组合因素加以综合调整，刺激销售量的回升。常用的方法包括降价、提高促销水平、扩展分销渠道和提高服务质量等。

（四）衰退期的特点及市场营销策略

衰退期是指由于科学技术的发展，新产品或新的代用品出现，原有产品老化，消费者的消费习惯发生改变，转向其他产品，从而使原来产品的销售额和利润额迅速下降的阶段。

衰退期的主要特点是：产品销售量急剧下降；成本明显上升；企业从这种产品中获得的利润锐减甚至出现亏损；新产品或新的代用品出现，产品出现积压；大量的竞争者退出市场。

面对处于衰退期的产品，企业需要进行认真的研究分析，决定采取什么策略，在什么时间退出市场。通常有以下几种策略供企业选择：

1. 继续策略。继续延用过去的策略，仍按照原来的细分市场，使用相同的分销渠道、定价及促销方式，直到这种产品完全退出市场为止。

2. 集中策略。即把企业资源集中使用在最有利的细分市场、最有效的销售渠道和最易销售的品种、款式上。概言之，缩短战线，以最有利的市场赢得尽可能多的利润。这样有利于缩短产品退出市场的时间，同时又能为企业创造更多的利润。

3. 收缩策略。抛弃无希望的顾客群体,大幅度降低促销水平,减少促销费用,以增加目前的利润。这样可能导致产品在市场上的衰退加速,但也能从忠实于这种产品的顾客中得到利润。

4. 放弃策略。对于衰退比较迅速,无改进或再生希望的产品,应该当机立断,放弃经营。可以采取完全放弃的形式,如把产品完全转移出去或立即停止生产;也可采取逐步放弃的方式,使其所占用的资源逐步转向其他的产品。

产品市场生命周期不同阶段的特点、营销策略可参见表6-4。

表6-4　　　　　　　　　　产品市场生命周期各阶段特点综合

阶段 特征	投入期	成长期	成熟期	衰退期
销售额	低	迅速上升	增速减缓达到顶峰	下降
生产量	小批量	大批量	改进性批量	收缩
单位成本	高	平均水平	最低并回升	回升
利润	少、无或亏损	上升	平稳并开始下降	低
顾客类型	领先购买者	早期购买者	多数购买者	落后购买者
竞争	无或少	加剧	激烈	减少
营销目标	建立知名度,缩短投入期	建立美誉度,开辟新的销售渠道,适时降价,扩大销售	保持市场占有率,开发新产品,延长成熟期	妥善处理超龄产品,实现产品更新换代及品牌延伸
综合策略	准	优	改	转

三、延长产品市场生命周期的途径

延长产品生命周期的途径很多,归纳起来可以从产品改革、市场改革、市场营销组合改革三方面来加以努力。

(一)改革产品

对原有产品的质量、功能、外观、服务、包装、商标用途等方面进行改进。每改进一次,就刺激一次需求,以保证产品生命周期得以适当延长。国外企业经验认为,产品外观的改进非常重要、也是非常成功的。

(二)改进原有的市场

1. 扩大产品销售的地区和范围:把即将进入衰退期的产品转移到落后地区,开辟一个新的市场,以刺激需求。

2. 转移生产场地：把即将进入衰退期的产品直接转移到劳动力较便宜的地区市场或转移到产品寿命周期较长的国家和地区去生产。——这是发达的国家通常使用的延长产品生命周期的途径。

（三）奖励忠诚的顾客和经销商

1、采取多种方法奖励忠诚顾客，同时引导他们增加产品使用的频率和数量。2、奖励经销商的忠诚，这一点很重要。这样不仅鼓舞了经销商扩大销售的士气，还可以招募新的渠道经销商。这对于帮助企业刺激顾客的需求将起到事半功倍的作用。

第三节 新产品开发与推广

一、新产品的开发

（一）新产品的含义及种类

市场营销学中所使用的新产品概念不是从纯粹的技术角度理解的。站在营销的角度来看：新产品是指凡是整体产品在功能或形态上得到改进或与原有产品产生差异，并为顾客带来新的利益的产品，即为新产品。新产品大体有四种基本类型（如图6-12所示）：

图6-12 新产品的基本类型

1. 全新新产品

即采用新原理、新材料、新技术制造出来的前所未有的产品。如：电话、飞机、电脑等。全新新产品是应用科学技术新成果的产物，往往代表科学技术发展史上的一个新突破。这种全新产品要经国家科学技术管理部门的鉴定，并可申请专利，得到法律的保护。

2. 换代新产品

是指在原有产品的基础上，部分采用新材料、新工艺、新技术制成的，并使产品在其功能等方面有显著提高的产品。亦即对现有产品性能进行改进或注入较多新价值的产品。例如将普通电熨斗革新为自动调温、自动喷水的电熨斗；将黑白电视机革新为彩色电视机等。这类产品进入市场后，使用者往往也有一个接受和普及的过程，但这个过程较全新新产品的接受和普及的过程要短些、容易些。

3. 改进新产品

这种新产品不是由于科学技术的进步导致产品的重大革新，而是企业根据顾客需求，对现有产品的品质、特点、结构、款式、包装等作一定的改变。这种新产品与原有产品的差别不大，进入市场后，较容易为顾客接受。但因技术含量不高，竞争者容易模仿，因此竞争也比较激烈。

4. 地域新产品

是指某些产品在某一个市场上或一个国家里属于老产品，但对于另一个市场或地区或国家来说就是新产品，对于一个企业是老产品，但对于另一个企业可能就是新产品。

（二）开发新产品的意义

随着我国社会主义市场经济体制的逐步完善，尤其是在我国加入WTO以后，企业面临的市场竞争日益加剧。企业为了生存和发展必须千方百计地不断开发新产品。

1. 开发新产品的必要性

①消费者需求的变化性，客观上需要不断开发新产品。

消费者需求的满足总是相对的。即使目前的产品再受消费者的欢迎，但随着社会生产力和人们生活水平的提高，消费者也会提出更高、更新的要求。企业只有不断创新，才能满足不断变化的消费需求，才不至于被消费者抛弃。

②产品市场生命周期是企业新产品开发的理论基础。

产品在市场上也是有生命的，都要经过投入期、成长期、成熟期和衰退期。任何企业都不能企图其产品在市场上长盛不衰。因此，一般而言，当一种产品投放市场时，企业就应当着手研发新产品，使企业在任何时期都有不同的产品处在生命周期的各个阶段，从而保证企业盈利的稳定增长。

③科学技术推动着企业不断开发新产品。

科学技术的迅猛发展，导致高科技产品不断涌现，并加快了产品更新换代的速度。科学技术的进步有利于企业淘汰旧产品，生产、推广新产品。企业只有不断利用新科技，开发新产品，才会在市场上拥有一席之地。

④市场竞争的加剧迫使企业不断开发新产品。

唯有不断创新，企业才会在激烈的市场竞争中保持优势，占据领先地位。例如，索尼公司之所以能使企业的销售不断出现新的高潮，并使企业在激烈的市场竞争中立于不败之地，主要是得益于：他们能根据消费者的消费趋向、新的要求、消费偏好的变化以及对产品的期望等不断设计出满足这些要求的产品，每年向市场推出1000种新产品。

2. 开发新产品对现代企业的意义

企业作为独立的市场主体，若想在激烈的市场竞争中立于不败之地，获取长期可持续的竞争优势，就必须不断推陈出新，生产出更有生命力、更符合市场要求的新产品。大力搞好新产品开发，对现代企业而言，具有重要的战略意义和经济意义。

在战略方面：新产品开发不仅可以成为竞争优势的源泉，而且可以加强战略优势。首先，利用新产品开发战略，既可以使新企业在市场上确立其自身地位，也可以让老企业继续巩固和扩大现有市场份额，增强竞争能力。其次，新产品开发还可以提高企业形象和品牌权益。企业不断利用新科技开发新产品，在原有产品退出市场舞台时能够不断地向市场推出强有力的新产品并占领市场，这本身就是对企业管理、研发、设计、生产、营销等能力的一种综合体现，能够增强消费者对企业的信心。如果企业能够拥有一批认识到企业品牌价值的忠实客户，那么就存在在该品牌名称下扩展新产品的可能性，从而提高企业的品牌权益。但是，如果新产品滥用现有品牌的信誉，就会损害到整个企业的利益，因此，利用这一战略必须要慎重。

在经济方面:首先,新产品开发能为企业带来可观的经济效益。新产品开发要想在市场上取得成功,就一定从各个方面具有比老产品更好的功能、作用和经济效益。新产品在其功能、作用上越能满足消费者,销售额就会越高,企业获利也就越多;新产品越能降低材料能源消耗、降低制造成本,越能节约使用费用,越能提高劳动生产率,经济效益就越能提高,企业就越能增加财富。其次,有效地进行新产品开发,也可以降低经营风险,稳定企业利润。据西门子公司推算,一项新产品每提前一天投产,可使利润增加0.3%,提前5天则增加1.6%,提前10天便可增加2.5%。更何况投产的加快还可免去竞争对手提早上市所带来的营销风险。另外,对于未能按其生产能力运营的企业,新产品开发可以充分利用现有生产和经营资源,改善生产能力利用率。

(三)新产品开发的风险和失败的原因

开发新产品确是企业竞争的法宝、获利的武器。不过我们也必须清楚地看到,每年有那么多的新产品推出,能获得成功的却寥寥无几。企业开发新产品要承担很大的风险。

企业开发新产品要承担哪些风险呢?(如图6-13所示)

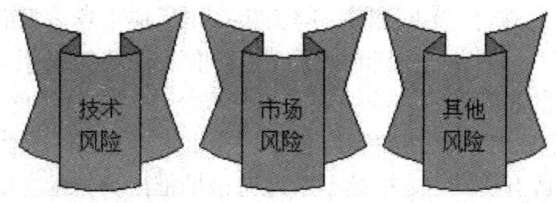

图6-13 企业开发新产品要的风险

1. 技术风险

(1)技术本身的不成熟;(2)技术效果的不确定性;(3)技术寿命的不确定性;(4)工艺创新滞后所导致的成本劣势;等等。

2. 市场风险

(1)顾客需求的不确定性。一个新产品要取得成功,需要有一个有潜力的市场,这是勿容置疑的,因此,在产品开发之前,进行有效的市场分析是必要的。虽然市场分析有助于企业更好地作出新产品开发计划,但企业却不知道他们是否获得了准确的顾客需求信息。许多学者认为,对具有潜在市场的创新型产品来说,得到顾客需求的有效信息是困难的,因为有时顾客也无法知道他们真正需要什么。

(2)市场接受时间的不确定性。一个新产品特别是高新技术产品的推出时间与诱导出需求的时间有一时滞,这一时滞过长将导致企业开发新产品的资金难以收回。例如,贝尔实验室上世纪50年代就推出了图象电话,过了20年才实现了该技术的商业价值。

(3)仿制的存在。由于存在着对创新可能的模仿制造,创新产品的市场会由于仿制产品的进入而变得竞争更加激烈,使企业只能获得较少的"撇脂"利润。

(4)新产品的市场扩张速度难以预测。例如,1959年IBM公司预测施乐914复印机在10年内可能销售5000台,而拒绝了与研制该产品的哈罗德公司的技术合作。然而,复印技术被迅速采用,10年后改名为施乐公司的哈罗德公司已经销售了20万台施乐914,成为一个10亿美元的大公司。

3. 其他风险

除技术和市场风险外,企业开发新产品还会面临着管理、资金、政治、法律、政策等风险。

正是由于风险的存在,新产品开发失败也就在所难免。因此,企业开发新产品不仅要承担诸多的风险,而且还要坦然面对失败。一项研究表明,在1991年,美国有16000个新产品投向市场,而没有实现预期收益的达90%。分析导致新产品开发失败的原因有很多,但归结起来主要有两类,一是技术原因,即在新产品开发过程中,试制产品的功能和技术要求难以达到市场要求的程度;二是新产品开发过程的营销管理失败。

美国全国工业会议分析新产品失败的原因有:(1)市场分析不恰当占32%;(2)成本超出预期值占14%;(3)产品本身不当占25%;(4)投放时间不当占10%;(5)销售阻碍占8%;(6)销售力量、分销和促销组织的不好占13%。由此,我们可以看出,其中的(1)、(4)、(5)和(6)完全属于市场营销所涉及的内容,占总失败原因的63%,可见新产品开发的成功,并非是一个涉及纯技术的问题。正好相反,大部分的原因是那些看似细微的隐形营销问题。

(四)我国企业实施新产品开发应注意的几个问题

1. 积极转变产品开发观念,不断创新,努力生产出适应市场需求的新产品

企业一定要彻底摒弃那种惧怕风险、因循守旧、抱残守缺的思想,树立以新养新的新观念,这是企业长远发展的必然要求。企业要在市场经济中获取持续的竞争优势,必须在高起点上不断地进行技术创新、管理创新和制度创新,注重人才培养,大力做好新产品的技术开发和营销开发,并使两者有机结合,持续不断地向市场推出高技术含量、高附加值的新产品。

2. 完善企业的投资管理体系,节约开发成本,注重提高新产品的经济效益

在我国的大部分企业中,新产品的开发投入不足销售额的1%;有的企业根本就没有拿出专项资金进行新产品开发,而国外一些大公司每年都要花费销售收入的3~5%用作新产品开发基金。由于缺乏资金保障,使企业的产品链断层,严重影响到企业的发展。因此,企业应该完善投资管理体系,多方开拓融资渠道,要单独设立新产品开发基金和奖励基金,对做出重大贡献的科技人员给予重奖,并将年度考核与每年的新产品开发计划挂钩,充分调动他们的积极性。同时,也要制定一套严密的控制程序,对产品开发的各个阶段进行有效监督,坚决杜绝一切形式的浪费,最大限度地提高经济效益。

3. 重视对新产品市场进行认真的调研和预测

调研、预测是市场营销研究的首要问题,也是企业开发新产品避免经营风险的好办法。企业开发新产品必须对目标市场的顾客需求、购买力状况、规模的大小、市场竞争状况等方面进行极为深入、细致的调查研究,作出科学的预测,这是新产品成功的基础。否则,就极容易出现:产品进入错误的目标市场或产品的适用人群范围太小,市场容量不大,导致产品难以发展。

4. 加快新产品开发速度,把握好上市时机,抢占市场份额

加快产品开发速度,缩短开发周期,也就相当于延长了产品寿命,进而增加产品的销售收入和利润,提高市场占有率。如果企业能早于竞争者进入市场,就可以利用价格和成本优势增强企业的盈利能力。把握好上市时机是新产品开发能否获取商业成功的关键因素之一。新产品快速上市也能改善企业形象,增强企业的市场竞争力。

5. 注重新产品的社会效益,进行绿色开发,提高企业形象和长期竞争优势

社会效益主要是指产品在寿命周期内的使用费用的节约以及对环境的影响等,它要求新

产品开发的整个过程、自始至终都要从社会公共利益角度认真思考。对产品开发实施绿色管理,降低环境污染和过量的能源消耗,将经济效益、社会效益和生态效益三者有机结合,这是现代营销的要求,是新产品获得稳定协调发展的前提。

(五)企业开发新产品的途径

在现代市场上,企业要得到新产品,并不意味着必须由企业独立完成新产品的创意到生产的全过程。企业开发新产品的途径主要有(如图6-14所示):

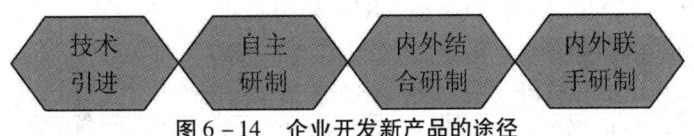

图6-14 企业开发新产品的途径

1. 技术引进。为尽快发展某种比较成熟的产品,从外部引进先进、成熟的技术以从事新产品开发。常见的方式有:购买专利和专门技术;购买设计图纸和工艺文件等。技术引进能赢得时间,节省费用,缩小差距,使企业在较短的时间内迅速掌握新技术,提高企业产品开发的技术经济性。

2. 自主研制。运用基础研究和应用研究成果,由企业自行开发研究。有条件的企业,甚至可以开展包括基础、应用、开发全过程的研究。行业领先企业适宜采用这种途径,着力开发更新换代产品和全新产品,保持技术领先地位,推动全行业的技术进步。中小企业也可以采用这种方式开发不太复杂的新产品。

3. 自主研制与引进相结合。在充分利用本企业技术的基础上引进外部先进的技术或充分吸收外部先进的技术结合企业实际开发新产品。有两种实施方式:一是自主研制为主,选用先进技术,形成具有企业特色的新产品;二是引进为主,"一学,二用,三改,四创"。自主研制与引进相结合开发新产品,花钱少见效快,能够较好地发挥引进技术的作用,利于提高企业开发新产品的能力。

4. 联合研制。企业和其他组织(科研机构、大学、配套产品企业等)联手组成开发团队,协作研制。许多新产品的开发涉及广泛的学科领域,需要投入大量的人力、物力、财力。企业通过联合研制可以取长补短,发挥集体优势。为此,这种新产品研制的方法受到所有企业的重视。

(六)新产品开发的程序

为了提高新产品开发成功率,必须建立科学的新产品开发管理程序。不同行业的生产条件与产品项目不同,管理程序也有所差异。一般企业研制新产品的管理程序(如图6-15所示):

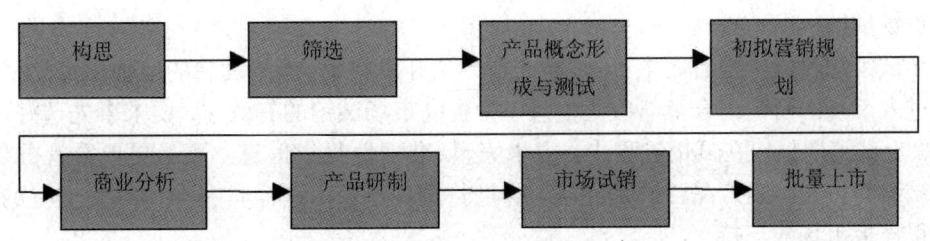

图6-15 新产品开发管理程序

1. 新产品构思

构思是为满足一种新需求而提出的设想,大致勾画出新产品的轮廓及其市场前景。在这一阶段,营销部门的主要责任是:积极地在不同环境中寻找好的产品构思;积极鼓励公司内外人员进行产品构思;将所汇集的产品构思转送公司内部相关部门,征求修改意见,使其内容更加充实。

2. 筛选

筛选的主要目的是选出那些符合本企业发展目标和长远利益,并与企业资源相协调的产品构思,摒弃那些可行性小或获利前景不好的产品构思。

3. 产品概念的形成与测试

新产品构思经筛选后,需进一步发展,形成更具体、明确的产品概念。产品概念是指企业从消费者角度对已经成型的产品构思具体化,即用文字、图像、模型等予以清晰描述,使之在消费者心目中形成一种产品形象。一个产品构思能够转化为若干个产品概念。产品概念形成后,可以拿到目标消费者中征求意见,以作评估。尔后,企业可以根据消费者的喜好程度,估算出新产品的预计销售量,并据此作出决策。

4. 初拟营销规划

企业选择了最佳的产品概念之后,必须制订把这种产品引入市场的初步市场营销计划,并在未来的发展阶段中不断完善。初拟的营销计划包括三个部分:(1)描述目标市场的规模、结构、消费者的购买行为、产品的市场定位以及短期(如三个月)的销售量、市场占有率、利润率预期等。(2)概述产品预期价格、分配渠道及第一年的营销预算。(3)分别阐述较长期(如3-5年)的销售额和投资收益率,以及不同时期的市场营销组合策略等。

5. 商业分析

商业分析是对新产品未来的销售额、成本和利润进行估计,预计该产品能否达到企业的经营目标。包括两个具体步骤:预测销售额(包括估算最高销售额和最低销售额)和推算成本与利润。预测新产品销售额可参照市场上类似产品的销售发展历史,并考虑各种竞争因素,分析新产品的市场地位、市场占有率等。如果经过商业分析,能够达到满足企业的经营目标,新产品开发就可以进入下一个环节。

6. 新产品研制

将通过商业分析后的新产品概念交送研究开发部门或技术工艺部门试制成为产品模型或样品;同时进行包装的研制和品牌的设计;最后还要对新产品进行功能、质量测试和消费者意见再次进行测试。这是新产品开发的一个重要步骤。应当强调,新产品研制必须使模型或样品具有产品概念所规定的所有特征;新产品的图纸、模型或样品要反复征求目标消费者的意见。

7. 市场试销

市场试销的目的主要有两个:一是验证新产品开发技术、经济设想的准确性;二是为制定新产品进入市场的营销组合策略收集信息。为提高市场试销的有效性,要求事先选好试销点地区,决定试销期限。在试销过程中,力求完整、准确地收集信息。事后更要重视分析研究以达到试销的目的。新产品已试销完毕,再进行全面推广,这样具有操作经验支持的同时,也可取得样板市场的支持。

8. 商业性投放

新产品试销成功后,就可以正式批量生产,全面推向市场。这时,企业要支付大量费用,而新产品投放市场的初期往往利润微小,甚至亏损,因此,企业在此阶段应对产品投放市场的时机、区域、目前市场的选择和最初的营销组合等方面做出慎重决策。

二、新产品的推广

(一)消费者接受新产品的过程

人们对新产品的采用过程,客观上存在着一定的规律性。一般来说,消费者接受新产品表现为以下五个重要阶段(如图6-16所示):

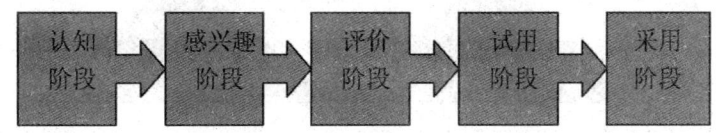

图6-16 消费者接受新产品的过程

1. 认知阶段。即消费者意识到某种新产品的存在,但缺乏详细的了解。

2. 感兴趣阶段。即消费者对这种新产品产生了兴趣,并开始寻找有关信息和资料,进行对比分析、研究新产品的特性。如果消费者比较满意,他就会产生购买动机。

3. 评价阶段。即消费者主要权衡使用这种新产品带来的利益和风险。经过评价分析,消费者会对新产品形成明确的认识,并据此对新产品作出判断。

4. 试用阶段。指消费者开始小规模地试用新产品。通过试用,消费者评价自己对新产品的认知及购买决策的正确性如何。

5. 采用阶段。消费者通过试用收到了理想的效果,放弃原有的产品,完全接受新产品,并开始正式购买,重复购买。

(二)消费者对新产品的反应差异

在新产品的市场推广过程中,由于社会地位、消费心理、产品价值观、个人性格等多种因素的影响制约,不同顾客对新产品的反应具有很大的差异。根据消费者采用新产品的态度,我们可以把他们分为五种类型(如图6-17所示):

1. 创新采用者。也称为"消费先驱",他们通常富有个性,勇于革新冒险,经济宽裕,受过良好的教育,易于接受新事物,对自己独立思考的能力都抱有高度的自信,是企业投放新产品时的极好的目标。这部分人在全部消费者中所占的比重极小极小,大约只占2.5%。

2. 早期采用者。一般是比较年轻,富于探索,对新事物比较敏感并有较强的适应性,经济状况良好,对早期采用新产品具有自豪感。促销媒体对他们有较大的影响力,尽管这部分人与创新采用者相比,购买持较为谨慎的态度,但人数有所增加,大约占全部消费者13.5%。他们的行为对周围的消费者通常有较大的影响作用,是企业投放新产品时的很好的目标。

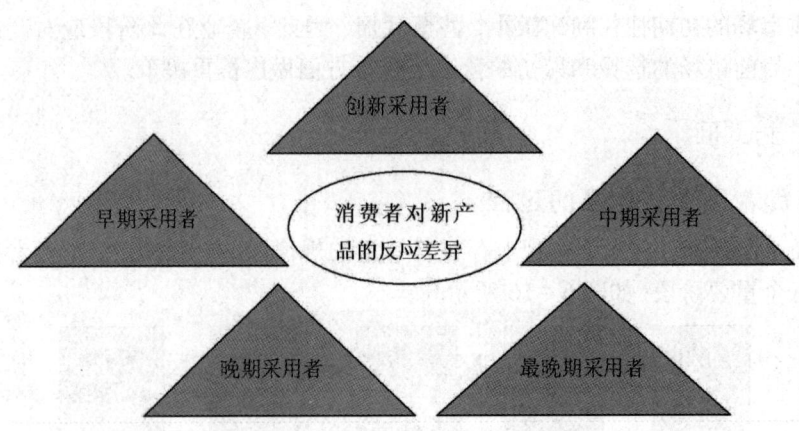

图6-17 消费者对新产品的反应差异

3. 中期采用者。这部分消费者一般是受过一定的教育,有较好的工作环境和固定的收入,他们不甘于落后于潮流,喜欢倾听同类人的意见。由于经济条件所限,他们购买高档产品时持非常谨慎的态度。但这部分人大约占全部消费者的34%,是企业投放新产品时的重要的目标。

4. 晚期采用者。指较晚跟上消费潮流的人。他们的工作岗位、受教育水平及收入状况往往略差,对新事物、新环境多持怀疑态度或观望态度,他们倾向于保守,做事循规蹈矩,不愿冒风险,一般在产品成熟期、大部分消费者购买新产品后才开始购买。这部分人大约也占全部消费者的34%,他们也是产品市场的主要组成部分。

5. 最晚期购买者。这些人思想非常保守,怀疑任何变化,对新事物、新变化多持反对态度,固守传统消费行为方式,在产品进入成熟期后期以至衰退期才能接受。企业要积极地引导、改变他们的态度与信念,使之尽早购买、消费本企业的产品。这部分消费者大约占全部消费者的16%。

另外,任何新产品上市乃至上市后都有非购买者。非购买者是绝不会购买企业新产品的人。企业不仅不能忽略这部分消费者的存在,反而还要有意识地了解他们不购买的原因。也许,针对这一原因来开发产品,正好构成企业下一次的创新。

(三)影响新产品市场推广速度的因素

1. 目标市场消费者

目标市场消费者的状况,诸如:购买力、购买欲望、受教育程度、价值观等等,对新产品的市场推广都有着极为重要的影响。

2. 新产品的特性

有些新产品可能在短时间内就被消费者采用,而有些新产品则需要数年时间才能被消费者接受采用。其中新产品特性对采用率有很大的影响。影响新产品采用的特性主要有五个方面:

(1)新产品的相对优点。新产品的相对优点越多,在诸如功能、可靠性、便利性、新颖性等方面比原有产品或同类产品的优越性越大,市场推广速度就越快。

(2)新产品的适应性。新产品必须与目标市场的消费习惯以及人们的产品价值观相吻合。当新产品与目标市场消费习惯、社会心理、产品价值观相适应或较为接近时,有利于新产品的推广和扩散,反之,则不利于市场推广和扩散。

(3)新产品的复杂性。新产品在使用过程中,其操作、维修等方面越复杂,就越难以被消费者理解和接受,市场推广就会面临挑战。

(4)新产品的可试性。即新产品在有限的范围内试用的程度。新产品的可试性(试用、试穿、品尝等)越容易,其成功的可能性就越大。企业推广新产品要特别注意增强产品的可试性,这将有助于提高新产品的销售量。

(5)新产品的可传播性。即新产品的性质或优点是否容易被人们观察并向他人描述,是否容易被说明和示范。凡信息传播较便捷、易于认知的产品,其市场推广速度一般比较快。

3.新产品推广时采用的营销策略

新产品上市时采用的营销策略也决定着其推广的速度乃至成功与否。通常,新产品上市时,企业要做好以下决策:

(1)选准新产品上市的时机。把握时机是做好任何工作的基本前提,如果不能把正确的方法和恰当的时机有效结合,所有努力都可能变成一场徒劳。

一般,新产品上市的最佳时机,是应季上市,以便引起消费者的兴趣。同时,还要考虑新产品上市对企业原有产品的影响,如果对老产品的销售影响很大,则应等到老产品进入成熟期,老产品库存量下降后,再推出新产品。例如:20世纪60年代,柯达公司意欲开发胶卷市场,但它并没有立即向市场投放胶卷,而是用3年的时间开发出了大众化的"傻瓜"照相机,而且宣布其他厂家可以仿制且不收专利费。一时间社会上的照相机数量猛增,给胶卷带来了广阔的市场,柯达公司趁机推销其研发的胶卷,大获成功。

【案例】6-4: 失败的新品方便面

某方便面企业为了提升销量,在4月份研发并上市推广了一种相当不错的新产品,推广方案和推广工作都做得无可挑别,最终的结果是这家企业损失惨痛。为什么呢?原因很简单,就是时机选择错误,没有在合适的时机做合适的事情。每年4月份是进入高温期的第一个月,也是方便面进入消费下滑的第一个月,而新产品上市消费者接收度较慢,通路上大量堆货给销售点造成的第一印象就是产品不好卖,加上高温期产品的品质受影响,再好的新品也无法推广成功。

(2)选准新产品上市地点。中小企业的新产品投放地点一般应集中在一个中心城市市场开展广告和促销活动,待取得一定的市场占有率,站稳脚跟后,再向其他市场扩展;大企业可以先在一个地区推出新品,然后再逐步扩展。如有把握,也可以在全国各地同时上市,迅速占领全国市场。

(3)选准目标顾客。选准目标顾客是企业制定新产品营销策略的基础。新产品理想的目标顾客应该是:产品的最初接受者;产品的经常使用者;对产品有好评并且在社会上有影响力者;用最少的费用可以争取到的购买者。

(4)制定出有针对性的营销策略。企业要针对不同地区、不同市场、不同目标顾客制定不同的营销组合策略。这对新产品的推广也是至关重要的。

第四节　品牌和商标策略

当今世界已进入品牌竞争的时代。世界著名市场战略家杰克·特罗特在分析未来市场品牌的意义时指出:"有两类竞争者是成功的。一类是强有力的品牌、大的品牌。这类公司能够在全世界范围内谋求利益。另一类是专门化的或定位很好的品牌。这是一些小的竞争者。"中国加入 WTO 之后,首先要在国内市场迎接来自国际品牌日趋激烈的竞争挑战;其次,还要考虑如何将民族品牌努力打入已经被知名国际品牌占领的世界市场。品牌是企业的无形资产,它已成为企业进入市场的"敲门砖"。这是由于消费者对新产品的认识逐步加深,选择产品的条件更为苛刻。这样就加剧了企业之间的市场竞争。因此,品牌策略就成为企业产品营销的一个根本性问题。

一、品牌和商标的含义

(一)品牌的含义

品牌就是产品的牌子,是卖方给自己的产品和服务规定的商业名称,通常由文字、标记、符号、图案和颜色等要素或这些要素的组合构成,用做卖方的标识,以便同竞争者的产品和服务相区别。品牌是一个集合概念,包括品牌名称和品牌标志两部分。

1. 品牌名称

品牌名称是指品牌中可以用文字表述的部分,如可口可乐、索尼、海尔、联想、红塔山等知名品牌。

2. 品牌标志

品牌标志是指品牌中可以被认出、易于记忆,但不能用文字表述的部分,通常由图案、符号或特殊颜色等构成,消费者只有通过视觉才能完整地了解它。如:飞鸽自行车的飞鸽图案、大白兔奶糖的白兔图案、奥迪汽车的"四圈图案"、迪士尼乐园的米老鼠和唐老鸭图案等等。

现代的产品品牌不仅仅是区别产品和服务的标识、名称。就其实质来说,品牌代表着卖方对交付给买者的产品特征、利益和服务的一贯性承诺。久负盛名的品牌就是优良品质的保证。不仅如此,品牌还是一个更为复杂的符号,蕴含着丰富的市场信息。因此,现代产品品牌的整体含义还包括以下六个方面的内容:

(1)属性

品牌会首先使人们想到某种属性,即品牌所代表的产品或企业最本质的特征。如,企业整体状况及能够满足消费者需求的特性:产品质量、功能、工艺、服务、效率等。奔驰意味着高贵、昂贵、工艺精湛、马力强大、速度快等等。每个品牌都有若干使消费者感兴趣的属性。但是,消费者不一定对所有属性都视为同等重要。他们只密切关注与其需求有关的属性。企业可以采用一种或几种属性为产品做广告。多年来奔驰汽车的广告一直强调它是"世界上工艺最佳的汽车"。

(2)利益

品牌不止意味着一整套属性,它还暗示着企业对消费者的某种承诺,体现着顾客所能得到的利益。属性需要转化成功能性或情感性的利益。如耐久的属性会转化为功能性的利益;昂贵的属性会转化为情感性的利益。可见,这种使人感知的利益是由品牌属性转化而来到。因此,顾客购买商品不是在买其属性,而是购买其利益。例如:提到海尔,人们就会想到高品质的产品和优质的售后服务。值得注意的是消费者对品牌的属性接受时,会从自身角度理解各种属性能给自己带来的利益。所以,属性转化时会因顾客的不同而体现出利益的差异。

(3)价值

价值是品牌因其代表的产品或企业的品质、声誉等的水平状况,在消费者心目中形成不同的价值。品牌不仅自身有价值,还体现了产品价值的大小,消费者可以通过品牌判断产品本身的价值的高低。例如,2002年奔驰的品牌价值为334.25亿欧元,其产品在消费者心目中的价值也很高,它代表着高绩效、安全、声望及其他东西。

(4)个性

个性是品牌具有识别功能的体现。好的品牌应有鲜明的个性,新颖突出而独一无二,使得它所代表的产品或企业能够充分地区别于其他竞争对手。奔驰可能会让人想到严谨的老板、凶猛的狮子或庄严的建筑。

(5)文化

品牌在经营中逐步形成了一定的文化积淀,它**代表了企业和消费者的利益认知、情感归属,是品牌与传统文化以及企业个性形象的总和。**它将企业品牌理念有效地传递给消费者,进而占领消费者的心智。奔驰汽车就代表着德国文化:组织严密、高效率和高质量。

(6)用户

任何品牌的产品都会依据目标消费者的特征,设计产品属性并传播品牌价值,从而在目标顾客心中形成该品牌的独特位置。也就是说,其实**品牌暗示着购买或使用产品的消费者类型。**如果我们看到一位20来岁的小姐开着一辆奔驰汽车时会感到很吃惊,我们更愿意看到开车的是一位50岁的高级经理。

专家提示:
品牌反映了所代表企业的实力、形象、特色和产品质量,是企业的无形资产和财富的象征;品牌代表了企业的个性特征,传递了企业的文化内容,有助于树立企业形象;品牌也表明了企业及其产品在市场上的状况,有助于顾客产生偏好,培养忠诚感,建立稳定的顾客群,促进重复购买、扩大销售;品牌还有利于维护消费者的合法权益。

(二)商标的概念

商标是按照法定程序,向政府有关部门注册登记的品牌或品牌的一部分。商标受法律保护,商标注册人享有商标专用权。

在我国商标分为"注册商标"和"非注册商标"。"非注册商标"不受法律保护,"非注册商标"拥有人不享有商标专用权。

(三)品牌与商标的区别

品牌与商标是极易混淆的一对概念,两者既有联系,又有区别。品牌与商标都是用以识别不同生产经营者的不同种类、不同品质产品的商业名称及其标志,二者统一于同一商品之中,但两者外延并不相同。

1. **商标是品牌的名称和标志的一部分，便于消费者识别**。但品牌远不止于此，品牌不仅仅是一个易于区分的名称和符号，更是一个综合的象征，需要赋予其形象、个性、生命。品牌名称和标志的设计只是建立品牌的第一道工序，也是必不可少的一道程序。但要真正成为品牌，还要着手品牌个性、品牌认同、品牌定位、品牌传播、品牌管理等各方面的内容完善。

2. **商标是一个法律概念，而品牌是市场概念**。未经注册的产品品牌不是商标，不受法律保护。商标所有者拥有商标专用权，也即商标独占使用权，是指品牌经政府有关主管部门核准后企业独立享有的使用权。

3. **商标掌握在企业手中，而品牌是属于消费者的**。当消费者不再重视你的品牌，品牌就一无所值了。品牌价值不同于银行存款，它只是存在于消费者的头脑中，假若品牌出现危机，消费者对品牌的信心下降，那么品牌价值就会减少。

二、品牌的作用

在市场竞争中，品牌一直扮演着重要的角色。它对营销企业、对消费者都有着重要的作用。

（一）品牌对企业的作用

由于品牌的特征可以表示产品的质量、特色、出处等，因此品牌有利于企业树立形象、吸引并稳定顾客、促进销售；有利于企业进行产品组合的扩张，有效地扩大市场占有率；有利于企业保护自己的合法权益不受侵害；有利于企业减小产品需求价格弹性，增加盈利；品牌还有利于约束、规范企业的行为。总之，品牌是扩大企业及其知名度的必备条件，是市场竞争并取得竞争优势的有效手段。

（二）品牌对消费者的作用

品牌有助于消费者识别产品的特色、来源或产品的制造商，便于选择和购买，降低购买成本；品牌还能帮助消费者规避风险，有助于维护消费者的合法权益不受损害；品牌还有利于消费者形成品牌偏好，并从中获得物质和精神上的满足。

三、品牌设计的原则

在品牌设计过程中，一般应遵守以下基本原则：

（一）简洁醒目，易读易记

心理学家调查分析表明：人们接受到的外界信息中，83％的印象通过眼睛，11％借助听觉，3.5％依赖触摸，其余的源于味觉和嗅觉。基于此，在商品品牌的汪洋大海中，为了便于消费者认知和记忆，品牌设计的首要原则就是简洁醒目，易读易记。这样才能使品牌能在一瞬间吸引消费者的注意，才能高效地发挥品牌的识别功能和传播功能。

对于消费者来说，品牌名称字数越多越难记。因此，不宜把过长的、不易发音上口的或音韵不好的字和难以识别的文字符号作为品牌名称，也不宜将呆板、缺乏特色感的符号、颜色、图案作为品牌标志。一般来说中文品牌名称最好不超过三个字。这样，一方面便于消费者记忆，另一方面也便于企业设计具有强烈艺术感染力的图案图形。例如：麦当劳黄色的大M字母标记，在很远之外就可看到，它已成为社会公众喜爱的快餐标志。

（二）新颖、独特

这是指品牌设计要有新鲜感，要适应时代的潮流、敢于创新；要具备独特的个性，具有差异化,避免与其他品牌混淆。例如:"劲酒",在大多以 2-3 个字命名的酒类产品中,只用一个"劲"字命名,便凸现新颖与独特。但在我国,由于品牌意识还比较薄弱,品牌雷同现象特别严重。据统计,我国以"熊猫"为品牌的企业有 311 家,以"海燕"为品牌的有 193 家,以"天鹅"为品牌的有 175 家,还有许多的品牌及其相似,令人难以分辨。这样,企业不仅不能获得《商标法》中规定的商标专有权,而且品牌的保护力也难以保障。即使能获准注册,企业也会增大品牌传播的费用,品牌传播的效果也会大打折扣。

(三)显示企业特征,暗示产品属性,易于联想

品牌设计既要有鲜明的特点,与竞争品牌有明显的区别,又要切实反映出企业或产品的特征,暗示产品的优良属性。例如:"宜而爽"(内衣)、"回力"(球鞋)、"永久"(自行车)、"果珍"(饮品)"蒙牛"(奶品)等等品牌都很贴切地反映了企业及产品的特征、效用,并易于引发消费者产生美好的联想。

(四)品牌名称与品牌标志要协调互映

品牌名称与品牌标志协调互映,容易加深消费者和社会公众对品牌的认知和记忆。例如:"雀巢"(Nestle)是广大消费者十分熟悉的品牌,它是瑞士学者 Henri Nestle 发明的育儿用乳制品品牌,此品牌是以他的名字命名的,由于 Nestle 的英文含义有"舒适而温暖地安顿下来","偎依"等意思,与英文 Nest(雀巢)是同词根。所以,在中文中一并译作"雀巢",值得提及的是,"雀巢"品牌标志是鸟巢图案,这极易诱引人们联想到待哺的婴儿、慈祥的母亲和健康营养的雀巢产品,如此,"雀巢"名称与"雀巢"图案的紧密结合,互相映衬与协调,使人们视名称即知图形,视图形即知名称,有较强的感召力。

(五)尊重目标市场的文化习俗

不同国家或地区消费者因民族文化、宗教信仰、风俗习惯、语言文字等的差异,使得消费者对同一品牌的认知和联想是截然不同的。例如:中国人视为国宝的大熊猫在东南亚、欧美等国家非常受欢迎,但在伊斯兰国家却对它有厌恶之感;再如,我国的"白象"牌电池出口到欧洲国家备受冷落的主要原因是品牌设计失误,因为在欧洲人眼里,大象是"呆头呆脑"的象征,并且英文 White Elephant(白象)是指"无用而累赘的东西",谁愿意购买无用而累赘的东西呢?品牌的图案、颜色也要考虑各地的风俗和爱好,不同的国家、地区对图案、颜色有不同的偏好和禁忌。比如,在捷克红三角被视为有毒的标记;土耳其是以绿色三角表示免费赠送;马来西亚人忌讳绿色,把绿色作为病患的象征。可见,品牌设计必须了解特定文化下所形成的风俗、偏好与禁忌,要适应目标市场的文化价值观念,以免因品牌名称、色彩、图案等在消费者中产生不利的联想。在品牌全球化的趋势下,品牌设计应具有世界性。

(六)遵守法律,便于申请注册

品牌设计应遵循相关的法律条款。首先,品牌名称的选定要考虑该品牌名称是否有侵权行为,企业要通过有关部门,查询是否已有相同或相近的品牌被注册,如果有,则必须重新命名。其次,要注意该品牌是否在允许注册的范围以内。有的品牌虽然不构成侵权行为,但仍无法注册,难以得到法律的有效保护。例如,武汉的一家餐饮企业最初取名为"小南京",在短短的几年内该企业迅速成为武汉乃至湖北的知名餐饮品牌。当经营者准备申请注册时才知道,我国商标法规定地名是不能作为商标名称进行注册的,当然也就不会受到法律的保护。幸运的是,该企业运用了"南京"的谐音"蓝鲸",将"小南京"改为"小蓝鲸",加上一定

程度的宣传，使消费者较快认可新的品牌。当然，品牌名称变动中的直接和间接损失是企业不可忽视的。

四、品牌策略

企业要从事运营，科学合理地制定品牌策略是其核心内容。依品牌运营的主要作业环节，品牌策略主要有以下几种（如图 6-18 所示）：

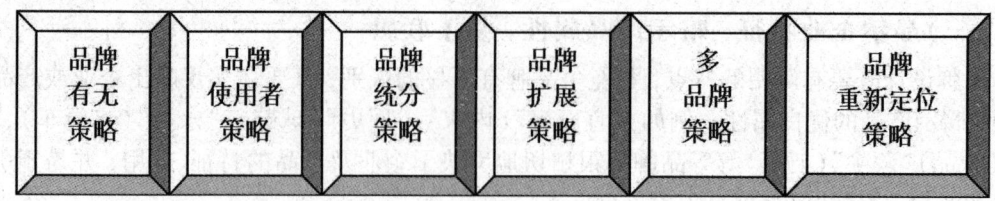

图 6-18 品牌策略主要种类

（一）品牌有无策略

品牌有无策略是企业决定是否应该给产品树立品牌和商标。以前，许多产品没有品牌。生产者和中间商把产品直接从桶、箱子或其他容器内取出来销售，无需任何凭证来辨认供应商的产品。我国最早在宋代已出现图文兼备的品牌——山东济南刘家针铺的"白兔"牌。在欧洲，品牌化标志最早是中世纪出现的。但一直到近代和现代资本主义商品经济高度发达的条件下，品牌才迅速发展起来，市场上几乎所有商品都有品牌。品牌化发展迅速。虽然这会增加企业的成本，但对企业的市场细分、形象树立及利益保护等都有很大好处。而广大消费者也需要品牌来帮助自己了解产品质量，提高购物效率。尽管品牌能给消费者和品牌使用者带来很多好处，但不是所有的产品都一定要有品牌，要视消费者的购买习惯以及品牌的投入产出而定。近年来，西方一些发达国家又出现"非品牌化"趋势。市场上有的产品在特征上不易与同类产品相区别，消费者选购产品时也没有区别的要求，企业为节省成本费用，降低价格，扩大销售，则不给产品命名。

（二）品牌使用者策略

品牌使用者策略也称作品牌归属策略，即企业决定品牌归谁所有、由谁负责。对产品生产者来说，企业有三种可供选择的策略：

1. 制造商品牌策略

也称全国性品牌策略。传统上，品牌是制造商的标记，产品的设计、质量、特色都是由制造商决定的。所以，制造商品牌在市场上一直是占统治地位的，绝大多数制造商都使用自己的品牌。但是，近年来中间商品牌日益增多。

2. 中间商品牌策略

即企业决定将产品大批量卖给中间商，中间商再用自己的品牌将货物转卖出去，这种品牌叫中间商品牌或私人品牌。

3. 混合品牌策略

即企业对部分产品使用自己的品牌，部分产品使用中间商品牌，是制造商品牌和中间商品牌混合使用。

企业选择制造商品牌或中间商品牌，要全面考虑各种相关因素，最关键要看制造商和中间商谁在这个产品分销市场上居主导地位,拥有更好的市场信誉和拓展市场的潜能。一般来讲,在制造商的市场信誉良好、企业实力较强、产品市场占有率较高的情况下,宜采用制造商品牌;相反,在制造商资金拮据、市场营销薄弱的情况下,不宜选用制造商品牌,而应以中间商品牌为主,或全部采用中间商品牌。必须指出,若中间商在某目标市场拥有较好的品牌忠诚度及庞大而完善的销售网络,即使制造商有自营品牌的能力,也应考虑采用中间商品牌。这是在进占海外市场的实践中常用的品牌策略。

(三)品牌统分策略

无论企业决定其产品是使用自己的品牌还是中间商品牌,或是混合品牌,那么都要进一步决定其产品是分别使用不同的品牌,还是统一使用一个或几个品牌。例如:宝洁公司喜欢用个体品牌名称。该公司希望每种产品都有自己的品牌名称。海尔集团却是另一种情况,它的做法是大量使用"海尔"这一名称来协助各项产品树立地位。品牌统分策略,有以下几种可供选择的策略:

1. 统一品牌策略

统一品牌策略是指企业所有的产品都统一使用一个品牌名称,即:"多品一牌策略"。例如,美国通用电气公司的所有产品都统一使用 GE 这个品牌名称。此外,日本的"索尼"、"佳能";我国的"金利来"、"海尔"等等都是这一品牌策略。企业生产的所有的产品使用共同的品牌名称有许多好处。因为不需要进行品牌的设计、调查研究,也不需要花费大量广告费用求得公众对品牌的认知和偏好,所以推出新产品所用的费用比较少;所有的产品使用共同的品牌,还有助于显示企业实力,有助于塑造品牌及企业形象;有助于新产品的顺利推广。但所有的产品使用共同的品牌也有不能忽视的不足。那就是若某一产品因某种原因出现质量问题,就有可能牵连影响全部产品和企业信誉,造成一损俱损的恶果。

2. 个别品牌策略

个别品牌策略是指企业各种不同的产品分别采用不同的品牌。采用这种策略最主要的益处是,它没有将企业的声誉维系在某一产品品牌的成败之上,假如某一品牌的产品遭到失败或者出现质量较低的情况,将不会损害制造商的名声。这种策略能严格区分高、中、低档商品,利于顾客识别、选购自己满意的商品。如生产高档手表或者优质食品的制造商,可以不用其优质产品的品牌名称,而用其他品牌引进质量较低的产品线。个别品牌名称策略可以使公司为每一种新产品寻找最佳的名称。每一个新的品牌名称都可以树立起消费者新的刺激和信念。这种策略的不足是加大了产品的促销费用,也不利于企业集中力量创名牌。

3. 分类品牌策略

分类品牌策略是指企业为各类产品分别命名,每一类产品都使用不同的品牌。例如某日化公司就采取这种战略:它所经营的女士化妆品命名为"天姿",而男士化妆品则命名为"天龙"。这种策略可以把消费需求具有明显差异的产品区别开来,以免互相混淆,造成误解。

4. 企业名称加个别品牌策略

这种策略是指企业对其不同的产品分别使用不同的品牌,而且各种产品的品牌前面还冠以企业名称。这种做法的好处是,新产品可以借助企业的声誉顺利进入市场,节省广告促销费用,也利于强化企业形象。同时个别品牌名称又可使新产品个性化,便于消费者识别。例如:蒙牛乳业集团生产的产品就分为:"蒙牛-奶粉"、"蒙牛-牛奶"、"蒙牛-雪糕"、"蒙牛-酸酸乳"等等。

(四) 品牌扩展策略

品牌扩展也叫品牌延伸，是指企业利用其成功品牌的声誉来推出改良产品或新产品。品牌扩展可使品牌在利用中获得增值。实践证明，品牌扩展有利于降低新产品的市场导入费用，可以使新产品借助成功品牌的市场信誉在节省促销费用的情况下顺利进占市场。原品牌的良好声誉和影响，可以对扩展产品产生波及效应，从而有助于消费者对扩展产品产生好感。心理学研究表明，人对某些事物的偏好、好恶具有传递性，即所谓爱屋及乌。对品牌而言，消费者则通过对品牌标定下的产品的认可到对品牌产生好感，甚至是忠诚，由此使品牌成为有较强竞争力的品牌，这是品牌能成为扩展品牌的重要条件。

值得注意的是，品牌扩展策略是一把双刃剑。若利用已成功的品牌开发并投放市场的新产品不尽如人意，消费者不认可，也会影响该品牌的市场信誉。

例如，有一家生产纸制品的企业，主要生产XX牌卫生纸，深受消费者的欢迎，在同行业中一直是佼佼者。后来，随着消费者对纸制品需求的增多、功能的细分，企业又增加了多条产品线，如：餐巾纸、化妆纸、纸尿布等等。尽管企业产品线不断的增加，但市场销售很不如意，甚至有所缩减。企业大惑不解。经过市场调查、分析，企业恍然大悟：原来，新增加的几种产品无一例外地均采用XX牌，结果导致消费者的心理定位发生混乱，甚至反感，当然销售就会出现下滑。

(五) 多品牌策略

多品牌策略是指企业在同一类产品上同时设立两种或两种以上互相竞争的品牌，即："一品多牌策略"。这种策略由宝洁公司首创，其生产的"海飞丝"、"飘柔"、"潘婷"等品牌的洗发用品就是这个策略的体现。使用该策略的目的主要是吸引更多消费者，扩大自己的市场占有率。多品牌策略是打击对手、保护自己的最锐利武器。一是从顾客方面讲，宝洁公司利用多品牌策略频频出击，使公司在顾客心目中树立起实力雄厚的形象；利用一品多牌从功能、价格、包装等方面划分出多个市场，能满足不同层次、不同需要的各类顾客的需求，从而培养消费者对本企业的品牌偏好，提高其忠诚度。二是对竞争对手来讲，宝洁公司的多品牌策略，使得宝洁公司的产品摆满了货架，就等于从销售渠道减少了对手进攻的可能。从功能、价格诸方面对市场的细分，更是令竞争者难以插足。另外，发展多品牌有助于在企业内部各个部门产品之间开展竞赛，提高效率。但是，多品牌不宜过多，否则会分散资源，增加成本，造成各个品牌企业内部之间相互倾轧、自相残杀的局面。

(六) 品牌重新定位策略

品牌重新定位也称作品牌更新，就是全部或部分调整或改变品牌原有形象的过程。一个品牌能否持续成功，不仅仅取决于最初的品牌定位和品牌设计，而且还取决于品牌的阶段性调整。某一品牌在市场上的最初定位即使很好，但随着时间的推移也有必要重新定位。一是因为品牌的市场占有率不可能永远保持高水平，当其下降时要对品牌进行重新定位；二是因为有些消费者的偏好发生了改变，因而市场对本企业的品牌需求减少，要求企业进行品牌重新定位。因此，品牌重新定位，不仅可以更好地满足目标顾客的需求，而有利于企业品牌永葆青春。

企业在进行品牌重新定位时，要综合考虑两方面因素：一要考虑再定位成本，包括改变产品品质费用、包装费用和广告费用等；二要考虑再定位的收入，即把企业品牌定位在新位置上所增加的收入。

总之,每种品牌策略都各有利弊,企业应根据具体情况选择适宜的品牌策略,以利于企业营销活动的成功。

各种品牌策略的特点,请见表 6-5。

表 6-5　　　　　　　　　　　　　品牌策略一览表

特点 策略	定义	细分	优点	缺点
有无品牌策略	企业决定是否应该给产品树立品牌和商标	有品牌策略	利于顾客选购,提高购物效率;利于企业树立形象及利益的保护	增加企业的成本
		无品牌策略	节省成本费用,降低价格,扩大销售	
品牌使用者策略	企业决定品牌归谁所有、由谁负责	制造商品牌策略	扬长避短,发挥优势	
		中间商品牌策略		
		混合品牌策略		
品牌统分策略	决定其产品是分别使用不同的品牌,还是统一使用一个或几个品牌	统一品牌策略	费用比较少;利于显示企业实力,利于塑造品牌及企业形象;有助于新产品的顺利推广	一损俱损
		个别品牌策略	便于目标顾客选购;避免了一损俱损的恶果	产品的促销费用高;不利于企业集中力量创名牌
		分类品牌策略	便于目标顾客选购,避免各种需求差异的产品互相混淆,造成误解	产品的促销费用高
		企业名称加个别品牌策略	节省促销费用,利于强化企业形象,可使新产品个性化,便于消费者识别	
品牌扩展策略	企业利用其成功品牌的声誉来推出改良产品或新产品		降低新产品的市场导入费用;有助于消费者对扩展产品产生好感,成为有较强竞争力的品牌	利用成功品牌开发并投放市场的新产品若消费者不认可,会影响该品牌的市场信誉
多品牌策略	企业在同一类产品上同时设立多种互相竞争的品牌		吸引更多消费者,扩大自己的市场占有率;打击对手、保护自己	成本费用高
品牌重新定位策略	全部或部分调整或改变品牌原有形象的过程		更好地满足目标顾客的需求,而有利于企业品牌永葆青春	一要考虑再定位成本;二要考虑再定位的收入

【复习思考题】

一、名词解释：
1. 整体产品 2. 新产品 3. 产品组合 4. 产品市场生命周期 5. 品牌
6. 商标

二、判断题：
( )1. 产品的品牌就是商标。
( )2. 新产品就是我们从未见到过的产品。
( )3. 商品的市场寿命周期与商品的使用周期是同一回事。
( )4. 在市场营销策略中，产品策略是最根本的策略。
( )5. 产品组合的深度是指企业产品线的数量。
( )6. 产品的市场寿命周期有多种表现形态。

三、选择题
1. 在产品的整体概念中，核心产品是指产品的( )。
   A. 基本功能   B. 质量   C. 商标   D. 售前和售后服务
2. ( )属于附加产品。
   A、产品基本效用   B、质量   C、包装   D、售后服务
3. 产品特色属于产品整体中的( )部分。
   A. 核心   B. 附加   C. 形式   D. 期望
4. 某家电企业生产 8 种电冰箱产品、3 种洗衣机产品、5 种空调产品、6 种电脑产品、3 种药品，那么这家企业的产品线有：( )。
   A. 一条   B. 三条   C. 十七条   D. 八条
5. 当产品处于( )时，市场竞争最为激烈。
   A. 成长期   B. 投入期   C. 成熟期   D. 衰退期
6. 电动自行车在天津市的市场普及率已经超过20%，这说明该产品已进入( )。
   A. 成长期   B. 投入期   C. 成熟期   D. 衰退期
7. 品牌最持久的含义是：( )
   A. 利益   B. 价值   C. 文化   D. 个性
8. 新产品的构思可以来自于( )。
   A. 顾客   B. 竞争对手   C. 科学家   D. 推销员   E. 中间商   F. 市场研究公司
9. 牌是一个集合概念，它与( )等概念有密切关系。
   A. 品牌名称   B. 品牌标志   C. 商标   D. 厂牌   E. 价格
10. 产品市场生命周期的投入期，快速渗透营销策略是( )。
    A. 高价格、低促销   B. 低价格、高促销
    C. 高价格、高促销   D. 低价格、低促销

四、回答问题
1. 现代企业为什么要树立整体产品观念？
2. 如何根据产品市场生命周期各阶段的特点，采取相应的营销策略？

3. 企业如何延长产品市场生命周期？
4. 企业为什么要不断开发新产品？
5. 标与品牌的区别是什么？
6. 简述多品牌策略？

五、案例分析

1968年，台湾有一家专门生产肥皂的公司推出一种柠檬香皂，它不但以柠檬为原料制造，而且在造型上也和真实的柠檬一模一样，完全以柠檬的形状、颜色、香味取胜，一时引起消费者的好奇，刺激了购买欲。但顾客使用之后发现，它的优点也正是缺点：圆滚的皂身，沾水之后不容易握住，而且凹凸不平的表面擦在身上也不舒适。于是，许多顾客在用过一次之后就不再光顾它了。

讨论：

1. 新颖的柠檬香皂遭失败的表面原因是什么？
2. 新颖的柠檬香皂遭失败的深层次的原因是什么？（用所学过的营销理论分析、说明）
3. 你若是营销者，你有何应对策略？

第七章 价格策略

【本章学习目标】

通过本章学习,了解影响企业定价的主要因素;掌握定价的基本方法;理解各种常用的定价策略。

【引导案例】7-1　　　先算算顾客能从口袋里拿出多少钱

林昌横是一位华侨企业家,1958年到巴黎继承家业,经过20多年的苦心经营,他把一个当时只有6名工人的小厂发展为现今法国第二大皮件厂。产品不仅畅销法国,而且还远销德国、瑞士、以色列,还远及非洲等地。

他之所以能取得成功,关键在于他制定产品价格时,先算算顾客能从口袋里拿出多少钱,然后再给他的产品定价。他认为,中低档产品定价过高,顾客不敢问津;高中档产品定价过低,顾客又会认为质次而不愿意购买。所以,他生产的皮带,就是针对法国高、中、低收入者定价的。低档货适合低收入者需要,定价在50法郎上下,用料是普通的牛、羊皮。这部分人口比例大,生产数量多。高档货适合高收入者需要,价格定在600-800法郎,用料有贵重的鳄皮、蟒皮。这部分人口比例小,生产数量就少。有些独家经营的贵重皮带,定价上不封顶,因为有钱的人,只要他喜欢,价格再高他也会购买。中档货适合中收入者需要,一般价格 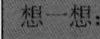 想一想:
1. 林昌横是怎样制定皮带价格的?他为什么要先算算顾客能从口袋里拿出多少钱?
2. 这则案例给你什么启示?

定在200-300法郎。这样做,既扩大了市场,又得到了较多的利润。

第一节　影响定价的主要因素

专家提示:
　　价格是市场营销组合(4Ps)中唯一能创造利润的变数,是一个十分敏感的因素。它直接关系着市场商品需求量的多少和企业利润的高低,并影响着营销组合的其他因素。所以,定价问题是一切营销管理者所面临的最富灵活性、艺术性的主要问题之一。

第七章 价格策略

从经济理论上讲:**价格是商品价值的货币表现,是商品与货币交换的比例**。因此,商品的价值是其价格产生的基础。但在市场营销实践中,**商品的价格则是企业在不断变化的市场情况下,商品进入市场、占领市场、开拓市场的一种具体应变价格**。它是以消费者接受的程度为出发点,并综合考虑各种因素而制定的。这些因素有时致使商品价格高于或低于商品价值,价格与价值发生背离。但从一个较长时期来看,价格总是以价值为中心,并围绕价值上下波动。所以企业定价既要体现价值规律的客观要求,又要善于掌握和运用影响定价的主要因素和定价的技巧、策略,以充分发挥价格杠杆的作用。影响企业进行商品定价的因素是多方面的,主要包括以下因素(如图7-1所示):

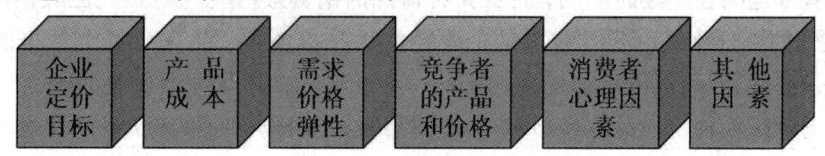

图7-1 影响定价的主要因素

一、企业定价目标

定价目标是企业期望通过制定商品价格所实现的目的。也就是企业期望每一商品价格实现后应达到的目的。企业在进行经营活动前,首先应该确立本企业的经营目标;同样,企业在具体定价前,也需要确定本企业的定价目标。只有确定了定价目标,才能选择最佳的定价方案,争取最大利润。由于各企业经营目标的不同,企业定价目标也各不相同。即使同一企业,在不同时期也可能有不同的定价目标。企业应权衡各个目标的依据及利弊,慎加选择。一般来说,企业定价目标主要有以下五种(如图7-2所示):

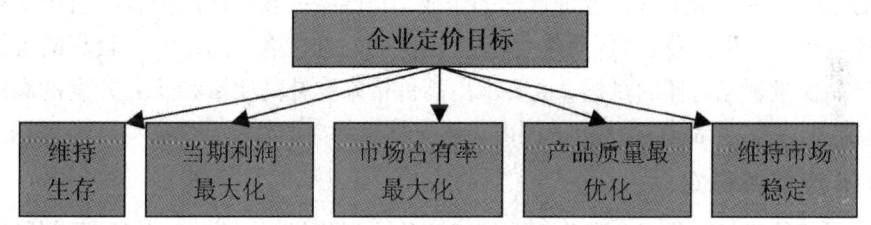

图7-2 企业定价目标

(一)维持生存

这是企业面临困境时的短期目标。如果企业产量过剩,或面临激烈竞争,或试图改变消费者需求,则需要把维持生存作为主要目标。为了确保工厂继续开工、减少商品库存量、收回资金、克服企业财务困难等,企业必须尽量制定较低的价格,甚至低于成本。通常,只要商品销售收入能弥补可变成本和一些固定成本,企业可得以维持生存,许多企业便通过大规模的价格折扣来保持企业活力。如果情况恶劣,这时,利润比起生存来要次要得多。

(二)当期利润最大化

利润是企业经营效益好坏的综合性指标,任何企业都千方百计地使自己的利润达到最高水平。当企业的产品在市场上处于绝对有利地位时,**企业总是希望制定一个能使当期利润最**

大化的价格。他们估计需求和成本,并据此选择一种价格,使之能产生最大的当期利润、现金流量或投资报酬率。

应当明确,**高利润并不必然导致高价格**。例如,企业为追求当期利润最大化,会将生产、经营的连带商品中的某个品种的价格定得较低,以吸引顾客购买。美国吉列剃刀公司曾以较低价格推销其刀架,目的是为了招徕更多顾客购买其较高利润的连带商品——吉列剃刀刀片,并由此获取更多利润。

(三)市场占有率最大化

市场占有率是指在一定时期内,企业某种商品的销售量(销售额)占此区域内同种商品销售量(销售额)的百分比。市场占有率是企业经营状况和企业产品在市场上竞争能力的直接反映。一个企业的利润、销售额的提高,并不一定反映其在市场竞争的地位增强。企业只有在产品市场逐渐扩大和销售额逐步增加——保持或追求市场占有率最大化,才有可能在市场上站住脚跟;才能产生规模经济效益并获得较高的长期利润;才能有效地排斥竞争对手;才能使企业取得控制市场的地位。所以企业在定价时尽可能制定较低的价格进行市场渗透,来追求市场占有率领先地位。

一般而言,当具备下述条件之一时,企业就可考虑通过低价来实现市场占有率的提高:1.市场对价格高度敏感,低价能刺激需求的迅速增长;2.产品生产或销售的规模效益明显,生产与分销的单位成本会随着产量(销量)的增加,随着经验的积累而下降,利润则会上升;3.企业有足够的实力承受短期内低价所造成的经济损失;4.低价能吓退现有和潜在的竞争者。

(四)产品质量最优化

企业也可以考虑产品质量领先这样的目标,并在生产和市场营销过程中始终贯彻产品质量最优化的指导思想。采用这种定价目标的企业,其产品一般都在消费者心目中享有一定的声誉。这样就可以利用消费者"优质优价"、"求名"的心理,给产品定一个较高的价格;同时,企业追求产品质量领先这样的目标,也要求用高价格来弥补高质量和研究开发的高成本。不过,企业应特别注意:产品优质优价的同时,还应辅以相应的优质服务。

(五)维持市场稳定

企业以保持价格相对稳定,避免正面价格竞争为定价目标。往往一些处于领导地位的大企业,为避免价格的大起大落,避免不必要的价格竞争,特将产品价格稳定在一定水平上,其他企业的价格与之保持一定的比例。这无论对于大企业还是中小型企业都是有利的。

二、产品成本

商品的价格由成本、税金和利润构成,如果说,**某种产品的最高价格取决于市场需求,其最低价格则取决于这种产品的成本费用——成本是产品价格的下限**。从长远看,任何产品的销售价格都必须高于成本费用,才能以销售收入来抵偿生产成本和经营费用,否则就无法经营。因此,企业制定价格时必须估算成本,它是影响企业定价的一个重要因素。根据成本与产品产量(销量)的关系,产品成本可分为固定成本和变动成本,二者之和即为总成本。从营销实践上看,影响产品定价的成本因素主要有:总固定成本、总变动成本、总成本、单位产品固定成本、单位产品变动成本、单位产品总成本等。因此,研究成本因素,应特别注意区别以下

各种成本概念:

(一)固定成本

固定成本指为组织一定范围内的生产经营所支付的固定因素的费用,即不随产量的变动而变化的成本,如固定资产折旧、租金、财产税、产品设计费、管理人员工资等,不论产量多少,都必须支出。

(二)变动成本

变动成本指在同一范围内支付变动因素的费用,即随产量的变动而变化的成本,如原材料、生产工人工资、销售税金及商品运输费用等。

(三)总成本

总成本即固定成本与变动成本之和。当产量等于零时,总成本等于固定成本。

(四)平均固定成本

平均固定成本指总固定成本除以产量所得商数。固定成本不随产量的增加而变动,但是平均固定成本必随着产量的增加而减少。

(五)平均变动成本

平均变动成本即总变动成本除以产量所得商数。当生产有了一定程度的发展,由于工人熟练程度提高,批量采购原材料价格优惠,平均变动成本呈递减趋势;但达到某一程度以后,某些费用,如设备维修费、累进计件工资等费用比产量增长更快,平均变动成本又可能转趋上升。

(六)平均总成本

平均总成本即将总成本除以产量所得的商数,简称平均成本。因固定因素逐渐被利用,生产效率逐渐提高,且变动因素也因产量增加而能发挥大量采购和加工的优势,故平均成本一般随产量的增加而减少。

三、需求价格弹性

需求价格弹性也是制定产品价格的基础之一。**它是指市场需求量对价格变化反映的灵敏程度。**同一种商品由于价格的不同,消费者所要购买的数量也会发生变化。在正常情况下,市场需求规定了产品价格的最高限度。市场商品需求量与产品价格成反比。

需求价格弹性通常采用系数法,称作需求价格弹性系数,即需求量变化的百分率与价格变化百分率的比值,一般用 E 来表示(弹性系数 E 通常是负值,文字表述时一般只引用其绝对值)。其计算公式为:

需求弹性系数 E = 需求量(销售量)变动的百分比 ÷ 价格变动的百分比

需求量变动的百分比 = (现销售量 – 原销售量) ÷ 原销售量 × 100%

价格变动的百分比 = (现价格 – 原价格) ÷ 原价格 × 100%

E 的绝对值大小反映商品需求价格弹性的强弱,不同商品,其需求价格弹性是不同的。需求价格弹性主要有以下几种情况(如表 7 – 1 所示):

1. E = 0,为需求完全无弹性。表示这类商品需求量与价格无关,无论价格如何变化,需求量总是不变的。

2. E<1,为需求缺乏弹性。表示价格的较大变动只会引起需求量的较小变动(价格变动率大于需求变动率),又称为弱弹性。生活必需品多属这类商品。

3. E>1,为需求富有弹性。表示价格的较小变动会引起需求量的较大变化(价格变动率小于需求变动率),又称为强弹性。高档耐用消费品多数具有强价格弹性。

4. E=1,为均匀弹性(单一弹性)。表示需求变动幅度与价格变动幅度相等。

在实际工作中,我们主要研究E>1需求富有弹性和E<1需求缺乏弹性这两种情况。

表7-1　　　　　　　　需求价格弹性对商品需求量的影响

价格变化＼需求量变化＼需求弹性	E>1 需求有弹性	E<1 需求无弹性	E=1 需求缺乏弹性	E=0 需求完全无弹性
价格上升	需求量明显减少	需求量减少不明显	需求随价格上升而等额下降	需求不变
价格下降	需求量明显增加	需求量增加不明显	需求随价格下降而等额上升	需求不变

例题:

某商品由原价100元降至99元,设其他条件不变,其销售量由200个增至206个,求该商品的需求价格弹性系数,并说明。

解:$E = [(206-200) \div 200] \div [(99-100) \div 100]$

$E = 3.0$

该商品E=3.0说明其销售量的增加的比率大于价格下降的比率。该商品属于需求弹性大。企业若采用降价策略销售量会大幅增加。

一般来说,商品需求价格弹性的强弱,主要受以下因素影响:

1. 消费者对某种商品的需求程度。越是生活必需品,如粮食、蔬菜等,其需要程度越高,则需求弹性越小。奢侈品的需求弹性大。

2. 商品的可替代程度。如果一种商品有大量的替代品,则该商品的需求弹性就大;反之则需求弹性小。

3. 商品本身用途的广泛性。一种商品用途越广,如水、电等,其需求弹性大,反之一种商品用途越少,如鞋油,其需求弹性越小。

4. 商品使用时间的长短。使用时间长的耐用品,比如电视、汽车的需求弹性大,而晚报等易抛品商品需求弹性小。

5. 商品在家庭支出中所占的比例。比重小的商品如食盐,其需求弹性小,而电视、汽车等商品的家庭支出比重大,需求弹性也大。

正是因为价格会影响需求,影响商品的销售,所以,企业在制定产品价格时,必须测定产品的需求价格弹性,并根据产品需求价格弹性的强弱,采取相应的定价策略。

四、竞争者的产品和价格

在竞争性的市场上，几乎每种产品都有或多或少的竞争品。竞争的强度取决于产品制作的难易、供求形势与竞争格局。企业必须采取适当方式，了解竞争者所提供的产品质量、价格、主要竞争对手的实力如何。企业获得这方面的信息后，就可以与竞争产品比质比价，更准确地制定本企业产品价格。如果二者质量大体一致，则二者价格也应大体一样，否则本企业产品可能卖不出去；如果本企业产品质量较高，则产品价格也可以定得较高；如果本企业产品质量较低，那么，产品价格就应定得低一些。还应看到，竞争者也可能随机应变，针对企业的产品价格而调整其价格；也可能不调整价格，而调整市场营销组合的其他变量，与本企业争夺顾客。当然，对竞争者价格的变动，企业要及时掌握有关信息，并做出明智的反应。

五、消费者心理因素

在消费者心目中，对产品价格常有一种主观的估价，即消费者理解的商品的价值与价格，也就是消费者认为可以接受的商品价格范围。企业定价如果高于这个范围，消费者就会嫌贵而难以接受；如果低于这个范围，消费者又会怀疑商品的质量。因此，消费者心理是影响企业定价的重要因素之一。特别是随着人民消费水平的不断提高以及市场竞争的加剧，消费者心理因素对企业定价的影响会越来越大。企业一定要深入了解、掌握消费者心理，并根据不同消费者制定适宜的商品价格，引导、促使甚至改变其购买行为，在保证消费者长远利益和社会整体利益的前提下，使其向有利于企业营销的方向转化。

六、其他因素

企业定价时还必须考虑其他因素，诸如：国家的政策法令、国内外的政治经济形势、货币流通情况等，都会影响产品的成本、影响消费者对产品价值的理解，进而影响企业的定价方法和策略的选择。

第二节 企业定价的步骤与基本方法

一、企业定价步骤

商品价格的制定是企业一项复杂的工作，要在全面综合考虑各方面因素的基础上，按照科学的程序，有条不紊地进行。企业给产品定价，一般需采取以下六个步骤（如图 7-3 所示）：

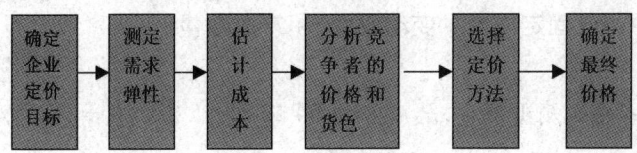

图 7-3 企业定价步骤

在这里需要指出的是,企业在确定最终价格时,必须考虑企业定价是否遵循了以下原则:

1. 商品价格的制定要与企业经营预期的定价目标相一致;
2. 商品价格的制定符合国家政策法令的有关规定;
3. 商品价格的制定符合消费者长远利益和社会整体利益;
4. 商品价格的制定要与企业市场营销组合中非价格因素协调一致,互相配合,为实现企业经营目标服务。

二、企业定价的基本方法

企业制定商品价格必须全面考虑市场需求、成本费用和竞争情况等各方面因素,采取一系列步骤和措施确定最后价格。但是,在实际定价工作中往往只侧重某一个方面的因素。大体上,企业定价基本方法有三大类(如图7-4所示):

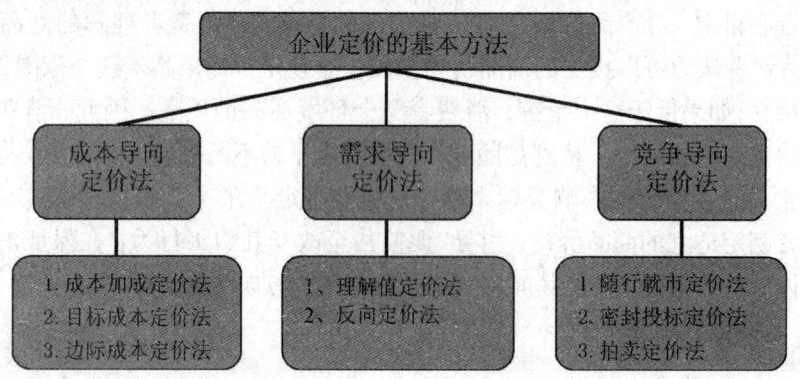

图7-4 企业定价的基本方法

(一)成本导向定价法

成本导向定价法以成本为中心的定价方法。这是一种最古老的也是应用最普遍的定价方法。具体做法是:以单位产品成本为基本依据,再加上预期的利润来确定价格。成本导向定价法主要包括成本加成定价法、目标利润定价法和边际成本定价法。

1. 成本加成定价法

成本加成定价法也叫完全成本定价法,是在商品的单位成本的基础上,加上一定比例的预期利润(预期利润率)的定价方法。这是最古老、国内外最常用的、最普遍的定价方法。

成本加成定价法的计算公式为:

单位产品价格 = 单位产品总成本 × (1 + 成本利润率)

成本利润率(加成率) = 预期利润 ÷ 产品成本 × 100%

单位产品总成本 = (固定成本 + 变动成本) ÷ 产品数量

例题1:

某企业生产台式电风扇1万台,总成本为54万元,产品加成率为20%,每台电扇的售价是多少?

解:540000 ÷ 10000 × (1 + 20%) = 64.8(元/台)

可见,成本加成定价法是本着"将本求利"的原则给产品定价,其主要优点是:

(1)简便易行。成本的不确定性一般比需求少,将价格盯住单位成本,可以大大简化企业定价程序,而不必根据需求情况的瞬息万变而作调整。

(2)减少价格竞争,利于价格稳定。只要行业中所有企业都采取这种定价方法,则价格在成本与加成相似的情况下也大致相似,价格竞争也会因此减至最低限度。

(3)定价较为公平合理。许多人感到成本加成法对买方和卖方都比较公平,当买方需求强烈时,卖方不利用这一有利条件谋取额外利益而仍能获得公平的投资报酬。

这种方法的缺点是:(1)缺乏灵活性,难以适应千变万化的竞争环境;(2)这样定价忽视了市场需求和市场竞争,忽略了现行价格弹性,无论是对长期利润还是短期利润,都难以确保企业实现利润最大化。(3)按产量分摊固定成本缺乏科学依据,产量大,分摊额小,造成价格偏低,损失利润;反之,产量小,分摊成本额就高,会形成不切实际的高价,加剧了销售困难。成本加成定价法一般限于卖方市场条件下使用。

2.目标利润定价法

目标利润定价法又叫投资收益率定价法,是企业根据所要实现的目标利润来制定产品价格。亦即:企业以生产产品的总成本或投资总额、预期销量和目标收益额为依据,在总成本的基础上加上一定的投资报酬率来确定价格(企业总成本包括固定成本和预期销量下的全部变动成本。)

目标利润定价法的计算公式为:

单位产品价格 = (总成本 + 目标收益额) ÷ 预期销量

目标收益额 = 投资成本 × 目标利润率

例题2:

某企业生产旅行壶,年生产能力为100万个。预计投产初期能实现80%的生产能力,并能实现销售;估计生产总成本为1000万元;若企业目标利润率为20%,则旅行壶的目标价格是多少?

解:单位产品价格 = (1000 + 1000 × 20%) ÷ (100 × 80%) = 15元/个

与成本加成定价法不同,目标利润定价法依据的是目标收益总额,而不是利润率;通常是预期销量,而不是产品产量。这种定价方法的优点是更加全面地考虑了企业投资的经济效益,能够保证企业在一定时间内收回投资,有利于企业的发展。但是这种方法只考虑了生产企业的利润,忽视了市场竞争和需求状况;另外,这种定价法有一个重要的缺陷,即企业以预计的销售量制定商品的价格。首先,因为价格决定、影响商品销售量,而不是销售量决定、影响商品价格;其次,市场需求的预测是否准确将直接影响产品定价的准确性,同时,以这样的价格能否达到预计的销售量也是很难把握的。因此,这种方法一般适用于需求较为稳定的大型制造业、供不应求且价格弹性小的商品、垄断性商品,以及大型的公用事业、劳务工程和服务项目等方面,通常还要得到政策和法律的允许。

3.边际成本定价法

边际成本是指企业在原来生产量或销售量的基础上,再多生产或销售一件产品所需追加的成本。

边际收益是指企业在原来销售量的基础上,再多销售一件产品而增加的收益。

边际贡献是边际收益扣除边际成本后的余额。

由于边际成本与变动成本比较接近,而变动成本的计算也更容易一些,所以在定价实务中多用变动成本代替边际成本。因此,边际成本定价法是以变动成本为基础,加上预期的产品边际贡献来确定价格的方法。它是西方国家的企业常用的一种定价方法。

边际成本定价法的计算公式为:

单位产品价格=(变动成本+边际贡献)÷产品产量(销量)

采用边际成本定价法定价,边际成本是企业定价的底线。如果企业定价低于边际成本,则企业生产越多亏损越多,如此,企业不如不做。按照此法定价,若边际贡献大于固定成本,企业就有盈利;若边际贡献等于固定成本,则企业不盈不亏;若边际贡献小于固定成本,企业就会亏本。这时,尽管收益可能不足以补偿固定成本的支出,而造成亏损,但这样做毕竟可以减少损失。这种定价方法一般在应付市场特殊变化时采取,如:产品供过于求,市场竞争激烈企业需要扩充市场或是企业产品销售不景气,企业有闲置生产能力可以利用等。它有利于增加企业经营的灵活性和市场竞争力,有利于挖掘企业生产潜力,充分利用企业资源。

例题3:仍以例题1为例,假如在54万元总成本中,固定成本为30万元,变动成本为24万元,生产量仍为1万台,边际贡献若定为20万元,按边际成本定价法该商品定价多少?

解:单位产品价格=(24+20)÷1=44元/台

可见,44元/台是在预计产量1万台时只按变动成本确定的价格。这样,尽管固定成本损失10万元(边际贡献获得20万元),但毕竟比不生产少损失20万元。其中,20万元的边际贡献就是对固定成本的补偿。如果这种价格能刺激销售扩大,则会更多地收回固定成本。

(二)需求导向定价法

这种定价方法又称"顾客导向定价法"、"市场导向定价法"。它不是根据产品成本状况来定价,而**是根据市场需求强度和购买者对产品价值的感觉差异来确定价格。需求导向定价主要包括理解价值定价法和反向定价法。**

1. 理解价值定价法

在现实生活中,某一产品的性能、质量、服务、品牌、包装和价格等,在消费者心目中都有一定的认识和评价。消费者往往根据他们认识、感受或理解的产品价值水平,来考虑是否接受该商品的价格。当商品价格水平与消费者对商品价值的理解水平大体一致时,消费者就会接受这种价格;反之,消费者就不会接受这个价格,商品就卖不出去。因此,在很多情况下,由于消费者并不知道商品的实际成本和实际价值,他们对价格的接受程度,主要取决于他们在观念上所理解、所认识、所感受的商品价值。

所谓理解价值定价法,就是企业根据购买者(消费者)对产品及其价值的认知程度和感觉来制定价格的一种方法。

理解价值定价法的关键,就是获得消费者对有关商品价值理解的准确资料。企业如果过高估计消费者的理解价值,其定价就可能过高,难以达到应有的销量;反之,若企业低估了消费者的理解价值,其定价就可能低于应有水平,使企业收入减少。因此,企业必须通过良好的市场调研,准确地评定和判断消费者的理解价值。

企业要真正搞清消费者对商品的理解价值也并非易事，常常需要采用直接评议、相对评分和诊断评价等方法进行调查和分析，以准确估计消费者对具体商品的理解价值，制定适宜的价格。

①直接价格评定法。邀请与产品有关的人员，如中间商、顾客、产品专家等，直接对产品的价格进行评定，或给出他们认为合理的产品价格。然后，企业根据有关人员的实际出价或平均价格，来确定产品的最终售价。

②相对价值评分法。邀请有关人员，对其他同类产品进行打分，如以 100 分为总分，对各产品分别打分，再按各企业产品的得分相对比例和现行市场平均价格，来推算各产品的理解价值。这种方法通过本企业产品与竞争者产品比较，来评定本企业产品的相对价值和绝对价格。

③属性诊断评价法。邀请有关人员，用百分制评分法对一种产品的多种属性进行打分，并根据各种属性的重要性和对价格的影响力，来确定相对权数。最后通过加权平均法计算出产品的理解价值。

2. 反向定价法

所谓反向定价法，是指企业依据消费者能够接受的最终销售价格，计算自己从事经营的成本和利润后，逆向推算出产品的批发价和零售价。这种定价的程序与成本加成定价法相反故称为"反向定价法"。这种定价方法不以实际成本为主要依据，而是以市场需求为定价出发点，力求使价格为消费者所接受。这就要求企业真正以消费者需求为中心，按照消费者的需要进行产品的设计、生产、定价和销售，从而使商品售价更具有可行性，并能促进销售，降低成本费用。通常，分销渠道中的批发商和零售商多采取这种定价方法。

例题 4：

某家用抽油烟机生产企业经过市场调查分析，认为每台 300 元左右的售价消费者容易接受。若零售价按批发价加成 15% 计算、批发价按出厂价加成 10% 计算，则批发价、出厂价各是多少？

解：批发价 = 300 ÷ (1 + 15%) = 260 元/台

出厂价 = 260 ÷ (1 + 10%) = 236 元/台

每台抽油烟机的生产成本不得高于 236 元，企业才会有盈利。

（三）竞争导向定价法

竞争导向定价法是指企业在制定价格时，主要参照市场上互相竞争的同类产品的价格水平，并随市场竞争的变化而制定和调整产品价格的方法。通常有随行就市定价法、密封投标定价法、拍卖定价法三种方法。

1. 随行就市定价法

所谓随行就市定价法，是指企业按照本行业的平均现行价格水平来定价。它主要适用于以下情况：(1) 难以估算产品成本。(2) 企业打算与同行和平共处。(3) 在竞争激烈、市场供求复杂的情况下如果另行定价，很难了解购买者和竞争者对本企业价格的反应。

这种定价方法在实践中应用相当普遍。其主要优点是：第一，流行价格水平代表了整个行业或部门中所有企业的集体智慧，在成本相近、产品差异小、交易条件基本相同的条件下采用这种定价方法，可以保证各企业获得平均利润；第二，各企业价格保持一致，易于与同行竞争者和平相处，避免价格战和竞争者之间的报复，也有利于在和谐的气氛中促进整个行业的稳定发展；第三，采用随行就市定价既可以为企业节省许多调研时间和费用，又避免了因价格贸然变动所带来的风险，是一种较为稳妥的定价方法。

2. 密封投标定价法

密封投标定价法常常用于建筑包工、大型设备制造、安装及购买，政府及社会集团（企业和机关事业单位）大批量采购等。这是**一种买方（招示方）引导卖方根据自己的条件，通过竞争成交的定价方法**。

通常，购买机构（招标方）在报刊上登广告或发出函件，说明拟采购商品的品种、规格、数量、投标日期及开标日期等具体要求，邀请广大供应商投标。供货企业若想做这笔生意，就要在规定的期限内制作（填写）标书，主要包括填明法定代表人、可供应商品的名称、品种、规格、价格、数量、质量、交货日期等内容，然后密封，送给招标人，这叫做投标。购买机构在规定的日期内开标。招标投标市场有个基本特点：即招标方只有一个，处于相对垄断地位，而投标方有多个，处于相互竞争地位。这样，一个企业能否中标，在很大程度上取决于该企业与竞争者投标报价水平的比较。一般情况下，报价高，利润大，但中标机会小；反之，利润低，但中标机会大。购买机构通常选择报价最低、最有利的供应商中标——成交，签订采购合同。

可见，这种价格是供货企业根据对竞争者的报价的估计制定的，而不是按照供货企业自己的成本费用或市场需求来制定的。其目的就在于赢得合同，所以它的报价应低于竞争对手的报价。这种定价方法即叫做投标定价法。

当然，投标企业不能将其报价定得低于边际成本，以免使其经营状况恶化。如果企业报价远远高出边际成本，虽然潜在利润增加了，但却减少了取得合同的机会。

3. 拍卖定价法

拍卖定价法是由卖方预先发布公告，展出拍卖物品，买方预先看货，在规定时间公开拍卖，由买方公开竞争叫价，不再有人竞争的最高价格即为成交价格，卖方按此价格拍板成交。现在此法一般用于出售文物、旧货、典当商品、以及处理破产企业财物等。

第三节 产品定价策略

一、新产品定价策略

新产品定价是定价策略中的一个重要问题。产品初上市索价多少，则关系到新产品的市场前景，也关系到企业的前途。通常，根据新产品在投放市场时的价格水平，新产品定价策略有以下三种（如图 7-5 所示）：

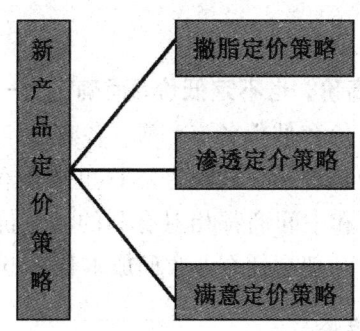

图7-5 新产品定价策略

(一)撇脂定价策略

撇脂定价指新产品在刚进入市场阶段,企业把产品的价格定得尽可能的高,以便在短期内获得最大收益,尽快收回投资。这就如同从鲜奶中撇取奶油一样,将新产品利益的精华尽快取出。这样做,较好地满足了一些消费者存有的"新品就是好货,优质优价理所当然"的购买心理。所以,用稍高的价格来刺激顾客往往是成功的。

美国雷诺公司仿制阿根廷圆珠笔一面市,用的就是撇脂价格,每支笔成本0.5美元,售价却10美元,高出成本19倍,再经过零售商倒手,变成了20美元,雷诺公司及其零售商实在捞了不少好处。

企业采用这种策略必须有一定的条件。1.新产品具有显著的优点,与高价格相符,能使消费者"一见倾心";2.要有足够的顾客能接受这种高价并愿意购买;3.在高价情况下,竞争者在短期内不易打入该产品市场。

撇脂定价策略的优点是:1.新产品以高价格进入市场,奇货可居,利于企业迅速收回投资;2.价格开始定高些,有较大回旋余地,可使企业在价格上掌握主动权,利于企业根据市场竞争的状况随时调价;3.高价格对于提高产品身价、树立高档产品形象有着重要作用。该策略的缺点是:1.由于定价过高,有时渠道成员不支持或得不到消费者的认可;2.高价厚利易吸引众多的竞争者生产、经营此种产品,加速市场竞争的白热化。

(二)渗透定价

与撇脂定价相反,**渗透定价通常是一种建立即低于竞争者同类产品的价格,又低于消费者的预期价格的低价基础上的新产品定价策略**。即在新产品进入市场初期,把价格定得很低,借以打开产品销路,扩大市场占有率,谋求较长时期的市场领先地位。企业采取渗透定价需具备以下条件:1.目标市场需求显得对价格极为敏感,(需求价格弹性大)因此,低价会刺激市场需求迅速增长;2.市场规模较大,且存在着强大的竞争潜力;3.企业的生产成本和经营费用必须能随销售量的扩大而降低。

渗透定价策略的优点是:1.利于扩大销售,提高市场占有率;2.易于博得中间商的支持3.低价低利则利于阻止竞争者进入市场;4.利于企业获取长期的最大利润。当然,渗透定价策略也有其不足:1.低价容易引发消费者对产品质量的怀疑;2.定价过低,一旦产品市场占有率扩展缓慢,就会影响企业回收成本的速度。

（三）满意定价

许多企业对新产品即不定高价，也不定低价，而确定为一个中档价。中档价格即为"满意价格"，也叫"君子定价"。高价和低价各有利弊，各有一定的风险，而满意定价则介于两种价格水平之间，扬长避短，应该说是一种较为公平、正常的价格。在大多数情况下，企业往往会选择一种对消费者、生产者和中间商都相对有利的满意价格，不太高，也不十分低。这种定价策略较为稳妥，风险小，一般会使企业收回成本和适当赢利。

二、产品生命周期定价策略

产品生命周期理论揭示了产品在不同阶段的市场特征，对企业的定价策略具有重要的指导意义，尤其是对产品生命周期各阶段的价格，具有预测、分析和控制等多种作用，是现代企业进行价格决策必须考虑的主要因素。

1. 导入期的定价

在这个阶段，少数企业生产该产品，与市场上其他产品相比，有一定的特色和优点。但批量小，销售增长缓慢，需求不稳定，分销渠道不畅通；成本高，推销费用大，盈利少，亏损现象比较普遍；销售对象为早期使用型顾客，大多数潜在消费者不知道该产品，对产品性能、效用、价值等都不熟悉，但一部分消费者求新、求异的心态很强。

这个阶段的产品定价，一般可采用撇脂定价、渗透定价或满意定价，并根据需求和竞争等情况，适当利用分期付款、免费使用、赠送样品、价格折扣等手段，扩大销售渠道，促进销量增长，诱导消费者购买。

2. 成长期的定价

经过导入期的市场考验，产品已进入发展阶段，产品基本定型，大批量生产使成本迅速下降；大多数潜在消费者已了解、熟悉产品，销售量迅速增加，分销渠道已疏通，利润稳定上升；但竞争者相继进入市场，产品模仿现象出现，替代品增加。

成长期是实现盈利的良好阶段，由于市场需求正处于上升时期，竞争者还不多，企业可采用目标收益定价法、总成本加成定价法等，维持一个相对较高的价格和利润，而且这种目标利润比较有把握实现。从整个产品生命周期来看，企业与各竞争者比较，应能取得平均利润，但在各个阶段，利润有大有小，价格有高有低。成长期的价格通常比较高，销量也较大，平均利润水平应高于投入期、衰退期，甚至成熟期。在这个阶段，企业定价应比较灵活，注重定价策略和定价技巧的运用。

3. 成熟期的定价

成熟期的产量和销量都相当大，市场需求已经饱和或接近饱和，产品成本已降至最低点，市场增长率也处于下降或停滞状态，竞争尤为激烈，竞争不仅来自同类产品、替代品，还来自更新的产品，到成熟期后期，部分竞争者已开始退出市场。

在这个阶段，各竞争者的价格逐渐趋于一致，价格竞争和非价格竞争达到高潮。企业的产品定价应主要着眼于需求和竞争两个方面。针对需求差异，灵活采用理解价值定价、区别需求定价等方法。企业也可以根据市场竞争状况，采用竞争价格。当然，采用竞争性价格应立足于避免或应付竞争，稳定销量和利润。为此，随行就市定价是经常采用的。

另外,不管前面两个阶段实行的是高价策略,还是低价策略,这时企业应根据市场情况,作不同程度的降价。至于降价幅度的大小,要注意竞争和价格弹性。降价幅度太小,不足以阻止竞争、刺激需求;降价幅度太大,又可能给企业增加不必要的损失,也可能引起消费者对产品的怀疑,还可能引起竞争者的报复。如果企业不能随意降价,则应当考虑用非价格竞争方式稳定市场。

4. 衰退期的定价

商品进入衰退期,销量直线下降,产品成本不仅不再下降,反而有所上升,利润减少,甚至出现亏损。消费者对老产品失去兴趣,新产品、替代品大量出现,很多竞争者已退出市场。这时,企业的定价目标只能是最大限度地发挥产品在最后阶段的经济效益,尽快收回占用资金,减少损失。处于衰退期的产品,企业可采用驱逐定价和维持定价两种策略。

所谓驱逐定价,就是企业故意把价格降到大大低于有利可图的水平,从而将竞争者逐出市场,以占领其退出后留下的市场份额,阻止企业销量下降过快,延长产品的生命周期。所谓维持定价,就是对产品或衰退期的产品继续保持成熟期的价格,以维持产品在消费者心目中的传统形象,并获得一定利润。

三、折扣定价策略

折扣定价策略也叫"**折扣折让策略**",是在定价过程中,企业先定出一个基本价格,然后为刺激中间商和用户、扩大销售,再在原价的基础上进行打折。常用的折扣或折让策略主要有以下几种(如图7-6):

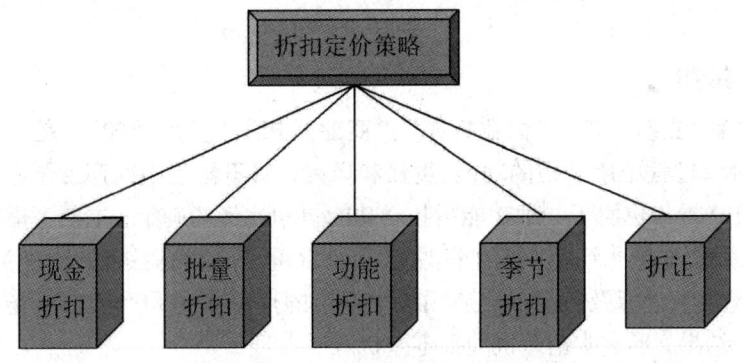

图7-6 折扣定价策略

(一)现金折扣

现金折扣是对在规定的时间内提前付款或用现金付款的购买者给予的一种价格折扣。采用这种策略的目的是企业为了鼓励顾客尽早付款,加速企业资金周转。因为产品赊销、付款时间越长,信用成本就越高,销售风险和财务风险就越大,坏账、死账、呆账也就越多。所以,企业为尽快收回资金,而给予一定的折扣是值得的。

如:在西方国家,交易条款注明"2/10 净价30"即指顾客如在成交10天内付款,照原价给予2%的现金折扣,超过10天,则要付全款,但最迟不能超过30天。

再如:在我国购买房屋时,开发商常以"现金购房优惠总房款的3%"进行促销。

(二) 数量折扣

数量折扣又称批量作价,是企业对大量购买产品的顾客给予的一种减价优惠。一般购买量越多,折扣也越大,以鼓励顾客增加购买量,或集中向一家企业购买,或提前购买。尽管数量折扣使产品价格下降,单位产品利润减少,但销量的增加、销售速度的加快,使企业的资金周转次数增加了,流通费用下降了,产品成本降低了,导致企业总盈利水平上升,对企业来说利大于弊。但折扣数额不可超过因批量销售所节省的费用额。数量折扣又可分为累计数量折扣和一次性数量折扣两种类型。

1. 累计数量折扣。规定顾客在一定的时间内,购买量累计达到一定数量或金额时,就能享受相应的折扣优惠。累计数量折扣有利于稳定顾客,鼓励顾客经常购买、长期购买。这种折扣特别适用于长期交易的商品、大批量销售的商品,以及需求相对比较稳定的商品。

例如,某保健品专卖店规定:累计购买3000元价格折扣10%;达到4000元,折扣20%;超过5000元,折扣30%。

2. 一次性数量折扣。又称"非累计性数量折扣",是企业规定买方一次性购买或订货达到一定数量或金额时,即给予折扣优惠。这种方法只考虑每次购买量,而不管累计购买量。一次性数量折扣对短期交易的商品、季节性商品、零星交易的商品,以及过时、滞销、易腐、易损商品的销售比较适宜。一次性数量折扣不仅可以鼓励顾客大批量购买,而且有利于节省销售、储存和运输费用,促进产品多销、快销。一次性数量折扣计算简便,有利于中小企业日常操作使用。

例如,企业规定,一次购买100-200件,按标价折扣10%,200件以上折扣15%,不足100件不给折扣。

(三) 功能折扣

功能折扣又称"交易折扣"、"同业折扣"、"商业折扣"、"贸易折扣",是指生产企业根据中间商在产品分销过程中所承担的功能、责任和风险,对不同的中间商给予不同的折扣。对生产性用户的价格折扣也属于一种功能折扣。功能折扣比例的确定,主要考虑中间商在分销渠道中的地位、对生产企业产品销售的重要性、购买批量、完成的促销功能、承担的风险、服务水平、履行的商业责任,以及产品在流通领域中经历的环节多少和产品在市场上的最终售价等。功能折扣的结果,形成购销差价和批零差价。

功能折扣主要有两个目的:一是对中间商经营有关产品的成本和费用进行补偿,并让中间商有一定的盈利,因为中间商付出了劳动,提供了服务,承担了风险,应该得到合理的报酬;二是鼓励中间商大批量订货,扩大销售,多争取顾客,并与生产企业建立长期、稳定、良好的合作关系。

例如:某自行车总厂出售自行车时,给一般的五金交化批发商,按上级有关部门规定的折扣;给松散联营的批发商,则以高出一般的五金交化批发商2%的折扣出售;给紧密联营的批发商,则以高出松散联营批发商的3%折扣出售。此举,巩固并扩大了商品分销渠道,为企业的发展奠定了基础。

(四) 季节折扣

许多产品的生产和消费客观上存在着季节性,旺季畅销,淡季滞销。季节折扣就是企业对淡季购买商品的顾客给予的一种减价优惠。季节折扣比例的确定,应考虑成本、储存费用、基价和资金利息等因素。季节折扣有利于减少库存,加速商品流通,迅速收回资金,促进企业均衡生产,充分发挥生产和销售潜力,避免因季节需求变化带来的市场风险。

例如,服装生产经营企业,对不合时令的服装,给予季节折扣,以鼓励中间商和用户提前购买、多购买;旅游公司在旅游淡季,给游客以价格折扣,是为了招徕更多的生意。

(五)折让

这是另一种类型的价目表价格的减价。例如一台冰箱标价为3000元,顾客以旧冰箱折价200元购买,只需付给2800元。这叫做以旧换新折让。如果经销商同意参加制造商的促销活动,则制造商卖给经销商的物品可以打折扣,这叫做促销折让,是制造商对中间商提供促销的一种报酬。

四、差别定价策略

差别定价,是指企业根据不同顾客、不同时间、不同场所等对同一产品或服务定出两种或多种不同的价格,这种差价并不反映产品成本的变化。差别定价主要有以下几种形式(如图7-7所示):

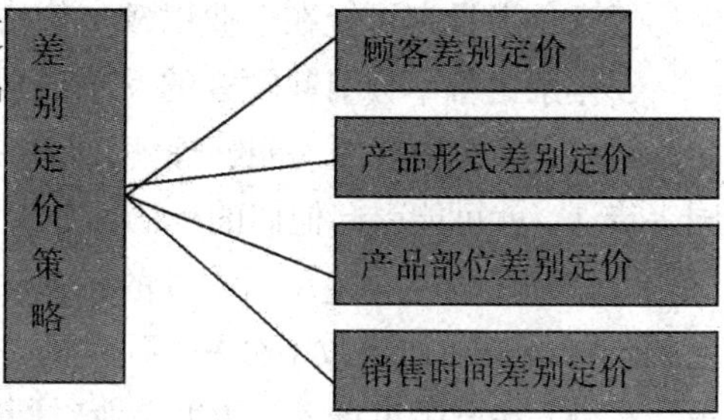

图7-7 差别定价策略

(一)顾客差别定价

顾客差别定价,是指企业把同一种产品或服务按照不同的价格卖给不同的顾客。在营销实践中,企业往往是根据顾客需求强度、根据不同的心理支付价格、根据顾客消费数量或消费次数多少、根据顾客消费时间区段的不同来调整、确定商品售价。例如:某汽车经销商按照价目表价格把某种型号汽车卖给顾客A,同时按照较低价格把同一种型号汽车卖给顾客B;再如:我国大、中专学生每年寒暑假回家的往返火车票就比常人享有50%的优惠;许多健身中心对购买月票、年票的不同顾客给予不同的优惠等等。

(二)产品形式差别定价

产品形式差别定价,即企业对同一质量和成本的商品或服务根据不同型号、不同的花色、不同的款式分别制定不同的价格。例如:某牌羽绒服,因其花色不同,款式不同,其售价也不同。

(三)产品部位差别定价

产品部位差别定价,即企业对于处在不同位置的产品或服务分别制定不同的价格。即使这些产品或服务的成本费用没有任何差异。例如我们去剧院听音乐会,票价会有100元、280元、380元、480元和600元五种档次。虽然剧院中不同座位的成本费用都一样,但是不同座位的听觉、视觉效果以及听众的心理感受有所不同。

(四)销售时间差别定价

销售时间差别定价,即企业对于不同季节、不同日期甚至同一天里的不同时间的产品或服务分别制定不同的价格。

例如,北京至天津的城际列车根据一天中客流量的分布制定了三档票价:20元、25元、30元。早晚上下班时间票价较高,中午票价最低;电话收费标准就因打电话的时间不同而不同,通话次数较少的非高峰区段定价较低。此外,某些季节性商品如:羽绒服、空调等,其价格也会随季节上下波动。

实行差别定价必须具备一定的条件,否则,就达不到差别定价应达到的效果,甚至会产生负作用。差别定价的适用条件有:

①购买者对产品的需求有明显的差异,市场能够细分;
②以较低价格购买产品的顾客不可能再以高价转卖出去;
③竞争者没有可能在企业以较高价格销售产品的市场上以较低价格竞销;
④差别定价不会引起顾客的反感而放弃购买;例如,教师节期间,书店对大学教师购买实行优惠,其他职业的人能够理解,而如果只对重点大学的教师优惠,非重点大学的教师无同等待遇,就可能引起他们的不满而放弃购买。
⑤差别定价不会违反国内外的相关法律。价格歧视容易出现在垄断市场上,而垄断市场上的价格歧视往往导致不公平、不平等。所以,许多国家都有关于禁止价格歧视的法令和政策。另外,在国际市场上,如果企业对同一商品在不同市场实行高低不同的价格,容易被低价市场的国家指控为倾销,从而征收反倾销税。

例如:蒙玛公司在意大利以"无积压商品"而闻名,其秘诀之一就是对时装分多个时段定价。它规定新时装上市,以3天为一轮,凡一套时装以定价卖出,每隔一轮按原价削减10%,以此类推,那么到10轮(一个月)之后,蒙玛公司的时装价就削到了只剩35%左右的成本价了。这时的时装,蒙玛公司就以成本价售出。因为时装上市还仅一个月,价格已跌到1/3,谁还不来买?所以一卖即空。蒙玛公司最后结算,赚钱比其他时装公司多,又没有积货的损失。

再如:哈尔滨市洗衣机商场规定,商场的商品从早上9点开始,每一小时降价10%。特别在午休时间及晚上下班时间商品降价幅度较大,吸引了大量上班族消费者,在未延长商场营业时间的情况下,带来了销售额大幅度增加的好效果。

四、心理定价策略

心理定价策略,是指企业定价时利用顾客不同的心理,有意识地采取多种价格形式,以促进销售。心理定价策略有以下四种(如图7-8所示):

(一)声望定价策略

通常,一家商店经过多年经营,在消费者心目中有了声望,这家商店出售的商品,可以比一般商店要高些;一种商品成了名牌,消费者对它产生了信任感,其售价也可以较高。声望定价策略就是企业利用消费者仰慕名品名店的声望的心理,故意把商品价格定成整数或高价的定价策略。因为消费者有崇尚名牌的心理,往往以价格判断质量,认为高价代表高质量。再加上在现代社会,消费高价位的商品往往被认为是财富、身份和地位的象征。因此,对于质量不易鉴别的非生活必需品及具有民族特色的手工产品,应采取极品价格形象。这不仅强调了产品品牌的著名、质量的上乘、包装的精美与豪华以及给消费者物质和精神上的高度满足,同时也增加了企业的收益。

例如：海尔冰箱尽管比同类产品价格要高些，但它仍然比一些低价冰箱畅销。如果企业不注意了解顾客心理，价格过低，消费者反而会对商品产生怀疑，而不愿购买。有报道称，在美国市场上，手工做的布鞋很受欢迎。但质量好、价格低的中国货却竞争不过质量相对低、价格却高的韩国货，其原因是由于在美国人眼里，低价就意味着低档次。

当然，价格也不能高得离谱，使消费者不能接受。

声望定价的目的主要有两个：一是利用企业及产品的高声望，确定高价格，或者通过高价格显示名贵优质；二是满足某些消费者的特殊欲望，如地位、财富、身份、名望和自我形象等的显示和塑造。

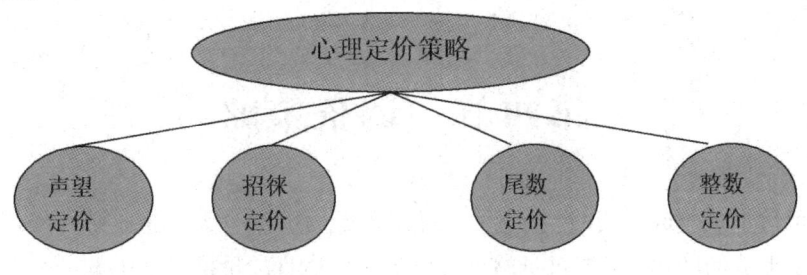

图7-8 心理定价策略

（二）招徕定价策略

招徕定价策略又称"特价策略"，是指零售商为吸引顾客光顾，利用部分顾客求廉的心理，特意将某几种商品的价格定得较低，以吸引顾客在购买"便宜货"的同时购买其他正价商品的定价策略。

例如：某些超市随机推出特价商品，每天、每时都有一些商品甚至是名品降价打折出售，吸引了大量顾客光顾，同时也带动了其他正常价格商品的销售。

采用这种策略必须注意：特价商品必须是顾客常用的、价值不大的产品；产品必须是真正的降价品，应该与残次、过时商品明显地区分开来，以取信于顾客；实施此策略的企业必须是规模较大的企业，产品品种繁多，以便顾客选购其他商品；特价商品一定要经常变化。

（三）尾数定价

根据心理学分析、证明，顾客感觉单数比双数少，小数比整数准确，低一位数比高一位更有明显的差异。企业为吸引顾客常常采用尾数定价。**所谓尾数定价，就是利用消费者感觉单数比双数少，小数比整数准确的这种对数字认知的心理，尽可能在价格数字上保留零头的定价策略。**

比如，一块洗碗巾标价3.99元，比标价4.00元销路要好；一件普通品牌的衬衣标价19.90元，比标价20.00元好卖。

这是因为尾数价格对顾客心理产生积极作用所致。尾数价与整数价虽然只是零头之差，但在消费者心理形成了一个档次差，能给消费者以货真价实的感觉，他们认定有尾数的价格是卖主经过认真的成本核算、将本求利，定价准确合理，从而产生信任感。那么，应用尾数价格术时究竟定哪个尾数比较合适呢？国外的市场学家曾有专门研究。在美国，认为5美元以下的商品，尾数定在"9"较为合适；5美元以上的商品，尾数定在"5"较佳。在英国，一些商品的标价往往以"99"作为尾数。在我国,一些有经验的营销人员认为,价格尾数定在"7"较易销售。尾数定价术虽已广为使用,但它的范围仅适用于低档品、低价品、需求弹性大的商品,以及购买频率较高的日用品等,对高档、高质、高价的商品则不宜采用。

(四)整数定价策略

整数定价与零数定价相反,是指企业对消费者购买比较注意心理需要满足的商品,定为**整数价格**。因为消费者购买高档品时并不过分追求便宜,而是更注重商品品质及心理的满足。例如:19950元的裘皮大衣,若标价位20000元,并不影响其销售。

第四节 调价策略

企业的定价不是一成不变的,尤其是在市场瞬息万变的今天。企业必须密切关注宏观营销环境和市场形势的变化,根据自身的具体情况做出适宜的价格调整决策。

一、价格调整的原因和对策

企业在其生产、经营过程中,由于市场环境和企业内部条件的变化,企业可能是主动地实施价格的降价或提价,也可能是被动地进行。企业调整、变动价格的原因及对策可详见表7-2和表7-3所示。

表7-2　　　　　　　　　企业主动调整价格的原因与对策

	降低价格	提高价格
原因	1、市场竞争激烈,企业为保持或扩大市场份额 2、产品供大于求,积压严重 3、成本费用低,期望以降价控制市场。	1.产品成本提高 2.产品畅销,供小于求。 3.发生通货膨胀
对策	1.降价时机:恰当。一般销量下降时降价效果不理想;淡季降价比旺季降价有利 2.降价幅度:适宜。以即能吸引顾客又不至于引起其疑惑甚至反感为佳 3.降价频率:控制。同一产品降价次数太多会失去市场 4.降价商品:新品牌降价效果比老品牌要好 5.降价时限:短期内降价不足以阻止新品牌的进入。	1.提价幅度:不能超过顾客所能接受的范围 2.提价方法:明调或暗调 3.沟通信息,力求顾客的理解与认同 4.注意保护企业形象
优点	有助于企业摆脱困境,或者是获得更好的市场地位; 有助于企业扩大销售,提高市场占有率。	增加企业利润。
缺点	会打乱企业原营销策略的协调一致; 可能导致行业内竞争加剧; 若降价不当会给企业造成损失。	易引起顾客反感,甚至是抵制,使企业利润下滑。

表7-3　　　　　　　　　企业被动调价应考虑的问题

竞争者情况	1. 变价原因是什么 2. 变价期限是临时还是长期 3. 本企业做出反应后，竞争者和其他企业将采取什么对策 4. 经济实力如何
本企业状况	1. 经济实力状况 2. 产品的市场生命周期 3. 产品价格的需求弹性 4. 跟随调价后对企业的利弊

二、企业调价技巧

(一)直接调价(明调)

即企业在不改变产品的情况下，直接调整产品销售价格的方法。

(二)间接调价(暗调)

即企业保持原来商品的售价不变，而是通过增加或减少顾客价值的方法来调整商品价格。

企业在价格竞争中，公开直接地调价(调高或调低)，都要冒一定的风险，弄不好就会损害企业或产品形象，或引起顾客的反感，或使企业两败俱伤。因此，为避免不良影响，许多企业都采取变相调价的手段，间接实现价格的调整，而又不引起较大震动，尽量减少竞争风险。常用的方法有：

1. 间接降价

(1)提供多项售后优惠服务。

(2)改变付款方式。如：分期付款或贷款等，这相当于给顾客的现金交易折扣优惠，以达到刺激购买的目的。

(3)以旧换新。即企业以高于旧物价值的价格收回旧物，同时以市场价格出售新物的方式，变相降价的方法。

(4)优惠赠送。包括赠送新产品试用装、赠送礼品及优惠券、特价包装，等等。如：顾客以市场价购买自行车后，企业随之赠送自行车车锁一把。

2. 间接提价

(1)减少原有商品包装量。如：某牌口香糖每瓶售价7.9元，净含量66克，后调整为：售价不变，但净含量减为56克。

(2)削减现金折扣和批量折扣，或提高订货起批点。

(3)减少销售服务，或对原来提供的服务收费。

(4)降低产品质量，减少产品功能、特色。这种"偷工减料"的办法，除非万不得已时不宜采用。

另外，在通货膨胀的条件下，企业为了减少交易中的风险，还可采取下列应变措施达到调价的目的：

1. 限时报价，即所报价格限在指定时间内，过时另议；
2. 在合同中载明随市价调整价格的条款。

三、购买者对企业变价的反应

企业变价之后，要注意分析各方面的反应，特别是购买者的反应，并采取相应对策。

首先，可用弹性理论来分析需求的价格弹性，从弹性的大小，可测定价格的升降幅度是否适当。其次，由于购买者对变价的理解不同，有时出现始料不及的反应，也需要认真研究。如，降价本应吸引更多购买者，增加销售量，但有时对某些购买者却适得其反，因为他们对降价的理解是：将有新产品上市，老产品降价是为了处理积压存货；好货不降价，降价无好货；企业财务困难，该产品今后可能停产，零配件将无处购买；可能还要降价，等再降价时再买（特别是短期内连续降价，最容易造成这种持币观望的局面）。因此，有时不适当的降价反而使销量减少。

提价本应抑制购买，但有些购买者却有不同的理解：涨价一定是畅销货，不及时购买将来可能买不到；该产品一定有特殊价值；可能还要再涨价，及早多买些存起来。特别是在通货膨胀的情况下，消费者往往抢购保值商品和生活必需品，涨风越大，抢购风也越大，这是消费者在货币贬值时的一种自卫行为。

【复习思考题】

一、名词解释
1. 需求价格弹性　　2. 成本加成定价法　　3. 顾客理解价值定价　　4. 密封投标定价

二、判断题
(　)1. 企业定价总的要求是追求利润的最大化。

(　)2. 产品成本是影响产品价格的基本因素。

(　)3. 某商品的需求富有弹性，降低价格能增加销售量，同时也能使利润增加。

(　)4. 利用顾客求廉的心理，特意将几种商品的价格定得较低以吸引顾客的定价方法是心理定价法。

(　)5. 价格调整就是给产品重新定价。

(　)6. 随行就市定价法，就是与本行业同类产品保持一定差距。

(　)7. 尾数定价法通常适用于高级的奢侈商品。

(　)8. 企业制定的产品价格是一成不变的。

三、选择题
1. 若运用需求价格弹性理论，通过降低产品价格提高其销售量，一般情况下，这种策略对下面(　)类产品效果明显

　　A. 特效药　　　B. 原材料　　　C. 生活必需品　　　D. 高级化妆品

2. 超市经常会推出一些低于成本价格出售的商品，以带动其他产品的销售，这种定价方

法属于( )

 A.尾数定价法 B.招徕定价法 C.声望定价法 D.习惯定价法

3.某企业经营某种产品,其需求弹性系数为2.5,为进一步扩大销量,其价格决策应为( )

 A.适当降价 B.保持不动 C.大幅度降价 D.适当上调

4.企业定价的主要方法有( )

 A.成本导向定价法   B.利润导向定价法

 C.竞争导向定价法   D.需求导向定价法

5.影响价格的因素主要有( )等

 A.商品成本 B.价格弹性 C.市场供求状况 D.国家方针政策

 E.消费者心理 F、市场竞争的特点

四、回答问题

1.企业定价的主要步骤是什么?

2.企业的定价目标有哪些?

3.某牌彩色染发品价格降低了20%,结果销售比原来增加30%。请计算该产品的需求价格弹性,并加以说明。

4.简述新产品定价策略。

5.企业调整价格的原因是什么?

6.企业如何调高价格?

五、案例分析

"珍珠陈皮"的定价策略

 20世纪80年代和90年代初期,罐头在我国市场上有很大的销量,尤其是水果罐头,更受人们喜爱。广东汕头一罐头厂,以生产桔子罐头出名,但剩下大量的橘皮一直没有得到很好的处理,于是便将橘皮以0.09元/斤的价格卖给药品收购站。就是这样,橘皮依然是个老大难的问题。难道橘皮只能做成中药的陈皮吗?经过一段时间的研究,他们终于开发出"珍珠陈皮"这一新用途,可将其制成小食品,且具有养颜、保持身材苗条等功效。

 以何种价格销售这种新产品呢?经过市场调研分析,他们发现妇女、儿童尤其喜欢吃零食,且在此方面不吝惜花钱,但惧怕吃零食会导致肥胖。这样看来,"珍珠陈皮"正中其下怀,而且市场上尚无同类产品。于是,他们决定每15克袋装售价为一元,合33元一斤。产品投放市场后,销售火爆。

 讨论:1.该企业对"珍珠陈皮"采取了何种定价策略?

  2.为什么要采用这种策略?

  3.若低价销售是否能获得与高价同样多甚至更多的利润?

第八章 分销渠道策略

【本章学习目标】

通过本章学习，明确分销渠道的重要性；了解分销渠道的基本形态；掌握分销渠道决策的要领；了解批发与零售的区别和具体形式。

【引导案例】8-1　可口可乐在中国的分销渠道设计

作为"清凉饮料"之王的可口可乐公司，在其分销渠道设计目标和分销策略上，也有自己独特的一套方法。

1. 可口可乐分销渠道设计的目标

(1) 可口可乐的目标顾客。与其他普遍的商品不同，可口可乐产品的市场不限于某一类消费者。许多产品只对一类人有吸引力，如宠物食品、化妆品、剃须刀等，只有那些有特殊要求的消费者才会需要它们。与此相反，可口可乐系列产品的市场则包含了所有的消费者类型，全世界所有的人都是可口可乐的潜在消费者。消费者往往出于一时的冲动而购买可口可乐，只有让消费者随时随地都能买到可口可乐及其系列饮料，随时随地都能看到有吸引力的产品和冷饮设备，才能达到市场目的。

(2) 可口可乐的分销目标。可口可乐销售人员的主要目标是：不断增加可口可乐饮料的人均饮用量，同时使可口可乐的产品成为消费者的第一需要。

2. 可口可乐的15条分销渠道

(1) 传统食品零售渠道：如食品店、食品商场和菜市场等。

(2) 超级市场渠道：包括独立超级市场、连锁超级市场、酒店和商场内的超级市场、批发式超级市场、自选商场、仓储式超级市场等。

(3) 平价商场渠道：经营方式与超级市场基本相同，但区别在于经营规模较大，而毛利更低。平价商场通过大客流量、高销售额来获得利润，因此在饮料经营中往往采用鼓励整箱购买的策略。

(4) 食品店渠道：通常设在居民区内，利用民居或售货亭经营的如便利店、便民店、食杂店、夫妻店、小卖部等。这些渠道分布面广、营业时间长。

(5) 百货商店渠道：即以经营多种日用工业品为主的综合性零售商店。内部除设有食品超级市场、食品柜台外，多附设快餐厅、休息冷饮厅、咖啡厅或冷柜台。

(6) 购物及服务渠道：即以经营非饮料类商品为主的各类专业店及服务行业，经常顺带经营饮料。

(7) 餐馆酒店渠道：即各种档次的饭店、餐馆、酒楼，也包括咖啡厅、酒吧、冷饮店等。

(8) 快餐店渠道：快餐店客流量大，顾客用餐时间较短，饮料的销量较大。

(9) 街道摊贩渠道：即没有固定房屋，在街道边临时占地设摊，主要面向行人提供产品和服务，以既饮为主要消费方式。

(10) 工矿企事业渠道：即工矿企事业单位为解决职工的防暑降温以及节假日饮料发放等问题，采用公款订货的方式向职工提供饮料。

(11) 办公室机构渠道：即由各企业办事处、团体、机关等办公机构公款购买，用来招待客人或在节假日发放给职工。

(12) 部队军营渠道：即由后勤部供应，以解决官兵日常生活、训练及军队请客、节假日联欢之需，一般还附设小卖部向部队官兵及其家属销售。

(13) 大专院校渠道：即大专院校等住宿制交易场所内的小卖部、食堂、咖啡冷饮店，主要面向在校学生和教师提供饮料和食品服务。

(14) 中小学渠道：即建立在中小学等非住宿制学校内的小卖部，主要向在校学生提供饮料和食品服务。

(15) 在职教育渠道：即设立在各个党校、职工教育学校、专业技能培训学校等教育机构的小卖部。

第一节 分销渠道概述

产品和劳务只有到达消费者和用户的手中消费，才是现实的商品。在市场经济条件下，产品在流通领域内的这种运动是依赖一系列的中间商转移其所有权来实现的，分销渠道就是企业能否成功地将产品打入市场、扩大销售、实现企业经营目标的一种重要职能。

一、分销渠道的含义及特点

(一) 分销渠道的含义

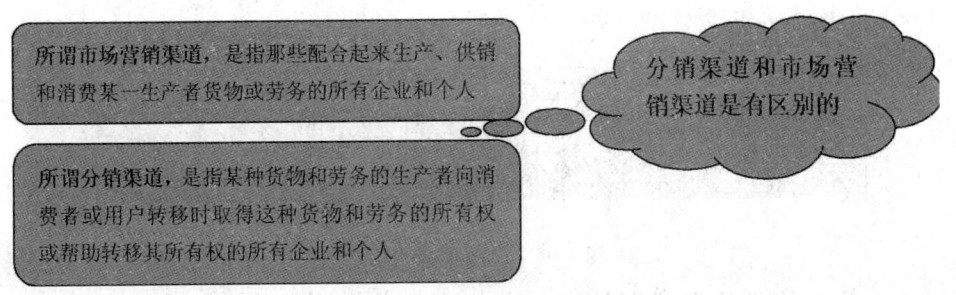

图 8-1 分销渠道的含义

在市场营销理论中有两个与渠道有关的术语经常不加区分地交替使用，这就是市场营销渠道和分销渠道。实际上，这两者是有区别的。

所谓市场营销渠道，是指那些配合起来生产、供销和消费某一生产者货物或劳务的所有企业和个人。这就是说，市场营销渠道包括某种产品的供、产、销过程中的所有企业和个人。如供应商、生产者、商人中间商、代理中间商、辅助商以及最后消费者或用户等。

所谓分销渠道，是指某种货物和劳务的生产者向消费者或用户转移时取得这种货物和劳务的所有权或帮助转移其所有权的所有企业和个人。因此，分销渠道也可以理解为是产品从生产领域向消费领域转移过程中的所有参与者，即各种机构和个人。它主要包括批发商、代理商、零售商以及处于渠道起点和终点的生产者和消费者或用户。但是，它不包括供应商、辅助商等。由此也可以得知分销渠道和市场营销渠道是有区别的。这里我们只研究分销渠道，研究的重点放在商品流通角度。

（二）分销渠道的特点

1. 分销渠道是由参与商品流通过程的不同企业和人员构成的整体。这里既包括生产者，也包括那些为取得产品或服务所有权的批发商和零售商，同时也包括帮助转移商品所有权的代理中间商。

2. 分销渠道是指企业某种特定产品或服务从生产者到消费者所经历的路线。在产品从生产者流向消费者的整个过程中，产品所有权至少要转移一次。有的分销渠道需发生多次所有权的转移，才能最终离开流通领域，到达消费者或用户手中。

3. 分销渠道是产品从生产者到消费者或用户的一个完整的流通过程。每一条分销渠道的起点都是生产者，终点都是消费者或用户。

4. 分销渠道是由不同的企业和个人构成的，一经建立便具有相对稳定性，这种稳定性可来自某种契约合同或者是经济利益。对企业而言，可减少因频繁更换渠道而增加的费用开支，从而提高经济效益，对经销方而言，可稳定地获得经营利润。

二、分销渠道的职能

在市场经济条件下，由于生产与消费客观地存在着时间与空间上的分离。分销渠道对于沟通并满足市场者和消费者的需要，将企业的产品"多、快、好、省"地转移到消费者手中，已经成为了不可缺少的纽带，发挥着主要的职能作用。分销渠道具有以下职能（如图 8-2 所示）：

图 8-2　分销渠道的职能

（一）收集与传播信息的职能

即收集与商品生产和经营有关的各类信息以便更好地按需生产和按需经营。同时还要把有关商品信息传递给消费者。

（二）引导和促销的职能

即一方面引导和方便消费者购买，另一方面也包括促成新的消费要求，从而达到促销的目的。

（三）接洽与谈判职能

即为生产者寻找、物色潜在买主，并和买主进行接洽和沟通，通过谈判、签订合同最终使得交易条件得以实现，实现商品所有权的转移。

（四）实体分配的职能

即储藏和运输商品，其中包括按照买主的要求对商品的分等、分类、包装、编配等一系列活动，确保商品的使用价值得以实现。

（五）承担风险的职能

产品从生产领域到消费领域转移过程中会面临许多不确定因素和物质实体的损耗，如市场需求变动、不可抗拒的天灾人祸、运输和存储及装卸过程中的商品破损等。这些风险均由分销渠道成员承担。

（六）融资的职能

即中间商购进商品并保持存货，需要投入资金。这部分（投入）资金在商品抵达消费者之前就已经垫付，保证了厂商的再生产活动。所以，中间商购进商品的行为，实际是融资。

三、分销渠道的类型

（一）按照商品在销售过程中是否经过中间环节来划分，分销渠道可分为直接渠道与间接渠道

1. 直接分销渠道

直接渠道是指生产企业不通过中间商环节，直接将产品销售给消费者（用户）（如图8-3所示）。直接渠道是工业用品分销的主要渠道类型。例如大型设备、专用工具及技术复杂需要提供专门服务的产品，都采用直接渠道分销；消费品中有一部分也采用直接分销，例如鲜活商品等。

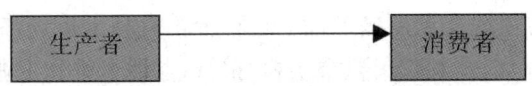

图8-3　直接分销渠道示意图

2. 间接分销渠道

间接渠道是指生产企业通过中间环节把产品传送到消费者（用户）手中（如图8-4所示）。间接渠道是消费品分销的主要渠道类型。直接渠道与间接渠道的区别在于有无中间商。

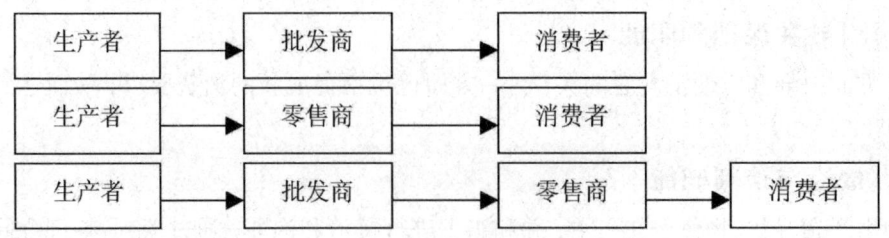

图 8-4 间接分销渠道示意图

（二）分销渠道的划分

按照产品从生产领域转移到消费领域或购买的过程中，经过中间环节多少来划分，分销渠道可分为：长渠道与短渠道。

所谓长渠道是指：产品从生产向消费转移过程中，经过两个或两个以上的中间环节的渠道。所谓短渠道是指产品从生产到消费经过两个以下中间环节的渠道。

（三）宽度不同的分销渠道

分销渠道的宽窄取决于渠道的每个层次（环节）中使用同种类型中间商数目的多少。如果生产者利用许多的批发商和零售商来分销产品，这种渠道就是宽渠道，反之，如果生产者只通过很少的专业批发商推销其产品，或者在某一地区只授权极少的中间商，这种渠道就为窄渠道。

企业在确定中间商的数目时，有以下三种策略可供选择（如图 8-5 所示）：

图 8-5 确定中间商数目策略

1. 密集分销策略

密集分销策略也称为广泛分销，是指生产者利用尽可能多的中间商销售自己的产品，使广大消费者都能及时、方便地买到所需产品。这种分销有利于市场渗透和扩大销售，比较适合消费品中的便利品，诸如：饮料、牙膏、洗衣粉、报纸、电话卡等和工业品中的一般原材料、小五金、小工具等及不宜长期存放的商品，如鲜花、水果、肉制品、鲜奶。

密集分销策略的优点是能广泛地接触顾客，方便其购买；能通过全国性的广告引起更大反响，使选择中间商更为方便。但这种渠道的缺陷是：经销商数目众多，尽管企业要花费较多的精力和费用与之联络，但仍难以取得经销商的合作；同时，经销商一般都不愿做专门的广告宣传，生产企业要承担较重的广告宣传费。

2. 选择分销策略

选择分销策略是指生产者在一定的市场区域内选择一些愿意合作而且条件较好的中间商来销售自己的产品，借以提高产品形象，加强推销力度，增加商品购买率。这种策略适用于销售消费品中的选购品，诸如：服装、家具、皮鞋、手表和工业品中的零配件，因为这些商品的消费者和使用者往往重视产品的牌子。

专家提示：
　　在营销实践中，通常企业一开始为打开市场，普遍销售，则采用广泛分销的策略，等到产品大量进入市场后，再根据中间商的情况改用选择性的分销策略。这样做便于保持产品的声誉；另外，也由于企业采用广泛的分销策略所负担的各种费用过大，而淘汰部分信用和销售较差者，并不影响销售额，所以，对生产者也较为有利。

　　总之，选择分销策略的优点是可以获得经销商的合作，有利于提高经销商的经营积极性。同时，也可以减少经销商之间的盲目竞争，有利于提高产品的声誉。
　　这种策略也存在着不足。首先，它受企业实力条件限制。采用此策略的厂家应具备能向中间商提供较优厚的条件和费用。这样，才会有较多的、能力强的中间商愿意与厂家合作，企业才能更好地选择。其次，该策略的实施易受合约履行情况的影响。产销双方常以合同协作，但由于市场环境不断的变化，有时会导致一方经营受挫，丧失履行合同的能力。这种工商企业间的失约，不仅会严重阻碍产销协作关系的发展，而且会造成双方巨大的经济损失。
　　3. 独家分销策略
　　独家分销策略是指生产者在一定时期内，在一定地区，只选择一家批发商或零售商来推销本企业的产品。通常双方订有书面协议，规定在该地区内中间商不得再经营竞争者的产品，生产者也不得再向其他中间商供货。这种策略主要适用于特殊产品，诸如：家用电器、小轿车、住宅等，还有相当多的产业用品如钢材、化工原料、建材、机器设备等的销售采用的就是独家分销策略。采用这种策略，有利于生产者控制市场和价格，激发中间商经营的积极性，提高企业形象。但也存在一定的风险，如果中间商选择不当，会给企业在这一地区的销售活动带来很大的损失。
　　企业确定中间商数目多少的三种策略比较参见表 8-1 所示。
　　（四）按照分销渠道经营商品用途不同，分销渠道可分为消费品分销渠道与生产资料分销渠道
　　1. 消费品的分销渠道
　　经营消费品分销渠道的主要形式：
　　生产者→消费者
　　生产者→零售商→消费者
　　生产者→批发商→零售商→消费者
　　生产商→代理商→零售商→消费者
　　生产者→代理商→批发商→零售商→消费者
　　2. 产业用品的分销渠道
　　经营生产资料分销渠道的主要形式：
　　生产者→用户

生产者→零售商→用户
生产者→批发商→用户
生产者→批发商→零售商→用户
生产者→代理商→批发商→零售商→用户

表8-1

	概念	优点	缺点	主要适宜商品
密集分销策略	指生产者利用尽可能多的中间商销售自己的产品,使广大消费者都能及时、方便地买到所需产品	能广泛地接触顾客,方便其购买;方便企业选择中间商	企业难以取得经销商的合作;生产企业要承担较重的广告宣传费	便利品
选择分销策略	指生产者在一定的市场区域内选择一些愿意合作而且条件较好的中间商来销售自己的产品,借以提高产品形象,加强推销力度,增加商品购买率	可以获得经销商的合作,有利于提高经销商的经营积极性;可以减少经销商之间的盲目竞争,有利于提高产品的声誉	采用该策略,对企业实力要求较高;策略的实施,受合约履行情况的影响	选购品
独家分销策略	指生产者在一定时期内,在一定地区,只选择一家批发商或零售商来推销本企业的产品。	利于生产者控制市场和价格,激发中间商经营的积极性,提高企业形象。	如果中间商选择不当,会给企业在这一地区的销售活动带来很大的损失。	特殊产品

第二节　分销渠道的设计与管理

一、影响分销渠道设计的因素

影响企业选择分销渠道的因素有很多,而主要影响因素有(如图8-6所示):

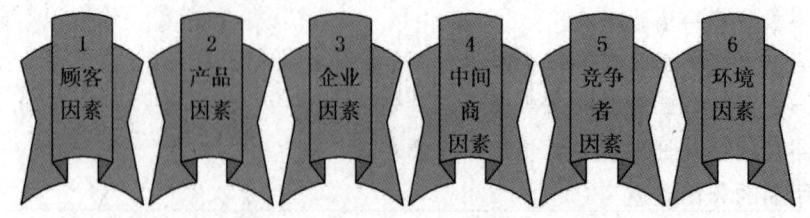

图8-6　影响企业选择分销渠道的主要因素

（一）顾客因素

1. 顾客的集中程度

如果市场上消费者和用户比较集中，可采用直接渠道、短渠道；消费者和用户分布广阔，宜选择长渠道、宽渠道。

2. 顾客的购买习惯

对顾客购买次数频繁、但每次购买数量少的产品，应使用长且宽的渠道；对不常购买、数量大、服务多的产品，可采用短渠道、窄渠道。另外，针对年轻人、高收入阶层愿意到名店购买名牌服装、名牌家电，可采用设立专卖店或由名店销售的方式，销售渠道呈现短且窄的特征。对消费者购买时不太在意品牌、讲求购买方便的产品，可以利用较多的中间商，即采用长且宽的渠道。

3. 顾客的数量

若消费者的需求多，市场范围大，需要中间商提供服务来满足消费者的需求，宜选择间接分销渠道。若需求少，市场范围小，生产企业可直接销售。

（二）产品因素

1. 单位产品的价值

一般来说，产品单价低，其分销渠道就较长、宽、多；反之分销渠道就短、窄、少。因为产品的单价低、毛利少，必须大批量销售方能盈利。一些大众化的日用消费品，通常都经过一个以上中间商：由批发商售给零售商，再由零售商售给消费者。单价高的产品，一般采用短渠道。

2. 体积和重量

体积大且笨重的产品尽可能选择短或宽渠道。如电冰箱、洗衣机等可由生产商直接委托多个零售商销售。一些工业用大型机器设备，也应采用短渠道，由生产者直接供应给用户。

3. 产品的时尚式样

对时尚性较强的产品，消费者的需求容易变化，要尽量选择短、宽渠道。如时装、家具、玩具等产品，可由生产者直接供应给零售商或厂家自设门市部销售，以避免时尚变化引起产品过时造成积压。

4. 易腐易损性

如果产品容易腐烂变质（如食品）或者容易破碎（如陶瓷、玻璃），应尽量采用短渠道，保证产品使用价值，减少商品损耗。

5. 技术性和服务要求

一般来说，技术性能比较高的产品，需要经常的或特殊的技术服务，生产者常常直接出售给最终用户，或者选择有能力提供好服务的中间商经营，分销渠道通常是短而窄的。

6. 产品的市场生命

对于刚刚投放市场的新产品，生产企业可采用短渠道，即由生产者自己组织推销队伍并制定恰当的销售策略，使产品在投入期能顺利打开市场，除在成长期、成熟期，可借助中间商即采用长渠道来销售。

（三）企业本身因素

1. 声誉与资金

声誉高、资金雄厚的大企业，可直接进行销售。而那些没有什么声望的、资金薄弱的小型企业，只有通过中间商来销售自己企业的产品。

2. 销售能力

生产企业在销售力量、储存能力和销售经验等方面具备条件，则应选择直接分销渠道。反之，则必须借助中间商，选择间接分销渠道。另外，企业如能和中间商进行良好的合作，或对中间商能进行有效的控制，则可选择间接分销渠道。若中间商不能很好地合作或不可靠，将影响产品的市场开拓和经济效益，则不如进行直接销售。

3. 控制分销渠道的要求

有些情况下企业必须加强对分销渠道的控制，如：要控制商品的零售价格水平；要保证商品的新鲜程度；要体现商品的时尚性等。因此，企业只有尽可能地采用短渠道才能达到控制的目的。

4. 发货数额

生产企业为了合理安排生产，会对某些产品规定发货数额。发货数额大，有利于直接销售；发货数额低，则有利于间接销售。

（四）中间商因素

中间商通常希望生产企业能尽可能多地提供广告、展览、培训等服务项目，为销售产品创造条件，若生产企业无意或无力满足这方面的要求，就难以达成协议，迫使生产企业只能自行销售。反之，提供的服务水平高，中间商乐于销售该产品，生产企业则可选择间接分销渠道。

（五）竞争者的因素

如果自己的产品具有较强的竞争力，可以选择与同类产品相同的分销渠道，以使消费者比较选择，从而显示自己的竞争实力。反之，如果本企业产品在同类产品中不具竞争力，最好另辟蹊径，通过分析找出卖点，否则将被淘汰。

（六）环境因素

一个国家或地区制定的各项法律法规、政策对产品分销渠道的选择，也有一定的影响。如有些关系重大的产品一时又供不应求。国家实行统购政策，有的实行政府采购或集中采购（如药品）。因此，企业应在不违反政府有关规定的前提下选择分销渠道。

同时，企业在选择分销渠道时，更应该注重经济效益因素，即直接销售还是借助中间商，要比较其销售费用、销售利润。一般情况下，减少流通环节可降低销售费用，但减少流通环节的程度要综合考虑，要做到既节约销售费用，又要有利于发展生产。

另外，社会文化环境也影响着消费者的消费需求、消费方式以及购买行为，因此，企业在选择分销渠道时，也要认真分析、研究和了解当地的社会文化环境，针对不同的状况制定不同的分销渠道。

> **专家提示：**
> 设计和选择分销渠道必须在符合各种限制条件的前提下灵活组合，如同给产品定价一样，也是一门艺术。

二、对分销渠道设计方案的评估标准

通常，企业在对影响分销渠道选择的诸因素进行调查分析的基础上，在充分了解中间商，并对其认真分析后，提出几种渠道设计方案。然后根据一定的标准，筛选出最能满足企业长期营销目标的渠道模式。因此，对影响渠道选择的各种因素的评估就显得非常重要。对分销渠道设计方案的评估，一般从三个方面进行（如图8-7所示）：

图8-7 分销渠道设计方案的评估标准

（一）渠道的经济性

企业对分销渠道各方案的评估，最终的目的就是获取最佳经济效益。不同方案会产生不同的经济效益。因此，对分销方案最基本的评估，首先就是经济性。**主要是比较每个方案可能达到的销售额及费用水平**，即比较由本企业推销人员直接推销与使用销售代理商哪种方式销售额水平更高，或者比较由本企业设立销售网点直接销售所花费用与使用销售代理商所花费用，看哪种方式支出的费用大。企业要对上述情况进行分析，从中选择最佳方案。

（二）企业对渠道的控制性

企业在与中间商建立关系过程中，是否能够掌握主动权，这是企业评估、选择分销渠道的又一重要标准。一般说，利用中间商分销商品，企业对渠道的可控性小些；企业直接销售，则企业对渠道的控制性较大。分销渠道越长，企业对渠道的控制难度越大；渠道越短，企业对渠道的控制就越容易。企业必须进行全面比较、权衡，选择最优方案。

（三）渠道的适应性

由于企业营销环境的动态性，企业必须要具有一定的适应性。生产企业在进行分销渠道策略评估时必须考虑所选择策略的灵活性。一般，企业不签订时间过长的合约，除非在经济性或控制性方面具有十分优越的条件。如果生产企业同所选择的中间商的合约时间长，而在此期间，其他销售方法如直接邮购更有效，但生产企业不能随便解除合同。这样企业选择分销便缺乏适应性。

三、渠道成员的选择、激励、评估与调整

企业在设计好渠道方案后，按区域划分好市场，接下来对分销渠道成员的选择就显得尤为重要了。

（一）选择渠道成员

渠道成员是指参与商品流通的各类中间商。选择渠道成员也即选择中间商。选用哪些中

间商来构建产品的分销渠道是极其重要的。如果把企业的市场营销比喻为雾海行舟的话,那么,分销渠道就好比渡海的航线。企业以不同的渠道销售同一产品,其成本和利润往往相去甚远。因此,如何选择以快而有效的分销渠道将产品输送给消费者,往往是企业所面临的复杂而富有挑战性的问题之一。

一般来说,生产者主要从以下三方面(如图8-8所示)综合评估中间商,最终选出满意的渠道成员。

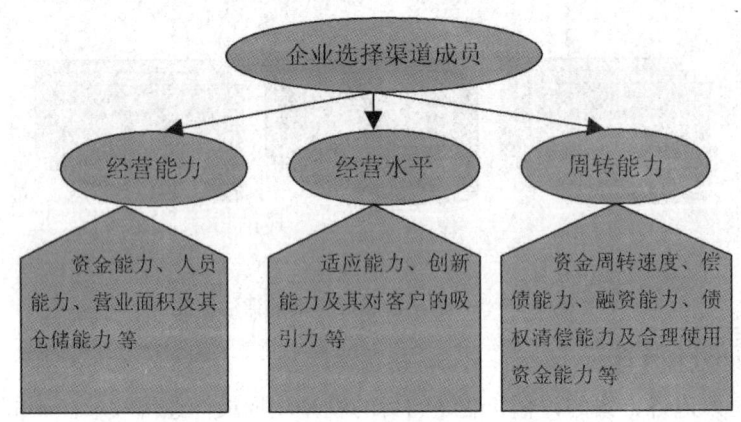

图8-8 选择渠道成员应考虑的因素

1. 经营能力主要包括:资金能力、人员能力、营业面积及其仓储能力等,它反映了渠道成员实力的大小。

2. 经营水平反映渠道成员经营的成效,是渠道成员市场活动能力的表现。渠道成员的适应能力、创新能力及其对客户的吸引力的高低,体现了渠道成员的经营水平。

3. 周转能力,是指渠道成员的资金周转能力,包括渠道成员的资金周转速度、偿债能力、融资能力、债权清偿能力以及资金的合理使用能力等。

上述这些综合选择渠道成员的标准,直接关系到渠道的分销功能,关系到企业营销的成败。因此,中间商的选择也是对风险的选择。如果选择那些缺乏销售能力和推销不够积极的中间商,分销效率就很低;如果选择的中间商不讲信誉,货款可能就难以收回。如果中间商是销售代理商时,生产者还须评估其经销的其他产品大类的数量与性质、推销人员的素质与数量。

(二)激励渠道成员

生产企业与中间商之间是一种相互依存、相互促进的关系。生产企业选择中间商以后,要使分销渠道正常有效地运行,生产企业就必须经常了解中间商的需要与愿望,加强和搞好与中间商的合作,不断地激励他们尽职尽责。激励的方法主要有:提供优质产品、给予适当的利润、共同进行广告宣传、进行人员培训等等,生产者也可按中间商遵守合同的程度给予奖励。

(三)评估渠道成员

生产者应定期评估渠道成员的工作成绩。一般评估的内容包括:平均存货水平、销售指标、向顾客交货的速度、对损坏和遗失商品的处理、促销方面的合作、货款收回情况、为顾客提供的服务如何等。其目的在于掌握分销渠道的动态，及时发现问题。以便一方面对成绩好的中间商给予奖励，同时，也可以淘汰一部分不合格的中间商。

（四）调整分销渠道

随着消费者或用户购买方式的变化、市场的扩大、产品进入生命周期的新阶段、新的竞争者的出现等，生产者应对分销渠道进行必要的调整，适应市场的需要。调整的方式主要有：

1. 增减某些渠道成员。经过核对，对推销不积极或经营管理不善、难于与之合作的中间商以及给企业造成困难的中间商，企业在必要时可与其中断合作关系，并在适当的时候，增加能力较强的中间商。

2. 增减某些分销渠道。当某些市场部分的营销环境、市场需求或顾客的购买能力都发生了很大变化时，而某种分销渠道出售本企业的产品，其销售额一直不理想，企业可以考虑在全部目标市场或某个区域内撤消这种渠道类型。

3. 调整整个分销渠道。有时由于市场情况变化太大，企业对原有渠道进行部分调整已难于实现企业的要求和适应市场情况的变化，必须对企业的分销渠道进行全面的调整。

专家提示：
　　生产者对分销渠道的设计与选择，由确定渠道目标和影响因素，确定主要渠道选项方案和评估渠道方案几个步骤构成。
　　生产者对渠道的管理，主要是激励、评估渠道成员和调整分销渠道。

第三节　中间商的类型

中间商是生产企业的客户和经营伙伴，通常与企业营销力量一起构成企业的分销网络。因此，企业的分销渠道策略的成功，必须建立在对中间商的深入认识和了解的基础之上。

一、中间商的功能与效用

中间商是指在生产者与消费者之间，参与商品交易业务，促使买卖行为发生和实现的具有法人资格的组织或个人，主要包括批发商和零售商。中间商是商品生产和流通社会化的必然产物。中间商一头连着生产，一头连着消费，是生产与消费的桥梁和纽带。

（一）中间商的功能

由于中间商的存在，不仅简化了商品销售手续，节约了销售费用，而且还扩大了销售范围，提高了销售效率。中间商的功能主要体现在以下几个方面：

1. 提高商品流通效率

当今经济全球化迅速发展，商品流通的深度和广度也随之发展。如果没有中间商，商品由生产制造厂家直接销售给消费者，工作将非常复杂，而且工作量特别大，甚至难以实现商品交换，商品流通效率低下（如图8-9所示），对消费者来说，没有中间商也会使购买的时间大大增加。若有中间商的存在，就可以减少商品总交易量，从而分摊成本、降低成本，商品售价相应地也会降低。同时，有了中间商以后，中间商可以同时销售很多厂家的商品，消费者在一个中间商那里就能比较很多厂家的商品，就不需要跑到各个厂家比较商品，这就减少了大量的时间和精力、体力的耗费（如图8-10所示），提高了效率。

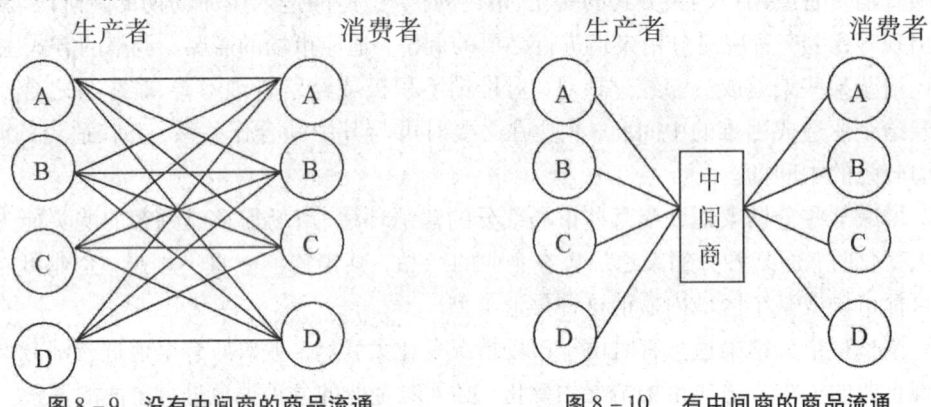

图8-9　没有中间商的商品流通　　　图8-10　有中间商的商品流通

2.中间商可以完成产品集中和分散的职能

中间商能完成两项重要职能，即产品的集中和分散。所谓集中，就是中间商通过商品收购，把各地区、各部门生产的产品集中起来，将小批量的产品汇集成比较大的批量，从而能节约运输费用，这是只有批发组织才能完成的职能。与集中相反的是分散，就是中间商将收购的大批量的产品经过必要的初步加工、挑选、整理、分级、编配和包装等活动分解成为许多小批量，再通过调拨运输，分散给零售企业和生产用户，以便于商品销售，这是由零售商所完成的职能。

3.调节生产与消费之间的矛盾（即平衡功能）

中间商起着社会生产的"蓄水池"作用。由于商品的生产与消费客观地存在着不一致，如有的商品是常年生产，季节消费；有的商品是季节生产，常年消费，等等。中间商的存在可以缓和供需之间在时间、地点和商品数量、种类等方面的矛盾；同时，中间商的存在也能为生产者和消费者带来方便。对消费者而言，中间商充当了他们的采购代理，中间商可以在合适的时间和地点提供所需要的产品、灵活的付款方式和条件以及周到的售后服务；而对于生产者或贸易企业来说，中间商的存在使企业的销路有了保证，降低了流通成本。

4.监督检查产品

中间商在订购商品时就考察了厂家在产品方面的设计、工艺、生产、服务等质量保证体系，或者根据生产厂家的信誉、产品的名牌效应来选择产品；进货时，将按有关标准严格检查产品；销售产品时，一般会将产品划出等级。这一系列的工作起到了监督检查产品的作用。

5.传递信息

中间商在从生产厂家购买产品和向消费者销售产品中，将向厂家介绍消费者的需求、市场的信息、同类产品各厂家的情况；也会向消费者介绍各厂家的特点。无形中传递了信息，促进了竞争，有利于产品质量的提高。

6.有效分担企业的市场营销职能

大多数生产者缺乏将产品直接销售给最终顾客所必需的资源与能力,而这些正是中间商所擅长的。中间商由从事市场营销的专业人员组成,由于他们在流通中所处的地位,就决定了他们更了解市场,更熟悉消费者,对各种营销技巧掌握得更熟练,更富有营销实践经验,并握有更多的营销信息和交易关系。他们执行所有的市场营销职能,例如进行营销调研,刊登产品广告,雇用销售人员,从事实体分配等。因此,由他们来承担营销职能,工作将更有成效,营销费用相对较低。尤其是企业打算进入某个陌生的地区市场时,中间商的帮助更为重要。

中间商本身还执行许多其他职能,如产品存储、商业信贷、催收债务以及向顾客提供各项服务等。

(二)中间商的效用

中间商在营销过程中可创造以下三种效用:

1. 时间效用。即中间商能够解决商品产需在时间上不一致的矛盾,保证了消费者的需求;
2. 地点效用。即中间商能够解决商品产需在空间上不一致的矛盾。
3. 所有权效用。即中间商能够实现商品所有权的转移。

在时间和地点上,中间商使产需不一致的矛盾得到了较为有效的解决,消费者在家中能以最近的地点,以较快的时间获得所需的商品。商家也能在较短的时间内,根据消费者的个性化需要进行生产、进货,并在最近的地点、以最小的费用将货物送到消费者手中。

二、中间商的类型

中间商的类型根据不同的标准有不同的划分(如图 8-11 所示)。按中间商是否拥有商品的所有权,可分为经销商和代理商;按中间商在流通过程中所起的作用,可分为批发商与零售商,这也是中间商的主要类型。

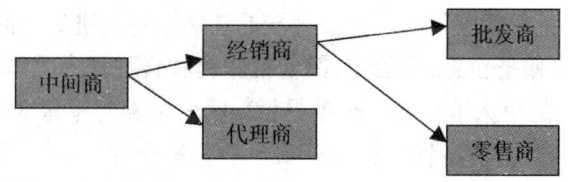

图 8-11 中间商的主要类型

(一)经销商和代理商

1. 经销商

经销商是指专门从事商品的销售业务,并且拥有所有权的中间商。零售商、批发商都属于经销商。

经销商是独立的商业经营者,执行的是商业职能,用自营的资金从事商业活动,为卖而买,承担经营的风险,从经营中牟取利润。与一般商业不同的是他要与主导企业签订长期的买卖合同或经销协议,按照合同或协议规定的区别,有的可自行在选择的市场上任意销售,有的在一定地区或指定市场上在一定期间内销售指定的货物,即按照规定的要求来经销商品。因此,经销商与非经销商的区别在于与供货单位之间有无长期的固定的买卖合同或协议来发生购销关系。依照独立或依存关系,经销商有一般经销商和特许经销商之分。

2. 代理商

代理商是指接受生产者的委托,从事商品的流通业务,但不拥有所有权的中间商。他以取得商品经营权,但并不拥有商品所有权为特征,根据合同内容取得佣金为获取利润的主要方式。有独家代理、综合代理等形式。

代理商是指代理某产品的销售、服务等相关商务事宜的机构或实体,代理商不买断产品,不承担无法销售的风险,同时也不享受产品销售利润,而依赖于产品方给予的服务佣金。如房产中介等。

3. 经销商和代理商的区别

经销商和代理商是相区别的,即经销商与生产企业是买卖关系,代理商与生产企业是委托关系;经销商经营用的是自营资金,代理商则不用自营资金;经销商拥有商品所有权,代理商不拥有商品所有权;经销商承担经营风险,代理商不承担风险。

专家提示:
独家经销权与独家代理权不能混为一谈。
独家经销权实质上是包销,即在特定地区内把某一种商品在特定时期内的经销权交给某一商人包销。
独家代理权在特定地区内把某一商品在特定时期内的代理权交给某一代理商来代营。
两者虽然都是独家发生经销或代理关系,但两者的区别仍然是一为商人,另一为代理者。或者说,一是买卖关系,自营资金,承担风险;另一是委托关系,不用自营资金,不承担风险。

(二)批发商和零售商

中间商由专门从事商品流通经营活动的企业和个人组成,其基本职能是作为生产和消费之间的媒介,促成商品交换。中间商古来有之,而且,随着社会分工的发展,中间商的内部职能也在细化,形成了批发和零售两大类。**批发的功能是将购进的商品批量转售给各类组织购买者,包括生产企业、服务企业、零售商、其他批发商和各种社会团体机构;零售的功能则是将商品卖给最终市场上的个人消费者。也就是说,区分批发与零售的关键,不在于一次交易的数量,而主要在于买方的购买目的。**(参见图8-12、8-13)

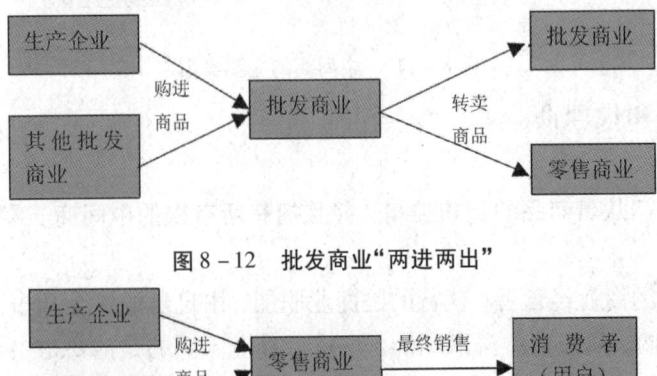

图8-12 批发商业"两进两出"

图8-13 零售商业"两进一出"

以批发经营活动为主业的企业和个人称为批发商；以零售经营活动为主业的企业和个人则称为零售商。批发商享有分销上的规模优势，并拥有专业化分工带来的专有技术与资源，是产品流通的关键性环节。比如当年长虹与郑百文的结盟，以及空调行业中苏宁的特殊作用等，都说明了这一问题。零售商的根本作用在于使产品直接、顺利地进入顾客手中，并真实、有效、及时地反馈最终顾客的信息，是分销渠道的重要环节。

1. 批发商主要有三类：商人批发商、经纪人和代理商、自营批发机构

（1）商人批发商 又称独立批发商，是指自己进货，取得产品所有权后再批发出售的商业企业，是批发商中最主要的部分。根据其职能和提供的服务是否完全，可以分为完全服务批发商和有限服务批发商两大类。

①完全服务批发商：执行批发商业的全部职能，其提供的服务主要有保持存货、雇用固定的销售人员、提供信贷、送货和协助管理等。它又可分为主要向零售商销售并提供广泛服务的批发商人和主要面向制造商销售产品的工业分销商两大类。

②有限服务批发商：这类批发商为了减少成本费用，降低批发价格，只执行部分服务。有限服务批发商又可分为现购自运批发商、承销批发商、货车批发商、托售批发商、邮购批发商和生产合作社六种类型。

（2）经纪人和代理商 经纪人和代理商是从事采购或销售或两者兼备，但不取得商品所有权的商业单位。与商人批发商不同，他们对所经营的商品没有所有权，所提供的服务比有限服务商人批发商还少，其主要职能在于促成产品的交易，借此赚取佣金作为报酬。与商人批发商相似的是，他们通常专注于某些产品种类或某些顾客群。经纪人和代理商主要可分为商品经纪人、制造代理商、销售代理商、采购代理商和佣金商等。

2. 零售商

作为个人消费者，我们在市场上接触的主要是零售商。**零售商是以零售经营为主业的企业和个人**。零售业务与批发业务的本质区别就在于零售面对个人消费者市场，是整个营销网络系统的出口，也是商品流通的最后环节。随着社会经济的发展，科学技术的进步，零售的组织形式和经营方式千变万化，层出不穷，成为变化最大、最快的行业之一。

从经营形式上看，目前零售商的类型主要分为商店零售、无店铺零售和零售组织三种。

（1）商店零售 商店零售又称为有店铺零售，特点是在店内零售商品与服务。最主要的类型有专用品商店、百货商店、超级市场、便利店、超级商店、折扣店和仓储商店等七种。

①专用品商店：是专业化程度较高的零售商店。特色是专门经营某一大类产品，但规格、花色、品种较齐全。如服装店、运动用品店、家具店、花店和书店均属此类。

②百货商店：百货商店的特点是经营产品的范围广泛，种类繁多，规格齐全，分类组织与管理，且一般设立在城镇交通中心和商业中心。

③超级市场：超级市场通常规模很大、成本低、薄利多销，采用自助的服务方式，因而商品价格也较低廉。主要经营各种食品、洗涤用品、家居日常用品等。

④便利店：便利店是设在居民区附近的小型商店，主要销售家庭日常用品、食品等周转速度快的便利品。一周营业七天，每天营业时间很长，方便顾客随时购买。顾客在这里购买主要是为了临时补缺，所以即使价格相对比较高，人们也愿意支付。

⑤超级商店、联合商店和特级商场：超级商店比传统的超级市场更大，主要销售各种食品和日用品，提供各项服务。联合商店的面积比超级市场和超级商店更大，呈现出一种经营多元化的趋势，主要向医药领域发展。特级商场比联合商店还要大，综合了超级市场、折扣店和仓储零售的经营方针，其花色品种超出了日常用品，包括家具、各种家用器具、服装和其他品种，其基本方法是原装产品陈列，尽量由商店人员搬运，同时向愿意自行搬运大型家用器具的顾客提供折扣。

⑥折扣店：折扣店以薄利多销的方式通过比较低的价格销售标准商品。一个真正的折扣店具有以下特点：第一，商店经常以低价销售商品；第二，商店突出销售全国性品牌，因此价格低廉并不说明产品的质量低劣；第三，提供最基本的零售服务，设备简单；第四，店址趋向于在租金低的地区，能吸引较远处的顾客。

⑦仓储商店：仓储商店是一种集仓储、批发、零售于一体的自选商场。这种商场形似仓库，内部不做豪华装饰，是一种不重形式，以大批量、低成本、低售价和微利促销、服务有限为特征的零售形式。其特点是：以工薪阶层和机关团体为其主要服务对象；通过减少中间环节、节约装潢费用、店址选在非中心地区等各种手段，降低营运成本，减少经营费用，为顾客提供价廉物美的商品，达到以低价大量销售商品的目的；先进的计算机管理系统，既为商场提供了现代化的管理手段，也减少了雇员的人工费用支出。

(2) 无店铺零售 无店铺零售是指不经过店铺销售商品的零售形式。由于科技发展及竞争关系，越来越多的生产商采用无店铺零售的方式出售商品，其中最普遍的有直销、直复营销、自动售货等。

①直销：是指生产者自己或通过推销人员（直销员）向消费者销售产品的零售方式，也叫人员推销，包括集市摆卖、上门推销、举办家庭销售会等。许多工业产品的销售都采用这种方式。现在越来越多的消费品也采用这种销售方式，如银行、保险等服务行业、大型工具书、生活用品等。新产品特别适合于人员面对面的推销，因为这给予消费者了解产品的机会，增加了购买的可能性。如雅芳公司推广其"家庭主妇的良友、美容顾问"概念，在全世界约有100万名直销商，每年创造20亿美元以上的销售额，成为全世界最大的化妆品公司和头号直销商。对于零售业来说，直销是一种价格昂贵的销售，不仅需要支出一笔较大的上门推销费用，而且这些推销人员单位时间所完成的平均销售额也远比店铺售货员低。此外，支付直销人员的佣金通常要占商品价格的20%~30%，并且还要支付招聘、培训、管理、激励销售人员的费用。

②直复营销：直复市场营销是一种为了在任何地方产生可度量的反应和达成交易而使用一种或多种广告媒体的互相作用的市场营销系统。直复营销者利用广告介绍产品，顾客可写信或打电话订货。订购的物品一般通过邮寄交货，用信用卡付款。直复营销者可在一定广告费用开支允许的情况下，选择可获得最大订货量的传播媒体，使用这种媒体是为了扩大销售量，而不像普通广告那样是为了刺激顾客的偏好和树立品牌形象。直复营销的传统形式主要有邮购目录、直接邮寄、电话营销和电视营销。随着经济与技术的进步，特别是 Internet 和电子商务的出现，网络已成为直复营销的最佳工具。网络营销也必将成为最重要的直复营销方式。今天，邮购与电话订购、电视购物、网上购物等方式，已逐步渗入当今消费者的生活，并

渐渐成为主流。

③自动售货：使用硬币控制的机器自动售货是二战后出现的一个主要的发展领域。自动售货已经被用在相当多的产品上，包括习惯性购买的产品（如香烟、软饮料、糖果、报纸和热饮料等）和其他产品（如袜子、化妆品、胶卷、书、光盘等）。自动售货机被广泛安置在工厂、办公室、大型零售商店、加油站、街道等地方，向顾客提供24小时售货、自我服务和无需搬运产品等便利条件。但由于投资和成本较高，所以出售商品的价格比一般水平要高出15%～20%。对顾客来说，机器损坏、库存告罄以及无法退货等也是令人头痛的问题。自动售货机提供的服务越来越多，如投币式自动点唱机、新型电脑游艺机和银行ATM自动提款机等。

(3)零售组织　零售组织是以多店铺联盟的组织形式来开展零售活动的。参与组织的商店可以是同一个所有者开办的若干店铺，也可以是不同所有者的若干商店。通过商店之间的联合，可以避免过度竞争，提高零售的规模经济效益，节约成本。具体形式主要有连锁商店和特许经营。

①连锁商店：指在同一个总公司的控制下，统一店名、统一管理、统一经营、实行集中采购和销售，还可能有相似的建筑风格和标志的由两个或两个以上分店组成的商业集团。连锁店由于规模大，具有大量采购大量销售的能力，因此可获得规模经济效益。但缺点是如果权力过于集中，灵活性和应变能力较差。连锁商店可以是超级市场的连锁、专用品商店的连锁、百货商店的连锁，也可以是旅店连锁、快餐店连锁。应该说，连锁是一种组织形式，而非经营方式。由于各国法律规定的不同，有些连锁商店的成员也并不都属于同一所有者，或服从同样程度的统一管理。根据所有权和集中管理程度的不同，连锁店可分为直营连锁店、自愿连锁店和零售合作组织几种。其中，直营连锁店为同一所有者，统一店名，统一管理；自愿连锁商店是由批发商牵头组成的以统一采购为目的的联合组织；零售合作组织是独立零售商按自愿互利原则成立的统一采购组织。这两种组织与上述连锁店的区别就在于这两种组织的所有权是各自独立的。

20世纪90年代以来，连锁商店在我国也获得了迅速发展。连锁的发展有助于克服零售企业店址固定、单店规模小、经营成本高的限制，使企业可通过统一进货、统一的标准化管理和广告宣传形成规模效益。连锁经营无论是对大公司还是对小公司都适合，在我国很有发展前途。

②特许经营：特许经营是指特许权授予人与特许权被授予人之间通过协议授权受许人使用特许人已经开发出来的品牌、商号、经营技术、经营规模的权利。为此，受许人必须先付一笔首期特许费，此后每年按销售收入的一定比例支付特许权使用费，换得在一定区域内使用该商号出售该商品或服务的权利，且必须遵守合同中的其他规定。特许经营被誉为当今零售和服务行业最有潜力和效率的经营组织形式，特别适合那些规模小而且分散的零售和服务业。与其他经营方式相比，特许经营有以下特点：a. 在特许经营中，受许人对自己的店铺拥有自主权，人事和财务均是独立的，特许人无权干涉。这不同于连锁商店。b. 特许人根据契约规定，在特许期间提供受许人开展经营活动所必需的信息、技术、知识和训练，同时授予受许人在一定区域内独家使用其商号、商标或服务项目等权利。c. 受许人在特定期间、特定区域享有特许人商号、商标、产品或经营技术的权利，同时又须按契约的规定从事经营活动。如麦

当劳要求受许人定期到公司的汉堡包大学接受培训;对所出售的食品有严格的质量标准和操作程序的要求,还有严格的卫生标准和服务要求,如工作人员不准留长发、女士必须带发罩等。d.特许关系中明确规定的一点是受许人不是特许人的代理人或伙伴,没有权力代表特许人行事,受许人要明确自己的身份,以便在同消费者打交道时不致发生混淆。这使得特许经营关系与代理有着本质的不同。e.在特许经营中,契约规定:特许人按照受许人营业额的一定百分比收取特许费,分享受许人的部分利润,同时也要分担部分费用。如麦当劳收取的特许费用约为受许人营业额的12%,同时承担培训员工、管理咨询、广告宣传、公共关系和财务咨询等责任。

(批发商业与零售商业的区别参见表8-2)

表8-2　　　　　　　　　　批发商业与零售商业的主要区别

区别＼业态	批发商业	零售商业
主要服务对象	零售商或生产者	消费者(用户)
主要销售目的	实现商品转卖或为再生产服务	满足个人直接消费
主要职能	集散商品、沟通产销信息、为生产、零售服务、承担风险	沟通生产、批发、消费;实现商品价值;满足消费者需求
流通中所处位置	处于商品流通的起点和中间环节	处于商品流通的终点
交易数量	大批量	零星、小批量
交易次数	少	多
网点数目	少	多

【复习思考题】

一、名词解释

1. 分销渠道　　2. 中间商　　3. 批发商　　4. 零售商　　5. 经销商　　6. 代理商

二、回答问题

1. 分销渠道的特点都有哪些?其职能是什么?
2. 分销渠道有哪些类型?
3. 中间商有何功能?
4. 简述可供企业选择的确定中间商数目的策略。
5. 如何评估渠道成员?
6. 如何激励渠道成员?

三、选择题

1. 下列组织中,(　)不是营销中介单位

A. 中间商　　B. 供应商　　C. 银行　　D. 保险公司

2. 产业用品渠道一般不包括( )

　A. 批发商　　B. 代理商　　C. 制造商　　D. 零售商

3. 某汽车制造商给全国各地的地区销售代理商一种额外折扣，以促使他们执行销售、零配件供应、维修和信息提供"四位一体"的功能。这种折扣策略属于( )

　A 现金折扣　　B. 数量折扣　　C. 贸易折扣　　D. 促销折扣

4. 有些公司让消费者通过视频信息系统操作一个小型终端，用对讲式闭路电视订购屏幕上显示的商品，这种分销形式属于( )

　A. 直接销售　　B. 购货服务　　C. 自动售货　　D. 直复营销

5. 一般说来，批发商最主要的类型是( )

　A. 经纪人　　B. 商人批发商　　C. 代理商　　D. 制造商代表

6. 考察一个中间商，需要综合考虑其( )等因素

　A. 经营能力　　B. 所有制结构　　C. 所在区域　　D. 经营水平　　E. 周转能力

7. 分销渠道的策略有以下几种( )

　A. 密集分销策略　　B. 选择分销策略　　C. 双向分销策略　　D. 独家分销策略

8. 调整分销渠道的方式主要有( )

　A. 延长分销渠道　　B. 增减某些渠道成员　　C. 增减某些分销渠道　　D. 调整整个分销渠道

四、判断题

1. ( ) 所有的商品从生产者到消费者的流通过程中都必须经过中间商。
2. ( ) 在商品从生产者流向消费者过程中，商品所有权最少转移一次。

五、案例分析

娃哈哈：渠道的成功与困惑

杭州娃哈哈集团有限公司是目前中国最大的食品饮料生产企业之一，在全国23个省市建有60多家合资控股、参股公司，在全国除台湾外的所有省、自治区、直辖市均建立了销售分支机构，拥有员工近2万名，总资产达66亿元。娃哈哈公司主要从事食品饮料的开发、生产和销售，已形成年产饮料600万吨的生产能力及与之相配套的制罐、制瓶、制盖等辅助生产能力，主要生产含乳饮料、瓶装水、碳酸饮料、茶饮料、果汁饮料、罐头食品、医药保健品七大类50多个品种的产品。2003年，公司营业收入突破100亿元大关，成为全球第五大饮料生产企业，仅次于可口可乐、百事可乐、吉百利、柯特4家跨国公司。自1998年以来，娃哈哈在资产规模、产量、销售收入、利润、利税等指标上一直位居中国饮料行业首位。

娃哈哈的产品并没有很高的技术含量，其市场业绩的取得和它对渠道的有效管理密不可分。娃哈哈在全国31个省市选择了1000多家能控制一方的经销商，组成了几乎覆盖中国每一个乡镇的联合销售体系，形成了强大的销售网络。娃哈哈非常注重对经销商的促销努力，公司会根据一定阶段内的市场变动、竞争对手的行为以及自身产品的配备而推出各种各样的促销政策。针对经销商的促销政策，既可以激发其积极性，又保证了各层销售商的利润，因而可以做到促进销售而不扰乱整个市场的价格体系。娃哈哈对经销商的激励采取的是返利激

励和间接激励相结合的全面激励制度。娃哈哈通过帮助经销商进行销售管理,提高销售效率来激发经销商的积极性。娃哈哈各区域分公司都有专业人员指导经销商,参与具体销售工作;各分公司派人帮助经销商管理铺货、理货以及广告促销等业务。

娃哈哈的经销商分布在全国31个省市,为了对其行为实行有效控制,娃哈哈采取了保证金的形式,要求经销商先交预付款,对于按时结清货款的经销商,娃哈哈偿还保证金并支付高于银行同期存款利率的利息。娃哈哈总裁宗庆后认为:"经销商先交预付款的意义是次要的,更重要的是维护一种厂商之间独特的信用关系。我们要经销商先付款再发货,但我给他利息,让他的利益不受损失,每年还返利给他们。这样,我的流动资金十分充裕,没有坏账,双方都得了利,实现了双赢。娃哈哈的联销体以资金实力、经营能力为保证,以互信互助为前提,以共同受益为目标指向,具有持久的市场渗透力和控制力,并能大大激发经销商的积极性和责任感。"

为了从价格体系上控制窜货,娃哈哈实行级差价格体系管理制度。根据区域的不同情况,制定总经销价、一批价、二批价、三批价和零售价,使每一层次、每一环节的渠道成员都取得相应的利润,保证了有序的利益分配。

同时,娃哈哈与经销商签订的合同中严格限定了销售区域,将经销商的销售活动限制在自己的市场区域范围之内。娃哈哈发往每个区域的产品都在包装上打上编号,编号和出厂日期印在一起,根本不能被撕掉或更改,借以准确监控产品去向。娃哈哈专门成立了一个反窜货机构,巡回全国严厉稽查,保护各地经销商的利益。娃哈哈的反窜货人员经常巡查各地市场,一旦发现问题马上会同企业相关部门及时解决。总裁宗庆后及各地的营销经理也时常到市场检查,一旦发现产品编号与地区不符,便严令彻底追查,按合同条款严肃处理。娃哈哈奖罚制度严明,一旦发现跨区销售行为将扣除经销商的保证金以支付违约损失,情节严重的将取消其经销资格。

娃哈哈全面激励和奖惩严明的渠道政策有效地约束了上千家经销商的销售行为,为庞大渠道网络的正常运转提供了保证。凭借其"蛛网"般的渠道网络,娃哈哈的含乳饮料、瓶装水、茶饮料销售到了全国的各个角落。2004年2月新产品"激活"诞生,3月初铺货上架,从大卖场、超市到娱乐场所、交通渠道、学校和其他的一些传统的批发零售渠道,"激活"出现在了它能够出现的一切地方。娃哈哈将其渠道网络优势运用得淋漓尽致,确保了"激活"在迅速推出的同时尽快形成规模优势。

面对可口可乐、百事可乐和康师傅、统一的全面进攻,娃哈哈大胆创新,尝试大力开展销售终端的启动工作,从农村走入城市。总裁宗庆后认为,现在饮料企业的渠道思路主要有三种:一是可口可乐、百事可乐的直营思路,主要做终端;二是健力宝的批发市场模式;三就是娃哈哈的联销体思路。娃哈哈在品牌、资金方面不占优势,关键就要扬长避短,尽可能地发挥自己的优势,而抑制对方的长处。娃哈哈推出非常可乐,从上市之初就没有正面与可口可乐、百事可乐展开竞争,而是瞄准了中西部市场和广大农村市场,通过错位竞争,借助于强大的营销网络布局,把自己的可乐输送到中国的每一个乡村与角落地带,利用"农村包围城市"的战略在中国碳酸饮料市场占据了一席之地。

有学者将娃哈哈的成功模式归结为"三个一"即"一点,一网,一力"。一点指的是它的广告促销点,一网指的是娃哈哈精心打造的销售网,一力指的则是经营经销商的能力。"三个一"的运作流程是:先通过强力广告推新产品,以广告轰炸把市场冲开,形成销售的预期;接着通过严格的价差体系做销售网,通过明确的价差使经销商获得第一层利润;最后常年推出各种各样的促销政策,将企业的一部分利润通过日常促销与年终返利让渡给经营经销商。但这种模式也存在着问题:当广告愈来愈强调促销的时候,产品就会变成"没有文化"的功能产品,而不是像可口可乐那样成为"文化产品",结果会造成广告与产品之间的刚性循环:广告要愈来愈精确地找到"卖点",产品要愈来愈多地突出功能,结果必然是广告的量要愈来愈大,或者是产品的功能要出新意,才能保证销量。

讨论:

1. 娃哈哈为了实现有效的渠道网络管理采取了哪些措施?取得了什么样的效果?
2. 你认为娃哈哈现有渠道模式的主要问题在什么地方?娃哈哈应当如何完善它的渠道建设?

第九章 促销策略

【本章学习目标】

通过本章学习,明确促销实质和意义;了解各种促销方式的特点;初步掌握促销策略和方法,掌握如何更有效地将产品推向市场的方法。

【引导案例】9-1: 辉煌的陷阱:秦池启示录

秦池作为临朐县的一个小酒厂,其发家靠的是有针对性的广告促销,其辉煌是中央电视台标版广告的中标。如果时间停留在1996年10月,或者当时临朐县将该酒厂以高价卖掉(当时一家资产评估机构曾将秦池估值十亿元以上),那么,秦池便是中国商战史上成功的经典。许多人往往以为秦池的问题出在第二次中央电视台标板广告投标上。实际上,这只是事物的表象。1996年秦池中标并在市场上获得前所未有的辉煌成绩本身就使秦池处于一个两难境地。如果秦池不第二次中标,那么其销售量肯定会直线下降(孔府宴已是前车之鉴)。对于一个富有挑战精神的企业家来说,这不仅意味着企业的死亡,实际上也意味着企业家生命的终结,这是绝对不可接受的。而秦池再次中标的结局也就是我们今天所看见的。因此1996年的中标创造了表面上的辉煌,实际上设下了隐蔽的陷阱。

广告促销的确使某些企业走出了困境、尝到了甜头。但是广告只能锦上添花,并不能无中生有。从企业的长期经营来看,广告并不能构成企业的核心能力。首先,广告太容易模仿,只要有足够的资金,就能做大广告。巨人的广告,创意可谓独特,但结果也是众人皆知的。广告战可以扩大市场容量和市场份额。但并不能从根本上使甲公司与乙公司不同。其次,如果广告刺激了销售的迅速增长,那么纯粹靠广告增加的销售往往是冲动型消费,缺乏稳定性,这部分顾客往往不是忠诚的顾客。企业为了维持销售增长,不得不增大广告投入,其结果是使企业过分依赖广告。如果某一天消费者的偏好发生了变化,或有新的选择,那么企业就会处于被动甚至危险的境地。因此,广告是一把双刃剑。过度的广告投入会使消费者对产品产生过高的期望,而当产品稍有问题,就容易引起消费者过度的反应或在消费者心中留下难忘的阴影。最后,也是最为重要的,市场是一种资源,在一段时间内过度做广告或促销实际上会导致这种资源的衰竭,从而使企业失去成长空间,被迫采取竭泽而渔的策略,其结果是可想而知的。因此市场资源(消费者的购买欲望和购买力)和自然资源一样,需要有目的地培养。对于成熟期的产品而言,企业要谨慎地利用短平快或高强度促销手段(如大量的广告或大幅降价)来开拓市场,而要更多地利用新产品来开发顾客新的需要,创造新的需求。

想一想:
1. 秦池现在的失败是决策的失误还是别的原因?
2. 秦池的兴衰,广告起了怎样的作用?
3. 如果第二次没有中标,秦池会怎样?

第一节　促销与促销组合策略

美国 IBM 公司的创始人沃森说过："科技为企业提供动力，促销为企业安上了翅膀。"在现代市场上，成功的市场营销活动，不仅仅需要企业向市场提供适销对路的一流产品、制定适当的价格、选择适宜的分销渠道，而且还需要采取适当的方式进行促销。促销与促销组合策略是企业市场营销活动的重要组成部分。

一、促销的含义

（一）促销的概念

促进销售（简称促销），是通过人员推销或非人员推销的方式，传递商品或服务的存在及其性能、特征等信息，帮助顾客认识商品或服务所能带来的利益，从而达到引起顾客注意和兴趣、唤起需求、采取购买行为的目的。

（二）对促销概念的理解

1. 促销的实质

促销的实质是卖者和买者间的信息沟通，即通过各种方式将有关企业和产品的信息传递给目标顾客，引起他们的注意和兴趣，促使其信任并购买本企业的产品，以达到扩大销售的目的。

2. 促销的目的

企业促销的目的，从表面上看是引起消费者的注意与兴趣，激发其购买欲望，促成其购买行为。实际上，现代企业促销的目的是赢得顾客。企业的促销不是一时一地的活动，而是企业整体营销的一部分，是企业塑造形象、长期立足市场的手段。如果企业仅仅为扩大销售、获得盈利而促销，就有可能损害顾客的利益。因此，企业必须通过促销活动真正赢得顾客对企业（产品）的认可和喜爱，力求使之成为企业的忠诚顾客。只有这样，企业的促销活动才会有助于企业市场营销目的的实现。

3. 促销的主要方式

企业的促销方式主要包括（如图 9-1 所示）：人员推销和非人员推销。非人员推销主要包括广告、营业推广和公共关系等种方式。

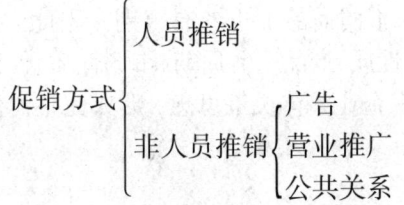

图 9-1　促销的主要方式

（三）促销的作用

一般说来，促销的作用有以下几方面（如图 9-2 所示）：

图 9-2 促销的作用

1. 传递信息

企业通过促销活动,可以及时地将商品和服务的有关信息传递给消费者和用户,引起他们的广泛注意。通过传递信息,把众多分散的消费者与企业联系起来,扩大企业和产品的"知名度"。

2. 激发需求

企业通过富有感染力的促销活动,不仅可以诱导需求,有时还可以创造需求。消费需求的原始动机产生于人类生存和发展的需要,随着经济发展和人民生活水平的提高,人们生存发展需要的内容和范围也在不断拓展,从而形成了不断发展的潜在需求。促销的作用就在于通过介绍新产品,展示合乎潮流的消费模式,提供满足消费者生存和发展需要的承诺,从而激发消费者的购买欲望,创造出新的需求。

3. 突出特点

在同类市场商品激烈竞争的情况下,产品彼此之间可能只有微小的差别,消费者面对琳琅满目的商品,很难做出选择。企业通过促销活动,可以突出展示自己产品的性能和特点,或显示产品能给顾客提供的满足程度及附加价值等等,这些都能使顾客加深对产品的了解和信任,认识到购买该企业产品能得到的特殊利益。

4. 建立信誉

企业通过促销活动,可以使更多消费者和用户对产品和企业产生信任感,有利于企业在顾客心目中树立良好形象。

5. 扩大销售

现代市场激烈的竞争状况使企业的销售起伏不定,有时可能出现滑坡。通过有效的促销活动,可以扩大产品销售,提高企业的市场占有率,获得较好的经济效益。

二、促销组合

(一)促销组合的含义

促销组合是指企业根据促销需要,对各种促销方式进行的适当选择和综合编配。促销的各种方式都有其长处和短处,促销的重点在不同时期、不同商品上也各有区别。因此,在制定促销策略的过程中,就要根据企业的促销目标、产品性质、产品生命周期、市场性质、促销预算等因素,将几种促销方式优化组合,综合运用,体现企业整体决策思想,形成完整的促销决策,以取得良好的促销效果。

(二)影响促销组合的主要因素

企业在制定促销组合策略时,常常受多种因素的影响,主要由(如图 9-3 所示):

第九章 促销策略

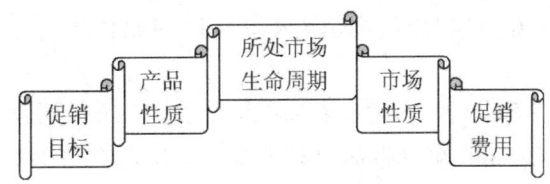

图 9-3 影响促销组合的主要因素

1. 促销目标

它是企业从事促销活动所要达到的目的。企业在不同的时期及不同的市场环境下,都有其特定的促销目标,而促销目标不同,促销组合和策略也就有差异。

(1) 以扩大市场份额为目标。即在一定时期内,在某一市场迅速增加销售量,来扩大企业的市场份额,这个促销目标强调的是近期效益,在这样的目标下,促销组合的选择、配置更多地使用广告和营业推广。

(2) 以树立企业形象为目标。即企业总体的营销目标是在某市场上树立企业形象,为其产品今后占领市场赢得有利的竞争地位奠定有利的基础,显然这属于长期目标。实现此目标,需要制定一个长期的促销组合方案,公共关系则是非常重要的,而与之相配合的广告宣传在手段和内容等方面也会有所差异。

2. 产品性质

不同性质的产品,市场需求特点不同,因此所采用促销策略亦应不同。一般而言,生活资料比生产资料更多地采用广告促销,而生产资料则比生活资料更多地采用人员推销的方式。生活资料消费面广、量大,故对其促销以广告宣传为主,营业推广为辅,并结合人员推销与公共关系的组合策略为宜。而生产资料主要用于企业再生产,用户购买行为理智,对其促销则以人员推销为主,营业推广为辅,广告与公共关系相互配合的组合策略为佳。具体策略应用时需注意具体产品的分析,切不可一概而论。

3. 产品所处市场生命周期的特点

产品在不同的寿命周期阶段,企业的营销目标及重点都不一样,因此,促销方式也不尽相同。

在产品导入期,消费者的接受能力很低,企业要尽量让消费者认识了解新产品,可利用广告和公共关系广为宣传,同时配合营业推广和人员推销,以鼓励消费者试用新产品。

产品进入成长期,可观的销售增长率和利润开始吸引竞争者进入市场,这时促销的重点应放在宣传本企业产品的商标品牌上,争取消费者的偏爱,激发消费者的选择需求,这一阶段,人员推销的任务是发展销售渠道,争夺市场占有率,广告的费用也要增加,广告的内容要从告知性转向宣传品牌的突出优点和特色,以提高产品和企业的声誉。

产品到了成熟期,竞争者很多,但竞争的态势已趋于稳定,弱势竞争者被挤出,市场产品也逐渐相似,这一阶段,广告是消费品的主要促销形式,广告的内容应集中宣传本品牌与其他品牌的不同之处,强调产品的附加利益。

产品进入衰退阶段,由于生产和销售开始下降,整个促销预算逐步削减,因此,一般只适合运用提示性广告来保持消费者的记忆,而把营业推广作为主要促销方法。

4. 市场性质

不同的市场,其规模、类型、顾客数量不同,相应地,采取的促销策略也有所差异。

从市场规模来看,在规模大、地域广阔的市场,应多采用广告宣传和公共关系促销策略;

在规模小、地域狭窄的市场,应以人员推销为主。从而同顾客建立长期固定的产销关系,争取稳定的订单。

从市场类型看,消费者市场购买者众多且零星分散,人员推销效率较低,应主要采用广告宣传、商品陈列、展销、产品介绍等方法去吸引顾客。生产者市场购买者较少且相对集中,购买批量大,技术性较强,宜以人员推销为主,向用户详细介绍产品,建立关系,促成购买。

从市场上不同类型潜在顾客的数量看,若潜在顾客数量少,可采用人员推销;潜在顾客数量多,则宜采用广告宣传。

5.促销费用

企业能用于促销的费用预算,也是决定促销策略的重要依据。各种促销方法所需费用多少不同,为提高促销效益,应力求以促销费用尽可能少而促销效果尽可能好的方式去促销。这就要求企业在制定促销策略时,应根据促销目标,对企业的财力状况、各种促销方式的费用、可能提供的经济效益以及竞争者的促销预算等多方面因素进行全面权衡,选择出适宜的促销方案。

促销策略的选择和应用除了考虑上述因素外,还要考虑消费行为和消费习惯、经济状况、分销成本和分销效率、技术条件等。

第二节 广告策略

广告是一种信息传播活动,是现代企业重要促销方式之一。随着商品经济的发达,广告的重要作用将愈加突出。

一、广告的含义

(一)广告的概念

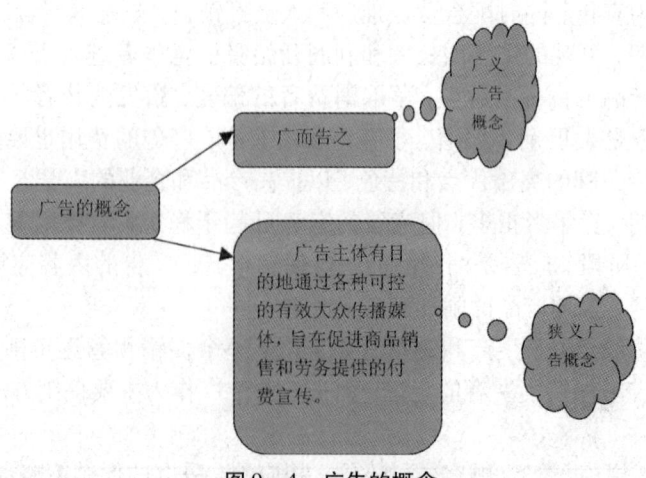

图9-4 广告的概念

"广告"一词源于拉丁语Adverture,意为"大喊大叫",即"广而告之",唤起大众对某一事物的注意,并诱导于一定的方向。

关于广告有广义广告和狭义广告之分(如图 9-4 所示)。凡是能唤起人们的注意、告知某项事物、传播某种信息、宣传某种观点或见解,如政府公告、宗教布告、公告利益宣传、教育通告、各种启示、标语、口号、声明等等,都为广义广告。广义广告的范围很广,它包括狭义广告。**所谓狭义广告是指商业广告,是广告主体有目的地通过各种可控的有效大众传播媒体,旨在促进商品销售和劳务提供的付费宣传。**市场营销研究的广告就是狭义的广告。

(二)广告的特点

从广告的概念中可以看出,广告具有以下特点:

1. 任何广告都有明确的主体即广告主。产生广告行为的企业被称之为"广告主",是为实现一定的营销目标,向现时或潜在的购买者传递商业信息的广告的出资者。根据《中华人民共和国广告法》的规定,任何企业、事业单位、个人、团体及政府机关都可以作为广告主。任何广告信息都必须有明确的广告主。这样做的目的:一是能使消费者放心购买商品;二是如果出现欺骗性广告,易于追究广告主的法律及道义上的责任。

2. 广告传播的内容是商品、劳务、观念或形象。商品和劳务是广告最主要的部分,因为大多数广告主是以商业广告为主体的,商业广告主要就是为了传递商品、劳务及其他相关供求信息;企业文化、企业精神传播属于观念或形象的传播。

3. 广告是借助于大众传播媒介进行信息传播。广告是一种非人员、非个体的促销活动,广告主要通过:电视、广播、报纸、杂志等大众传播媒体进行信息沟通,传播的对象是一个较大的受体而非个人。

4. 广告需要支付费用。企业做广告必须投入费用,因为整个广告活动是由多个环节构成的,由策划到制作、由传播到管理等,都会发生费用,其中租用媒体是广告费用中最主要的费用。

5. 广告是对特定目标市场的信息传播。广告必须根据企业或商品的目标市场来确定广告对象,广告并非传播的范围越广越好,时间越长越好,因此在媒介选择上,在广告定位分析中,在表现创作中必须符合特定对象的特点及心理特征。正确确定广告对象是以尽可能小的广告支出,获得尽可能大的广告效益。

二、企业广告促销方案的制定

企业广告促销方案的制定主要包括以下内容(如图 9-5 所示):

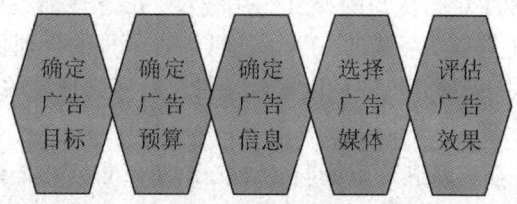

图 9-5 广告促销方案包括的内容

(一)确定广告目标

广告目标是在特定时期内对特定的广告对象所要完成的特定的沟通任务和所要达到的沟通程度。广告目标必须服从有关目标市场、市场定位和营销组合各项既定决策。例如,在一年内，通过广告使矿泉水的消费者群中认识到农夫山泉是一种带有甜味的矿泉水的人数比例达到80%。广告目标的设定应该非常明确具体。

如果把广告要解决的问题作为广告的目标，广告目标可以分为提供信息、说服购买和提醒使用三种(如图9-6所示)。

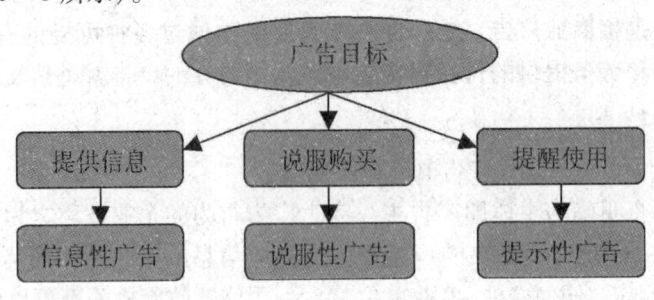

图9-6 广告目标

1. 信息性广告

信息性广告主要用于产品的市场开拓阶段，此时的目标是建立初步的市场需求。信息性广告的具体目标主要是：通告新产品上市信息；介绍产品的新用途；通告价格的变动；说明产品的工作原理和使用方法；描述可提供的服务；纠正错误的印象；减少或缓和消费者的担心或恐惧心理；树立企业的形象。

2. 说服性广告

说服性广告最常用于产品竞争趋于激烈的阶段，此时，企业的目标是影响消费者心理，为品牌培植选择性需求。说服性广告的具体目标通常是：培养品牌的偏好；鼓励消费者改用本企业的品牌；强化或改变对产品的信念。

3. 提醒性广告

提醒性广告主要在产品的市场成熟期使用，旨在保持顾客对其产品的注意和忠诚。例如：可口可乐公司的广告一年四季不断地出现在各种媒体上，其目的就不是通知或说服消费者而在于提醒消费者对可口可乐的注意。提醒性广告的具体目标一般是：提醒消费者对产品的需要；提醒消费者购买的地点；强化现有消费群的信念，使他们相信自己的选择是正确的。

(二)确定广告预算

企业在确定广告目标之后，接下来就要进行广告预算，即确定广告的支出。由于广告效果决定于广告信息和目标受众的认知的相互作用程度，信息传播过程中还要受到各种干扰，因此，准确的广告预算几乎是不可能的。为了达到广告预算的合理化，企业至少要做好以下两方面的工作：分析影响广告预算的各种因素及选择进行广告预算的方法。

1. 影响广告预算的因素

(1) 产品生命周期。新产品进入市场时，要在市场中建立知晓度和促进产品试用，广告预算一般较高。进入成长后期和成熟期的产品的广告预算较低。

(2) 市场竞争状况。在竞争激烈的市场上与整个产业如果以非价格竞争手段为主，则产品广告预算高；要想在这个市场中取得一定市场地位的企业，广告预算一般来说要高。

(3) 采取的竞争战略。企业如果采取挑战战略时，需要较高的广告预算，至少要高于处于防守地位的企业，才能扩大市场份额。

(4)产品的差异性。如果一个产业的产品，标准化程度很高，价格是重要的竞争手段；如果产品差异性程度高，各个品牌通过建立产品独特性和独特形象来展开竞争，广告预算比较高。

2. 广告预算方法

在实践中，广告预算通常采用以下方法：

(1)量力而行法。在企业资金紧张的情况下，企业根据自己的财力决定广告预算的方法称为量力而行法。

(2)销售百分比法。企业以特定的销售额(销售实绩或者预计的销售额)或销售单价的百分比来安排广告开支的方法，称为销售百分比法。例如，企业根据当年销售额的一定百分比2%作为下一年度的广告开支。

按销售百分比法确定广告预算的优点是：第一、费用与业绩挂钩。销售百分比法把广告费用与销量挂钩，可以促使那些注重财务的营销管理者认识到，企业所有类型的开支都与总收入的变动有密切关系。增加收入和减少开支的外部压力有可能内化为动力和活力。第二、增强竞争的稳定性。销售百分比法在一定程度上增强竞争的稳定性，因为只要各竞争企业都默契地同意让广告预算随着销售额的某一百分比而变动，就可以避免广告混战。

按销售百分比法确定广告预算的不足之处主要是：第一、因果倒置。该法把销售收入看成是广告促销的原因而没有看成是广告促销的结果。因此，这种预算方法从理论上说是不科学的。第二、有可能丧失市场机会。根据历史销量而不是根据未来市场机会的情况来决定广告预算，可能会失去有利的市场营销机会。第三、与营销战略相冲突。用此法确定的广告预算，势必随每年的销售波动而增减，从而可能导致与营销战略方案相抵触。

(3)竞争对等法。在营销实践中，有些企业采取比照竞争者的广告开支来决定广告预算。在营销实践中，容易造成与竞争对手旗鼓相当的对等局势。美国奈尔逊调查公司的派克汉通过对40多年的统计资料的分析得出结论：要确保新上市产品的销售额达到同行业平均水平，其广告预算必须相当于同行业平均水平的1.5-2倍。这一结论通常称为派克汉法则。

采取竞争对等法的前提条件是：竞争者的广告预算代表了该行业的集体智慧；维持竞争均势有助于阻止广告战的发生；企业能获得对手的广告预算的信息。

达到上诉标准并不容易，大多数情况下，企业把行业的平均广告开支作为一个重要的参考指标。

(4)目标任务法。目标任务法即营销人员在明确广告的特定目标、确定达到该目标必须完成的任务的基础上，估算完成各项任务所需费用并由各项费用之总和得出计划的广告预算的一种广告预算方法。

企业在编制广告预算时，要求每位经理按下述步骤先准备一份广告预算申请书：①尽可能详细、准确地界定广告目标，并且将目标量化；②列出为实现该目标所必须完成的各项具体工作任务；③估计完成这些任务所需的全部费用。这些成本之和就是各自的经费申请额。所有经理的经费申请额即构成企业所需的总的广告预算。

目标任务法是一种比较理想的广告预算方法。这种方法的优点在于，它能使营销管理者较好地处理市场份额、广告展露水平、试用率等与广告预算总额的关系，克服预算费用确定的盲目性。

目标任务法的缺点是对各位经理的职业经验要求很高，要求经理能够比较准确地判断目标、任务和费用的关系。另外，对经理人员的职业操守要求也很高。一般来讲，这种根据目标任务而不是根据总的预算约束来确定费用开支的方法会加大费用开支。因为在企业管理中存在上下级的信息不对称的问题。

(三) 确定广告信息

广告信息的内容和表达形式，主要取决于产品的特点、产品传达的利益、广告目标、广告信息的受众。它主要包括以下内容(如图9-7所示)：

图9-7　广告信息的内容和表达形式

1. 主题

广告主题即广告的中心思想，它为广告的创作设计确定了基调。 主题设计的实质是要在众多可以反映企业和产品特点以及可以激发消费者购买欲望的众多因素中，选择出某些足以实现广告目的的因素来予以表现。如对某品牌空调器进行广告宣传时，既可以其品质为广告主题，大力宣传该空调器的质量和性能，也可以消费者的感受为广告主题，极力渲染空调器为消费者家庭带来的惬意。在不同的情况下，选择不同的广告主题，往往能使广告宣传更为有效。

2. 文案

广告文案是在确定的广告目的和主题下，对如何表达广告主题的形式、语气、用语及版式等具体方面所进行的文字描述，是对广告信息的具体表现方式。

广告文案一般至少包括以下三方面的内容：

(1) 广告标题。广告标题即出现在广告开头，用以对广告的内容加以提示并吸引消费者注目的醒目语句。

(2) 广告正文。广告正文即具体表现广告内容的各种文字材料。广告正文可以是说明文、对话、诗歌、小品等各种体裁和形式。

(3) 广告口号。广告口号即对企业或产品特征进行高度概括的标志性短语，也称广告语，如雀巢咖啡广告中的"味道好极了"，海尔冰箱广告中的"真诚到永远"等等。广告口号不同于广告标题，广告口号是企业或产品的一种标志，无论广告内容如何变化，口号一般不变。而广告标题只是广告内容的提示，可随广告内容的变化而变化。

3. 画面设计

广告画面是以图画、影像、色彩以及版面布局等形象化的视觉语言配合文字对广告主题和内容进行形象化表现的方式。 广告画面中的图画、影像可以是直接对产品的形态或功能的具体真实展示，也可以是抽象的意境烘托，但都应围绕广告的主题和内容来进行设计。广告的色彩、版面大小、结构也会对广告效果产生影响。在广告设计中要注意色彩协调、版面合适、结构合理。

为了使广告信息引起受众的关注，产生一定的影响，在广告的信息设计中要做到主题突出、构思新颖、简洁甜美。

例如："飘柔"，从牌名上就让人明白了该产品使头发柔顺的特性，草绿色的包装给人以青春美的感受,"含丝质润发素,洗发护发一次完成,令头发飘逸柔顺"的广告语,再配以少女甩动如丝般头发的画面,更深化了消费者对"飘柔"飘逸柔顺效果的印象。

(四)选择广告媒体

广告媒体是广告主与广告接受者之间的连接物质,是承载广告信息以达成广告目标的一种物质技术手段。

1.广告媒体的种类及其特性

广告媒体的发展非常快,种类也是多种多样。例如根据媒体所使用的物质不同,可以把媒体分为印刷媒体、电波媒体、户外媒体、交通类媒体、邮递类媒体及其他不同的媒体类型。在营销实践中,常用的广告媒体主要有(如图9-8所示):

图9-8 常见的广告媒体

(1)报纸。报纸的优点是:影响广泛;传播迅速;简便灵活,制作方便,费用较低;便于剪贴存查,依赖性强。报纸的缺点是:易分散对广告的注意力;印制不精美,吸引力低;时效短,重复性差,只能维持当天的效果。

(2)杂志。杂志的优点是:广告宣传对象明确,针对性强,有的放矢;有较长的保存期,读者可以反复查看;因杂志面广,可以扩大广告的宣传区域;由于杂志读者一般有较高的文化水平和生活水平,比较容易接受新事物,故利于刊登开拓性广告;印刷精美,能较好地反映产品的外观形象,易引起读者注意。杂志的缺点是:发行周期长,灵活性较差,传播不及时;读者较少,传播不广泛。

(3)广播。广播的优点是:传播迅速、及时;制作简单,费用较低;具有较高的灵活性;听众广泛。广播的缺点是:时间短促,转瞬即逝,不便记忆;有声无形,印象不深;不便存查。

(4)电视。电视的优点是:有形有色,听视结合,使广告形象、生动、逼真、感染力强;宣传范围广,影响面大;宣传手法灵活多样,艺术性强。电视的缺点是:时间性强,不易存查;制作复杂,费用较高;因播放节目繁多,易分散对广告的注意力。

(5)直邮。直邮的优点是:观众选择性强,灵活性好;同一媒体内没有竞争对手;个性化。直邮的缺点是:相对费用高;广告形象差。

(6)户外广告。户外广告的优点是:灵活性好;复现率高;费用低;媒体竞争少;位置选择灵活。户外广告的缺点是:观众选择性差;创造性差。

此外,还有因特网、壁画、橱窗、车船、霓虹灯等广告媒体。其中网络广告是近年来出现的一种新兴的广告媒体形式,它具有形式生动活泼、宣传范围广、价格便宜、互动性强、更改方便、宣传效果好等特点。

2.影响选择广告媒体的因素

由于不同的广告媒体有不同的特点,因此企业在选择广告媒体时需考虑以下因素(如图9-9所示):

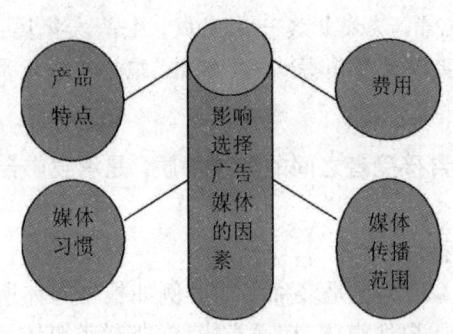

图9-9 影响企业选择广告媒体的因素

(1)产品特点。不同性质的产品应选择不同的广告媒体作宣传。例如，具有广泛需求的日用消费品可选择报纸、电视、广播等媒体作广告；而一些需求面很窄的生产资料则不宜在电视等媒体上作宣传。视觉、色彩对心理影响较大的产品，电视广告效果最佳；而技术复杂，广告中必须包含大量详细信息的产品，以印刷媒体为宜等。

(2)媒体习惯。在选择媒体时要考虑广告信息传播的目标受众的媒体消费习惯。不同群体的媒体消费习惯是有差别的，应针对目标顾客媒体习惯选择广告媒体，以保证广告信息的接收效率。

(3)费用。不同媒体的广告成本是不同的，企业要根据产品特点、目标受众的特点计算在不同媒体上达到一定广告效果的成本。

(4)媒体的传播范围。媒体传播范围的大小直接影响广告信息传播区域的宽窄。适合全国各地使用的产品，应以全国发行的报纸、杂志、广播、电视等广告媒体；而属地方性销售的产品，可通过地方性的报刊、电台、电视台、霓虹灯等媒体进行传播。

(五)评估广告效果

广告效果是指广告信息在各种媒体上传播之后，在社会上、在消费者中所产生的效应及对社会、对企业所带来的变化的总和。它包括：传播效果、经济效果和社会效果三个方面的内容。其中传播效果，是最基本的效果；经济效果，是广告的直接目的；社会效果，是广告作用的延伸。

1. 广告传播效果的测定方法

(1)知名度的测定。知名度是广告传播的最基本效果，其测定的方法有很多：

是非法。通过设计题目向消费者进行问卷调查，问题答案只有"是"或"非"两种类型。此法用于品牌名称的了解，方法简单，结果易于处理。

开放式问题法。调查不设计答案，而让消费者回答，从而获得更多的资料。

选择性问题法。给出一定的范围，让消费者选择，以了解消费者对品牌的某方面信息的掌握情况。

评分量表法。事先设计好表格，了解消费者对品牌的熟悉程度。

(2)记忆效果的测定。即广告播出后，测定消费者对广告内容的记忆程度。

无辅助记忆法。让消费者在没有任何提示的前提下回忆自己所看到的或听到的广告信息及其相关问题。结果可以反映消费者对广告记忆的牢固程度。

辅助记忆法。消费者在被调查时，有少量线索提示来回忆某一广告信息，结果可以在一定程度上说明广告的效果。

（3）态度效果的测定。态度是消费者对产品广告的认知和情感反应。一般表现为积极和消极两种情况。广告的目的就是要将消费者对产品的消极态度转变为积极的态度。方法有：

直接问题法。针对广告进行直接提问，让消费者自由作答，该法能判断消费者对广告商品的基本态度，如"你对某某广告有何看法？"

核对表法。即对商品的属性逐一进行核对，以便了解消费者对商品某一特性的关注。如"在购买洗衣机时，你认为下列哪项对你最重要？价格，质量，噪声，节能"。该法可用于了解消费者对产品特性的态度。

（4）使用习惯的效果测定。消费者使用习惯的改变可能是广告诉求的结果。如"你今天洗头了吗？"就使消费者几天洗一次头的习惯改变成每天都要洗。对此效果的测定也可用以上的方法进行。

2. 广告促销效果——直接经济效果的测定

（1）产品销售效果的分析。这是从广告主内部来测定的。这也是广告主最常拿来衡量广告活动效果的尺度。常用的广告促销效果评价的方法主要有：计算广告费用占销率、计算广告费用增销率、计算单位广告费用促销额、计算单位广告费用增销额。这种以产品销售额与广告费用之比的方法，大致可看出广告活动最为直接最为短期的效果。这当中排除了其他影响销售额的因素。

$$广告费用占销率 = \frac{广告费}{销售量（额）} \times 100\%$$

$$广告费用增销率 = \frac{销售量（额）增长率}{广告费用增长率} \times 100\%$$

$$单位广告费用促销额 = \frac{销售量（额）}{广告费用}$$

$$单位广告费用增销额（量）= \frac{报告期销售量（额）-基期销售量（额）}{广告费用}$$

专家提示：
销售额增减只是测定广告效果的一个参考，并不能完全准确地反映广告效果。

（2）市场占有率变化描述。这是将广告活动前产品在市场中的位置和力量，与广告活动后产品在市场中的位置和力量进行对比的方法。此法与分析销售额法类似，只能作为一个参考因素。表达式为：

$$市场占有率提高率 = \frac{单位广告费用销售增加量（额）}{同行业同类产品销售增加量（额）} \times 100\%$$

(3)利润与利润率的变化比较。广告是为了促进销售,但更深入一步讲,广告应该促进产品的利润实现。销售额是浮在水面上的花,利润才真正是沉在水底的果。事实上,企业能够享用的不是销售额,而是利润。

上述三种方法都是假设不存在其他影响因素的情况下进行的广告效果测定,但是在实际操作中,影响广告效果测定的因素是相当多的。企业必须结合多种方法,多角度、多侧面综合进行评估,获得尽量真实全面的结果,既总结此次广告活动的经验教训,又给以后的广告活动提供了丰富有价值的资料。

第三节　人员推销策略

【案例】9-2：　　　　　　只顾生意　不解人意

吉勒斯是美国著名的汽车销售员。有一天,一位客人西装笔挺、神采飞扬地走进店里,吉勒斯明白,这位客人一定会买下车子。于是他热情地接待了这位客人,并为他介绍了不同厂牌的车子,说明不同车子的性能、特点。客人频频点头微笑,然后跟随着吉勒斯一起从展示场走向办公室,准备办手续。

客人一边走,一边激动地说:"你知道吗,我儿子考上医学院了,我们全家都非常高兴……"吉勒斯不顾顾客的兴致,抢过话题继续介绍汽车突出的优良性能。没等他介绍完,客人就又说道:"我要买辆最好的车,作为礼物送给儿子……"吉勒斯接着客人的话说:"我们的汽车无论是款式还是性能都是一流的……"客人有些不高兴,他看了吉勒斯一眼,没等他说完,抢着说道:"我的儿子很可爱……"吉勒斯又说:"是啊,我们的车子也确实是最好的……"。客人的脸色越来越难看了:"你这人怎么这样?""我……我们的汽车确实是……""你就知道汽车!"客人发火了,最后竟然拂袖而去。

吉勒斯百思不得其解。夜晚,吉勒斯是在实在忍不住,终于拿起来电话。

他说:"对不起,先生,这么晚还打搅您。我实在不明白,您白天到我们店里来明明是要买一辆车子,可不知我哪里做得不好,让先生生气地走了,真对不起。您能指教我吗?我好改进,谢谢。"对方沉吟了一下,说:"不错,我本来很高兴,我是为奖励儿子才去买车的。我说了多次儿子、儿子、儿子,而你脑子里只有车子、车子、车子!一点都不尊重我,我干吗还要买你的汽车?"

吉勒斯恍然大悟。

人员推销是一种古老但又十分有效的促销方法,在现代市场营销活动中,人员推销仍以其他促销方式无法取代的优点发挥着重大作用。人员推销的过程,不仅仅是信息沟通、商品买卖的过程,更是买卖双方感情沟通的过程。因此,有效的人员推销不仅具有技术性,而且更具有艺术性、情感性。

一、人员推销的概念、特点和功能

（一）人员推销的概念

人员推销是企业通过推销人员与顾客直接面对面地接触，并运用一定的方法和技巧，主动地将商品或劳务的信息传递给顾客，以引起顾客注意，激发顾客购买欲望，实行购买行为的一种促销方式。从事推销工作的人员通常称为推销员，随着推销活动的发展，目前多采用推销人员或销售代表等来称呼从事此项工作的人员，有时也称销售顾问、地区代表、代理商、行销代表、厂家代表等。

人员推销不仅始终是现代企业开拓市场不可缺少的重要手段，而且这种方式还广泛地存在于社会经济生活之中，发挥着重要作用。推销无时不在、无处不有。

> 专家提示：
> 这个世界是一个需要推销的世界，大家都在以不同形式进行推销，人人都是推销员。

市场营销中的人员推销活动，实际上就是推销人员在一定的推销环境里，运用各种推销技术和推销手段，说服一定的推销对象接受一定的推销客体的活动。有效的人员推销以追求推销的长期效果为目标。以追求长期效果为目标包含两层含义：一是达到推销人员推销商品的目的；二是达到满足推销对象对商品的需求的目的。

（二）人员推销的特点

相对于其他促销方式，人员推销具有以下突出特点（如图9-10所示）

图9-10　人员推销具有的的特点

1. 针对性强

与广告相比，人员推销具有针对性强的特点。虽然广告策略可以通过选择合适的媒体、合适的时段来提高信息的传播效率，但是目标受众与非目标受众不能在信息传播中进行分离，而且，目标受众是否接受信息是企业很难控制的。因此，广告投入风险较大。人员推销则不同，它是通过推销人员与消费者的直接接触，将目标顾客从消费者中分离出来，能可靠地发掘推销对象，把推销努力集中于目标顾客身上，避免了许多无效劳动。

2. 灵活性强

由于目标顾客明确，推销人员可在接近顾客前后以及在推销过程中，根据特定对象的态度和特点，随时调整自己的推销策略与技巧，充分发挥推销者的主观能动性，保证推销效率。广告信息的设计和信息发布是单向的，获得受众反应的信息有一个时间跨度，这使得广告信息的内容和信息发布的调整具有滞后性。人员推销则可以避免这一缺点。

3. 双向的信息沟通

双向的信息沟通是区别于其他促销手段的重要标志。在推销过程中，一方面，推销人员必须向顾客介绍商品本身和与商品有关的信息，如商品的质量、功能、用途、价格、所能提供的服务等,通过向顾客传递信息,招揽顾客,从而促进商品的销售;另一方面,推销人员必须把从顾客那里了解到的有关对所推销的产品及对该企业的有关信息,诸如对商品的态度、意见、要求、市场占有率等反馈给企业,为企业的经营决策提供依据,从而有利于企业取得良好的营销效果。

4. 消费指导

人员推销可以给消费者提供现场的消费指导,这是其他所有促销组合要素所没有的特点。人员推销中,销售人员直接面对面地向顾客提供咨询和技术服务,当面向顾客展示产品特点,演示产品使用方法,解答顾客疑问。有的产品需要提供安装或操作使用服务,推销人员可当即解决,这有利于顾客放心大胆地购买。在复杂的产品和复杂的购买行为中,人员推销最能发挥这一优势。

5. 亲和力强

作为人际沟通工具,人员推销通过面对面的人际交往,易于联络与顾客的感情,建立友谊,争取长期买主。推销人员与顾客的直接交往,有利于买卖双方的沟通、信任和理解,促使单纯的买卖关系发展成友好合作关系,为长期交易打下了坚实的基础。

(三)人员推销的功能

人员推销作为一种双向沟通的促销方式,具有以下多种功能(如图 9 - 11 所示):

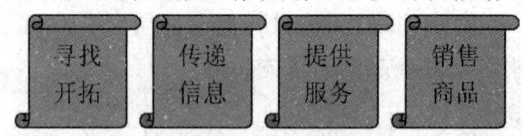

图 9 - 11　人员推销的功能

1. 寻找开拓

在人员推销过程中,只有确定了推销对象,推销人员才能进行推销工作。推销人员不仅要与现有的顾客保持广泛的联系,更重要的是要不断地寻找新顾客,了解行情,开拓新市场。

2. 传递信息

通过人员推销,可以沟通买卖双方的关系,促进商品的销售。

3. 提供服务

通过人员推销,企业向顾客提供各种服务,包括技术指导、安装维修、反馈信息、资金融通、人员培训和各种销售服务等。

4. 销售商品

这是人员促销的中心工作。推销人员通过与顾客的直销接触,介绍商品,引导消费,解答问题,消除顾虑,最后促成交易的实现。

二、人员推销的步骤

人员推销的步骤概括起来可分为以下几个阶段(如图 9 - 12 所示):

图 9 - 12　人员推销的步骤

（一）寻找顾客

所谓寻找顾客是推销人员在不确定的顾客群中，寻找可能购买推销品的个人或组织，是系统推销中的一个过程。在整个推销活动中，寻找顾客是一项极具挑战性、开拓性的艰巨工作。

任何一个推销人员推销商品必然会遇到一个首要的问题：手中的商品卖给谁？在现实中，虽然有时也有自己找上门来购买商品的顾客，但更多的却是需要推销人员主动地去寻找。在竞争激烈的现代市场，作为推销人员上帝的顾客，不是轻易地能获得和保持住的。顾客越来越精明，越来越懂得如何更好地满足自己的需要和维护自己的权益。所以，要保持和发展自己的推销业务，所面临的第一个问题就是寻找顾客，它直接关系到推销的成败。推销人员在茫茫的顾客群中发掘潜在顾客的方法很多，常用的有：广告开拓法、普访法、查阅资料法、现有顾客挖潜法、连锁介绍法、缘故法、委托培训法等。

（二）鉴定顾客资格

所谓顾客资格鉴定是指：推销人员按照一定的条件，对寻找到的潜在顾客最终能否购买推销品进行分析、判断，从中发现真正具有购买可能的潜在顾客。在实际推销中，推销人员一般首先将预定开发的潜在顾客分为三种：一是最近可能达成交易的顾客；二是不久的将来可能达成交易的顾客；三是根据目前的情况，很难判断或不可能购买推销品的顾客。然后，对潜在顾客在顾客的需要与欲望、顾客的购买力、顾客的购买决定权和顾客的信用等方面进行分析、鉴定，找出确有可能购买推销品的顾客，剔除那些希望不大或无希望的顾客，从而使推销目标更加明确。

此外，推销人员在获得了有关顾客的信息之后，还应注意着手建立顾客档案。顾客档案是推销人员将搜集到的顾客资料进行归类、整理、造册，以便长期保存，助于推销。

（三）推销接近

所谓推销接近是推销人员为进行推销洽谈，对潜在目标顾客进行的正式接触或访问，它直接关系到整个推销洽谈的成功。

有人说：好的推销接近是成功推销的一半。可见，推销接近在整个推销过程中是举足轻重的。推销人员必须对此项工作给予足够的重视，即充分做好推销接近的准备工作，做到知己知彼，有备无患。否则，推销人员不是找不到真正的潜在目标顾客，无法接触、推销，就是在推销接近过程中茫然不知所措，甚至会出现一些不利于推销的言行，冒犯顾客，使推销人员落入尴尬境地。

例如：日本一位初做保险工作的推销人员，到一位某公司董事长家去推销保险。推销人员从未见过该董事长，他到了董事长家门前，看到一位像是门卫的老头在扫地，于是他问："董事长在家吗？"老头一边扫地，一边表情木然地回答："董事长刚刚出去。"推销人员只好告退。以后，推销人员一共拜访了70次，都是那位老头用同样的表情、同样的方式将他打发走。推销员不甘心，决心非要见到董事长。第71次去见董事长时，推销人员没有直接到董事长家，而是走进董事长家对面的小酒馆。他一边喝酒，一边与老板闲聊："对门的董事长不知什么时候回家？"酒店老板指着对面正在扫地的老头惊讶地说："你不认识他？他就是呀！"推销人员听了，真想打自己的嘴巴，只因事先不了解董事长的年龄和体貌特征，才使自己白白跑了70趟，耽误了多少时间啊！从此以后，这位推销人员极为重视顾客情况的掌握，建立顾客资料档案,甚至连顾客的容貌都做了描述。最终成为一名优秀的保险推销人员。

推销接近的准备工作主要有以下几个方面:

1. 全面、熟练地掌握所在企业的有关知识和产品知识
2. 了解目标顾客的情况

包括:对个人潜在目标顾客情况的了解(主要有:基本情况、家庭及其成员情况、需求情况等)和对团体潜在目标顾客主要情况的了解(基本情况、组织情况、生产经营情况、购买行为情况、关键部门与关键人物情况。

总之,以上这些顾客情况有的在寻找顾客阶段已有所了解,有的则了解不多,甚至一无所知。因此,在推销接近之前,必须对顾客情况仔细、认真地调查、了解和掌握。推销人员对潜在目标顾客的情况了解、掌握得越多,就越知道如何接近顾客,如何进行推销洽谈并促成交易。可以说,对潜在目标顾客情况了解的越多,推销成功的可能性也就越大。

3. 拟定推销接近方案

推销人员在展开正式推销接近活动前,对推销接近活动所做的规划和安排,即为推销接近方案。主要包括以下内容:确定访问对象、确定见面的时间和地点、确定接近潜在目标顾客的方法及重点内容、提出具体的工作目标、预测推销接近过程中可能出现的各种意外情况,并做好充分的对应准备。

4. 推销接近的物品准备

物品准备主要指推销人员在接近潜在目标顾客时所需的各种资料、工具等方面的准备。

5. 做好推销接近前的心理准备及推销人员的外表、礼仪准备

推销人员在做好推销前的精神、物质准备后,接下来就要约见顾客。从推销人员的工作来看,约见顾客是指推销人员事先征得潜在顾客同意见面洽谈的行动过程。约见既是推销准备工作的延续,也是实施推销工作的开始。通常约见顾客的方法有:当面约见、电话约见、信函约见和托人约见等等。

接近准备和约见工作完成以后,推销人员就要接近选定的潜在目标顾客了。一般接近顾客的技巧、方法主要有:介绍接近、推销品接近、利益接近、赞美接近、问题解决、馈赠接近、求教接近、搭讪与聊天接近等等。

(四)推销洽谈

推销洽谈是指推销人员运用各种方式、方法和手段向顾客传递推销信息,并设法说服顾客购买推销品的协商过程。为了实现推销洽谈的目的,推销人员可以通过面对面、信函或电话等方法进行推销洽谈,以完成以下任务:(1)向顾客传递推销信息。(2)针对顾客的需求展示推销品的利益。(3)处理顾客的异议。(4)促使顾客作出购买决定。

在推销过程中,无论采取何种技法,推销人员都必须遵循针对性原则、诚实性原则、鼓动性原则、倾听性原则和参与性原则。即:推销人员的推销洽谈必须针对推销环境,针对顾客的购买目的和购买动机,针对顾客的个性心理,针对推销品的特点等,将推销品的使用价值与顾客的利益有机地结合起来,灵活地运用各种推销方式、方法进行有的放矢的产品推销;推销人员在推销洽谈过程中要切实对顾客负责,真心诚意与顾客进行推销洽谈,不玩弄骗术。这是推销人员最基本的行为准则;推销人员在推销洽谈中还要用自己的信心、热心和诚心,以自己的丰富知识有效地感染顾客、说服顾客和鼓动顾客采取购买行动;在推销洽谈过程中,推销人员不要急于滔滔不绝地推销,而是要注意倾听顾客的意见与要求。倾听,会使顾客感到推

销人员对自己的尊重,没有对他施加压力,会使顾客感到推销人员在尽心了解自己的各种问题,以便为自己提供真正有效地服务。这样,就会增强顾客对推销人员的信任,可以解除他们的紧张情绪,有助于有针对性地进行洽谈推销;推销洽谈过程中,推销人员还需特别注意鼓励或带领顾客亲自作示范。顾客参与洽谈有助于顾客更进一步了解推销品的功能、特点,熟悉推销品的使用方法;有利于顾客加深对推销品的印象,诱发顾客的购买动机。

此外,推销洽谈中,推销人员还应正确对待和处理顾客异议。顾客异议既是推销的障碍,也是成交的前奏与信号。顾客异议能否妥善处理,是达成交易的关键。

因此,推销人员要针对不同类型的异议,把握处理时机,采取不同的策略,妥善消除顾客异议,促成交易。

(五)达成交易

达成交易是指顾客通过推销人员对推销品的介绍、说明,激起购买兴趣和购买欲望,并表明购买意向、采取实际购买行动的过程。通过推销洽谈,推销人员确认顾客已有足够的购买欲望时,就应该设法达成交易。通常,多数顾客在此时都不主动地决定:"好,我买了。"所以,推销人员必须善于发现可以达成交易的信号,包括顾客的动作、语言、评论等。达成交易有多种方法,如:推销人员可以请求顾客订货;或重新强调一下协议的要点或者告诉顾客如果现在不订货将会遭到什么损失;推销人员也可以给予购买者以特定的成交劝诱,如特价、免费赠送额外数量,或是赠送一件礼物等等。

(六)后续工作

推销人员促成交易后,并不意味着推销过程的结束。因为,推销人员与顾客签订了成交协议、把产品推销给顾客,好像推销人员满足了顾客的需要,完成了推销任务。而实际上顾客还继续需要推销人员在商品使用、保养、维修等售后服务;推销人员还需要为最终实现企业的经营目标和自己的经济利益而收回货款;推销人员还需要为建立自己稳定的顾客队伍而巩固和发展与顾客的关系等等。所以,做好成交的后续工作仍是推销工作的一个重要内容。为此,交易达成之后,推销人员应制定一个后续工作访问日程表,以保证顾客能适当地安装好,及时提供指导和服务。这种访问还可以发现可能存在的问题,使顾客减少可能出现的任何认识上的不一致。推销员还应制定客户维持计划,以确保客户不会被遗忘或丢失。

专家提示:
推销始于签约之后。要想与那些优秀的推销员竞争,就应多关心你的顾客,让他感到你这儿有宾至如归的感觉。你应确信,他会在此光临,他会介绍他的亲朋或同事来。能使这一切发生的方法只有一个,那就是:为顾客提供优质的服务。

三、推销人员的选拔与管理

(一)推销人员的选拔

人员推销的关键在于推销人员,因此推销人员应具有较高的素质。现在一些大公司招聘推销人员的条件是很高的,在品德、个性、仪表、年龄、文化、智商、口才等方面都有一定的要求,而且不惜重资专门培训。

1. 推销人员具有的素质

一般来说,推销人员应具备以下素质:

(1)热忱、坚定、勤劳、无畏。推销人员肩负联系企业和顾客的重任,同时要达成交易,工作非常艰巨。因此,一个合格的推销人员应具有对企业和产品的高度热忱和坚定的信心,并能克服困难,任劳任怨。好的推销员有一种内在驱动力,具有强烈的完成任务的内在需要。

(2)服务精神好,富有进取心。推销人员不仅是企业的代表,也是消费者的顾问,要想顾客所想,急顾客所急,勇于服务,不辞辛苦。不仅要把握好推销机会,而且能以客户的顾问自居,帮助顾客获取购买和消费的利益。一个好的推销人员,能随时随地为顾客着想。

(3)求知欲强,知识面广。良好的推销人员,必须有旺盛的求知欲,善于学习为搞好推销工作所必需的广泛知识。一个推销人员的知识结构起码应包括企业知识、产品知识、顾客知识和市场知识,此外,还要学习顾客心理学、语言学、经济学等方面的知识。好的推销人员,应是一个"万事通",是熟悉本行业产品的行家里手。

(4)良好的个性,娴熟的技巧。推销人员要举止适度,谦恭有礼,仪表端正,态度从容,谈吐文雅,口齿伶俐,平易近人,谨慎机敏。要绝对避免与顾客争吵,保持良好的礼貌和风度;不利用业务关系谋取私利;要准确地了解顾客的愿望、爱好,利用推销技巧完成交易。好的推销人员,能做到不卑不亢,知己知彼,灵活机动,挥洒自如。

2. 根据产品特性选择推销人员

在明确了推销人员应具备的素质等后,企业应根据具体情况提出明确的标准,并把这些标准转化为对推销人员的具体要求,即推销人员应具备的条件。一般而言,合格的推销人员至少要具备如下条件:

(1)了解企业。企业销售人员要了解企业的文化、任务、历史、目标、组织、财务及产品销售状况等基本情况。

(2)熟悉产品。销售人员对所推销的产品的制造过程及产品的质量、性能、型号及各种用途要耳熟能详。不仅如此,销售人员还要对同行的产品状况非常了解,掌握自己企业产品的竞争性特点。

(3)了解用户。销售人员应掌握产品用户的需要、购买目的与习惯等各种特点。

(4)善于沟通。销售人员必须善于表达,擅长社交,有与人共处的本领。

(5)技巧熟练。销售人员在掌握营销知识的基础上,具有广泛和扎实的销售技能和销售技巧。

(6)观察敏锐。销售人员必须有敏锐的观察判断能力,能通过顾客的各种反应,对其真实意图迅速做出准确判断。

(7)应变力强。销售人员在复杂的社会环境条件下工作,需要具备应付突发问题的应变力。

(8)意志坚强。销售人员对财富和成功必须具有强烈的内在冲动,并能通过坚强的意志去实现自己的梦想。

一般情况下,企业要直接获得各方面均符合要求的推销人员比较困难。因此,多数情况下,企业都应按上述条件从一定的筛选对象中择其优者进行培训,从中聘用合格者。

3. 推销人员的来源

在管理部门定出推销人员的选拔条件后,人力资源部门可通过各种途径寻找应聘者。概括地讲,选拔推销人员可以有两种途径:一是从企业内部选拔,即把企业内部适合做推销工作的人员选拔到推销部门工作；二是从企业外部招聘，即在社会范围内物色品德端正、作风正派、业务能力较强的人员，包括大中专院校的应届毕业生等。

公司选择推销人员的方式很多，从最简单的非正式会谈到费时的笔试和口试。测验一般衡量销售能力、分析和组织技能、个性及其他特性。有些公司，如 IBM、宝洁和吉列公司都很重视测验成绩。但是，测验成绩只能给出一个方面的信息，还应考虑个性特征、过去的就业经历以及面试反应等。

（二）推销人员的培训

当推销人员被选拔出来之后，为使之能迅速而有效地投入工作，尽快成为一名合格的推销人员，应对其进行培训，培训的内容主要包括推销意识、基本知识、推销技巧。培训对象不仅仅是面对新选拔上来的推销人员，还应面对老推销员，使他们不断接受新知识，进一步提高业务水平。培训推销人员有许多行之有效的方法，使用较多的主要有以下三种：

1. 课堂讲授

一般请推销专家或一些经验丰富的推销人员，以课堂讲授的形式将其聪明才智传授给受训人员。这种方式对于企业知识、产品知识、业务要求等的培训效果更佳，而且费用较低。

2. 现场实习

这种方法是组织受训人员参加各种推销实习，目的是使受训人员尽快掌握所需要的专业知识和技能，较快地熟悉业务，独当一面地进行工作。这种方法由于具有真实感，被许多大企业所采用。

3. 委托培训

这种方法是委托其他单位代为培训推销员，其优点是能够系统地学习有关知识，吸取他人的经验。委托单位既可以是学校，也可以是企业等实际部门。一些条件不具备或经验不成熟的企业常采用委托培训的方法，但由于费用较高，还需量力而行。

培训推销人员，应采用理论讲授与实践模拟相结合的方法。理论讲授可以系统地介绍推销知识，使受训人从理论上掌握推销活动的全部做法与要求。实践模拟可以弥补理论讲授之不足，使受训人通过仿照实际销售活动进行训练，消化和理解理论讲授的内容，提高实际工作的能力。

（三）推销人员的激励和考核

企业为了扩大产品的销路，牢牢占领市场，必须充分调动推销人员的积极性，运用各种激励手段，使推销人员感到工作和个人的价值，从而发挥最大的潜力。

用于激励推销人员的方法很多，主要可以归为两类：一类是物质激励，主要包括工资加级，发放奖金、奖品，福利待遇丰厚等；另一类是精神激励，主要包括表扬，上光荣榜，发放奖状、奖章，培养推销人员的荣誉感等。通常而言，行之有效的方法是将物质激励和精神激励结合起来，因为二者是相辅相成的。除此而外，还要关心推销人员的家庭生活，为这些走南闯北、大半时间奔波在外的推销人员制定一个合理的工作和休假制度。

1. 推销人员的考核

由于推销人员的工作具有极大的流动性和独立性，因此，对推销人员的考核是企业的一项重要工作。考核方式除了通过用户反映等途径外，还可以通过一些定量的指标来考核。这些指标主要有销售定额完成率、用户访销次数完成率、新客户访销率和新客户销售率等。其公式如下：

$$销售定额完成率 = \frac{实际销售量（额）}{推销定额} \times 100\%$$

$$访销次数完成率 = \frac{实际访销次数}{计划访销次数} \times 100\%$$

$$新客户访销率 = \frac{对新客户访销时间}{总访销时间} \times 100\%$$

$$新客户销售率 = \frac{新客户销售量}{总销售量} \times 100\%$$

2. 推销人员的激励

在考核的基础上，企业可以决定推销人员的报酬，适当的报酬能激发推销人员对工作的积极性，使人员促销发挥更大的效力。推销人员的工作性质，决定了推销人员的报酬具有较大的灵活性。一般来说，对推销人员的报酬可以采取以下三种形式：

（1）固定工资制。固定工资制即每月按固定的工资标准支付报酬。采用这种形式有利于企业对推销员的工作在最大程度上加以控制，推销员的收入比较稳定，能够产生安全感。但这种报酬形式使成绩和所得脱节，容易挫伤推销人员的积极性。

（2）直接佣金制。直接佣金制即企业根据推销人员的工作成绩来支付报酬。采用这种制度能够把收入和成绩结合起来，克服了固定工资制的缺点，能够在一定程度上激发推销人员的工作热情，使收入水平和销售情况相吻合，比较适合推销工作的特点。但是，由于各种产品及购买者的特点不同，推销人员的工作难度也会有所差别，企业在工作分配上的平衡度不易把握。此外，推销人员还可能因为直接佣金的刺激，而采用不恰当手段推销产品。同时，推销人员的安全感也大大降低。

（3）混合制。混合制即在支付固定工资的同时与工作的实绩以适当的奖金形式结合起来，作为对推销人员的报酬形式。这种形式吸取了上述两种形式的优点，克服了其缺点，使企业既能对推销人员的工作加以有效的控制与监督，又能兼顾各项推销工作，保证推销人员的个人利益。

【案例】9-3　　　　　　推销潜力的测验

这里共有十五题，前十四题以"经常如此"、"有时如此"或"几乎从未如此"作答，第十五题则用"经常如此"、"很少如此"或"几乎从未如此"作答。答题时不需要考虑太久，只需以最自然的方式作答，即可测验出你有无推销方面的潜力。

（1）你真心喜欢你周围的人吗？

（2）必要时你会主动与人握手吗？

（3）与人谈话时你会投以亲切的眼神吗？

（4）你能适时地表现出幽默感吗？

(5)表达意见时,你会采用简单清晰的方式吗?
(6)你能向顾客举出五种以上的购买理由,说明你为什么要推销这些有价值的东西给顾客吗?
(7)你的穿着是否整洁得体,适合你所推销的东西吗?
(8)你给人一种生活充实成功的印象吗?
(9)遇到不如意的事实,你很容易沮丧吗?
(10)你能正确地回答你所推销东西的各种问题吗?
(11)与人有约,你都能准时赴约吗?
(12)若有人请你服务,你相信这也是推销的一部分吗?
(13)你是否擅长于制作各类报告、数据图表及统计资料?
(14)你希望从人际关系的接触中,获得即刻的回报吗?
(15)你认为推销这种工作是否应该有固定的工作时间?

从(1)到(14)题,答"经常如此"的得6分;答"有时如此"的得4分;答"几乎从未如此"的得2分。至于第(15)题,答"经常如此"的得2分;答"很少如此"的得4分;答"几乎从未如此"的得6分。

如果你的得分在74分以上,你是一位高水平的推销人员。对于推销这个工作你会觉得很刺激,很少有疲倦感。

如果你的得分在52分至74分之间,表示你拥有推销潜力,只要经过努力,你仍可能成为一个杰出的推销人员。

如果你的得分在30分至52分之间,你应该考虑自己是否适合于从事推销工作。

第四节 营业推广策略

一、营业推广的含义与特点

(一)营业推广的概念

营业推广,是指除广告、人员推销和公共关系与宣传之外,企业在特定目标市场上,为迅速起到刺激需求作用而采取的促销措施的总称。营业推广对在短时间内争取顾客扩大购买具有特殊的作用,故也称特殊推销。

近年来,营业推广占促销预算的比例越来越高,特别是消费品行业,其营业推广费用已超过广告费用。营业推广之所以发展较快,是因为:营业推广短期效果较明显,成为营销人员寻求短期增加销售的方法;随着市场竞争的加剧,品牌数量和产品种类的增多,产品相似性的增加,营业推广越来越成为购买行为的最主要刺激因素。另外,营业推广的效果比较直接,较易测量。因此,短期销量的改变是营业推广的直接诱因,营销人员希望运用营业推广来迅速改变销售状况。

(二)营业推广的作用

营业推广的作用主要有(如图9-13所示):

图9-13 营业推广的作用

1. 吸引顾客

通过营业推广，能够刺激购买行为，在短期内达成交易。当消费者对市场上的产品没有足够的了解和做出积极反应时，通过营业推广的一些促销措施，如赠送或发优惠券等促销手段，能够引起消费者的兴趣，刺激他们的购买行为，在短期内促成交易。

【案例】9-4：

深圳沃尔玛超市开展大白兔奶糖的促销活动。其营销人员提出了一个非常创意、极具参与性的促销计划——设几座由大白兔奶糖堆成的篮球架，请光临超市的顾客充分参与、尽情地游戏，而且投中有奖。这一活动引得无数顾客竞相参与，还有很多顾客不断从各处"慕名而来"。结果，自然是促销成绩不同凡响：大白兔奶糖销售额达到了促销前的5倍，更令人惊叹的是沃尔玛卖光了深圳所有的大白兔奶糖。如此火爆，令人羡慕。

2. 有效竞争

通过营业推广，企业向顾客提供一些特殊的优惠条件，可以有效地影响、抵御和击败竞争者。当竞争者大规模地发起促销活动时，营业推广往往是在市场竞争中抵御和反击竞争者的有效武器，如减价、试用等方式常常能增强企业经营的同类产品对顾客的吸引力，从而稳定和扩大自己的顾客队伍，抵御竞争者的介入。

3. 影响中间商

通过营业推广，可以有效地影响中间商，促进与中间商的中长期业务关系。生产企业在销售产品中同中间商保持良好关系，取得他们的合作是非常重要的。生产企业常常通过营业推广的一些形式，如折扣、馈赠等劝诱中间商更多地购买并同厂商保持稳定的业务关系，从而有利于双方的中长期合作。

(三) 营业推广的特点

营业推广具有以下特点（如图9-14所示）：

图9-14 营业推广的特点

1. 促销效果显著

营业推广可运用多种促销工具。一般说来，只要能选择合理的营业推广方式，就会很快地收到明显的促销效果，而不像广告和公共关系那样需要一段较长的时期才能见效。因此，营业推广适合在一定时期、一定任务的短期性的促销活动中使用。

2. 辅助性促销方式

人员推销、广告和公共关系都是常规性的促销方式，而多数销售促销方式则是非正规性和非经常性的，只是它们的补充方式。使用营业推广方式开展促销活动，虽能在短期内取得明显的效果，但它一般不能单独使用，常配合其他促销方式使用。营业推广的运用能使与其配合的促销方式更好地发挥作用。

3. 有贬低产品之意

营业推广方式能打破消费者需求动机的衰变和购买行为的惰性。但这种做法也常被顾客认为卖者有急于抛售的意图。若频繁使用或使用不当，往往会引起顾客对产品质量、价格产生怀疑。因此，企业在开展营业推广活动时，要注意选择恰当的方式和时机。

二、营业推广的方式

营业推广的方式有很多，大致可以分为三类（如图9-15所示）：

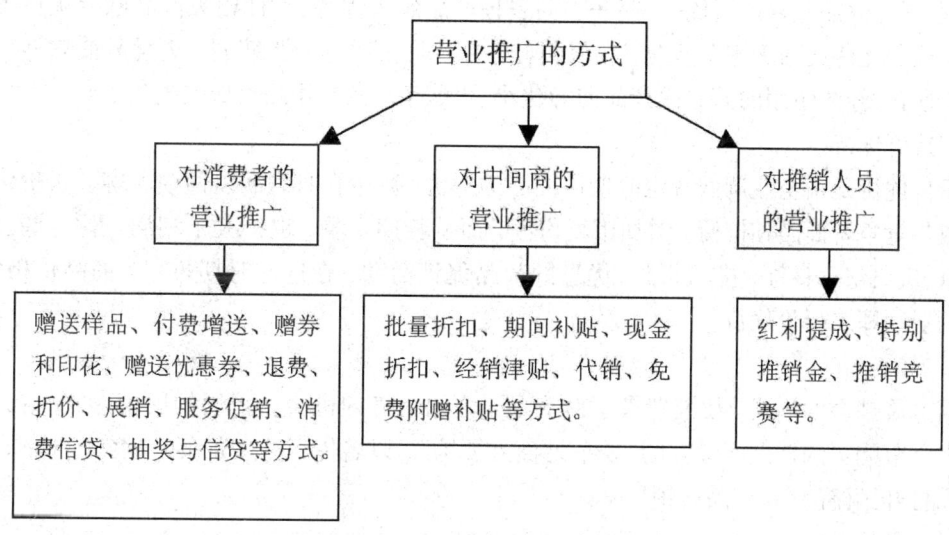

图9-15 营业推广的方式

（一）对消费者的营业推广方式

对消费者的营业推广常见的有以下几种方式：

1. 赠送样品

赠送样品是指企业免费向顾客发送样品，供其试用。此法适用于新产品推广阶段。一般按发送样品的不同方式，主要可分为：直接邮寄、逐户分送、定点分送及展示、媒体分送、联合发送、选择发送等形式。

2. 付费赠送

付费赠送是指企业为吸引顾客而采取的只要顾客购买某种商品，或购买商品达到一定数额，便提供赠品的部分费用，顾客即可获得赠品的营业推广方式。例如，某超市，"凡单张购物小票满38元，加1元，即可获得护手霜一支。"

3. 赠券或印花

当顾客购买某一商品时,企业给予一定张数的交易赠券或印花,顾客将赠券或印花积累到一定数额时,可到指定地点换取这种商品、赠品或奖金。赠券或印花的实施,可以刺激消费者大量购买本企业的产品,扩大企业的市场占有率。但对小批量购买的顾客来说,吸引力不大。

4. 赠送优惠券

企业送给顾客的一种购物券,顾客凭此券购买某特定商品时,可享受价格优惠。一般来说,优惠券的持有者通常是对企业有直接或间接贡献的消费者,或社会影响较大、与企业业务关系密切的长期客户,也有一部分是企业要争取的新顾客。无论是老顾客还是新顾客,享受折扣都是有吸引力的。

5. 退费优待

企业根据顾客提供的购买某种商品的购物凭证,给予一定退费。退费优待有单一商品购买优待、同一商品重复购买优待、同一厂商多种产品购买优待、几种相关商品联合优待等几种形式。退费优待适用于各个行业,效果明显,尤其是在通货膨胀期间,更是颇受欢迎。不过高度个性化、经久耐用的商品比产品差异化小、再购率高的常用品反应要差一点。

6. 折价优待

折价优待是指企业调低特定时期内商品的售价,减少自身利润以回馈顾客。折价优待可以有效与竞争者商品相抗衡,增加市场份额,而从长期来看,也扩大了利润。像一些公司利用节日、庆典纪念日等,推出折价、优惠的商品促销活动,在这一时期过后,商品价格复原。这样的活动即属折价优待。

7. 展销

通过展销会的形式,使消费者了解商品,增加销售的机会。常用的展销形式有:为适应消费者季节购买的特点而举办的"季节性商品展销",以名优产品为龙头的"名优产品展",为新产品打开销路的"新产品展销"等。

8. 服务促销

通过周到的服务使顾客得到实惠,在相互信任的基础上长期开展交易。服务促销的形式多种多样,有售前、售中、售后服务,培训服务,维修服务,保险服务,订购服务,邮寄服务等。

9. 消费信贷

通过赊销等方式向消费者推销商品。采用这种方式,消费者不用支付现金即可购买商品。消费信贷的形式有分期付款、信用卡、房屋按揭等。

10. 抽奖与竞赛

这是企业以特定奖品为诱因,吸引消费者积极参与购买以期中奖的一种营业推广活动。竞赛与抽奖促销效果明显,因为它能给消费者提供一些获得惊喜奖品和收入的机会,比如出国旅游、耐用品、名贵汽车等,非常诱人。在我国20世纪90年代,"巨奖销售"之风曾风靡工厂、商店、金融界各个领域,但是我国的抽奖与竞赛因法律和制度上不完善,还存在许多问题,影响促销效果。今后,随着其使用方式的改进,可以吸引更多的顾客,将会被更多的企业所采用。

（二）对中间商的营业推广形式

对中间商的营业推广形式，主要有以下几种：

1. 批量折扣

批量折扣是指中间商购货达到一定数量时，按计划金额给予一定的折扣。其基本形式有两种：①明码标价。即按照购买批量分段标明价格，或者标明折扣率，购买批量越大，折扣率越大。②只标明零售价格和靠顾客批量购买可以优惠，在交易谈判中根据实际情况灵活掌握批量与折扣之间比例。

2. 期间补贴

期间补贴是指限制在一定期间内，凭发票享受扣抵补贴。此促销优待着重于进货期间，不管数量。凡是在规定期间内，均可凭发票获得补贴。它可以刺激中间商提前进货以控制预期可能的竞争品牌的折价促销。有时供应商还可说服中间商在折价期间降价优待消费者，但有时也会造成中间商借机囤货，利用折价优待大量进货，以后再按原价销售获取丰厚利润。

3. 现金折扣

现金折扣是指在商业信用和消费信贷普遍使用的市场上，企业为鼓励顾客用现金购货，对现金购货的顾客给予一定的折扣。在正常的情况下，企业应该预测折扣率与资金周转速度、折扣率与利息支出变动的比例关系，寻找盈亏均衡点，在此基础上确定现金折扣率。

4. 经销津贴

经销津贴是指为促进中间商增购本企业产品，鼓励其对购进产品开展促销活动，给中间商一定的津贴。主要包括：新产品津贴、清货津贴、广告津贴、单独货架津贴、大批展示津贴、降价津贴等。

5. 代销

企业的任何商品都可以代销，其中对新产品、进行市场渗透的产品、企业滞销产品的代销业务对企业利益最大。代销的基本形式有两种：一是企业寻找合适的代理商，促进商品销售，企业付给代理商手续费或佣金。二是企业委托经销商开展本企业产品销售的代理业务，商品销售之后，企业留给经销商一定的手续费。

6. 免费附赠补贴

免费附赠补贴是指企业为优待中间商进货达到一定数量，而加赠"免费"产品。最常见的如买一箱送一个。免费附赠补贴有两种基本形式：一是有时间限制，不过通常不限于一次的订购，只要是在一定时间内，都可累计以获优待。二是没有时间限制，即凡是订购的产品总计达到一定数量，即使时间相距很长，也可获得附赠补贴。免费附赠补贴可以激励中间商多购，因为多买多送，获赠越多，赠品出售的利润就越多。

此外，对中间商的营业推广形式还有联营促销、特许经销等。

（三）对推销人员的营业推广形式

对推销人员的营业推广的主要形式有：

1. 红利提成

红利提成的做法主要有两种：一是推销人员的固定工资不变，在一定时间内，通常是季末或年度终了，从企业的销售利润中提取一定比例的金额作为奖励发给推销人员。二是推销人员没有固定工资，每达成一笔交易，推销人员按销售利润的多少提取一定比例的金额，销售利润愈大，提取的百分比率也愈大。

2. 特别推销金

企业给予推销人员一定的金钱、礼品或本企业的产品，以鼓励其努力推销本企业的产品。

3. 推销竞赛

推销竞赛内容包括推销数额、推销费用、市场渗透、推销服务等，规定奖励的级别、比例与奖金（品）的数额，用以鼓励推销人员。对成绩优异、贡献突出者，给予现金、旅游、奖品、休假、提级晋升、精神奖励等。

三、营业推广方法的合理运用

营业推广方法的合理运用的关键在于营业推广的管理。一个公司在运用营业推广策略时，必须确定目标，选择工具，制订方案，预试方案，实施和控制方案，并评价结果。

（一）确定促销目标

营业推广的具体目标一定要根据目标市场类型的变化而变化。就消费者而言，目标包括鼓励消费者更多地使用商品和促其大批量购买，争取未使用者试用，吸引竞争者品牌的使用者等。就零售商而言，目标包括吸引零售商经营新的商品品种和维持较高水平的存货，抵消竞争性的促销影响，建立零售商的品牌忠诚和获得进入新的零售网点的机会。

（二）选择促销工具

不同的促销工具可用以实现促销目标。促销计划者应该把市场的类型、促销目标、竞争情况以及每一种促销工具的成本效益考虑进去。

（三）制定营业推广方案

营销者在制定营业推广方案时，要考虑几个因素。首先，他们必须确定所提供刺激的大小，较高的刺激程度会产生较高的销售反应，但其增加几率却是递减的。第二，必须制定参与条件。如赠品可以仅仅提供给那些递交过或盖过购买证明章的消费者。第三，营销者还必须决定促销的持续时间。如果营业推广的时间太短，许多顾客就不可能尝到甜头，因为他们可能来不及再次购买。如果持续的时间太长，交易优待则会失去其"当时发挥作用"的效力。第四，营销者必须选择一个分发的途径。如放在包装内，在商店里分发，邮寄或附在广告媒体上。每一种分发方法的到达率、成本和影响不同。第五，要决定促销时机。最后，要确定促销总预算。

（四）预试营业推广方案

营业推广方案是在经验的基础上制定的，需要经过预试以求明确所选用的工具是否适当，刺激的规模是否最佳，实施的方法效率如何。例如，企业可邀请消费者对几种不同的可能的优惠办法做出评价等，也可以在有限的地区范围内进行适用性测试。

（五）实施和控制营业推广方案

营销者必须对每一项促销工作确定实施和控制计划。实施计划必须包括前置时间和销售延续时间。前置时间包括开始实施这种方案前所必需的准备时间，而销售延续时间是指从开始实施优待办法起到大约95%的采取此优待办法的商品已经在消费者手里的结果为止的时间。

(六)评价营业推广结果

促销结果的评价是至关重要的。通常企业可采用三种方法对营业推广的效果进行衡量,即销售数据、消费者调查和实验。最普通的方法是分析促销前、促销中和促销后的销售数据。假如需要更多的信息,则可用消费者调查去了解多少人记得这次促销,他们的看法如何,以及这次促销对于他们随后选择品牌行为的影响程度。营业推广也可以通过实验加以评估,这些实验可随着促销措施的属性如刺激价值、促销期间长短和分销中介等的不同而各异。

在评估各种营业推广效果的同时,还应注意其他可能的成本和问题。如:因为更多的消费者会形成重视优待的倾向而不是重视广告的倾向;促销费用实际上要比估计的更为昂贵,因为一部分促销费不可避免地落入了非目标消费者手中(非品牌转换者,始终更换品牌者等)。

第五节 公共关系策略

一、企业公共关系的概念、特征、职能

(一)企业公共关系的概念

公共关系(public relations)一词最早出现于美国,后迅速传入英国,并在二战后推广至欧洲大陆与亚洲。**公共关系作为重要的市场营销工具,是指企业或组织,通过有效的政策、行动和手段,内求团结合力,外求协调发展的经营管理艺术,目标是为企业或组织的发展创造最佳的社会关系环境。**它包括以下几个要点:

(1)公共关系的主体是企业或社会组织,客体是企业或组织的内外部公众。

(2)公共关系的目标是创造利于企业或社会公众的最佳的社会关系环境。

(3)公共关系是信息沟通活动,它借助信息沟通的手段来协调组织与公众的关系,因而公共关系的活动是有限度的。

(4)公共关系担负着重要的管理职能,是有计划、有目的的活动,是企业整体营销活动的重要组成部分。

(二)企业公共关系的特征

公共关系促销与其他促销手段相比有其特殊性。公关促销虽然也强调提供优良服务的重要性,有时也利用广告来扩大企业知名度,但它最主要的特点在于它是一种信誉促销。信誉是企业形象的核心或灵魂,良好的信誉和形象会对顾客产生极大的信任和吸引力,从而有助于促销。具体来说,公关促销有以下特点:

1.真实性和持久性

公共关系传播的信息,或借助于事实本身,让人耳闻目睹;或通过他人之口,比如新闻媒

介,昭告天下。事实胜于雄辩,公共关系可以巧妙避开人员推销、广告等手段"自卖自夸"之嫌,突破公众及顾客的防范、戒备心理,能够深入人心,因此,效果持久。如上海新华笔厂了解到一顾客的"永生"金笔落井十五年还完好无损,便利用新闻媒体大作文章,使"永生"笔畅销不衰。

2. 新颖性和独特性

在现代社会,人员促销的手段层出不穷,广告战更是激烈,这些商业"喧嚣"不仅难以引起公众注意,而且经常惹人反感。公关促销手段却别出心裁,不是直接劝诱购买,而是以新闻或其他活动传播信息,经常把"文章"做在社会和公众关心瞩目的焦点问题上,新颖独特又富于戏剧性,容易吸引视听。如生产"龟鳖丸"的海南养生堂曾组织江苏南京消费者代表到企业生产基地,现场参观"龟鳖"的养殖和产品的制作过程,通过消费者的亲身感受宣传企业和产品,方式独特,引起了新闻媒体和消费者的广泛关注。

3. 间接、能动性

公关促销具有间接性。即使面对消费者,也不是直接推销产品,而是通过"推销企业"来推销企业的所有产品。当然,为了树立企业的良好形象,公关促销也要涉及到琐碎的事务、具体的产品、个别消费者等等。另外,公关促销并不只是在既定的环境下把产品推销出去,而往往要改变环境,使之更适合企业的发展,更容易推销产品,因而具有能动性。如著名营销大师菲利普·科特勒举了一例:假设美国某家用电器公司想进入日本市场,但日本实行贸易保护,设下了层层壁垒,这家公司就要运用"政治力量"和"公共关系"去改善日本的销售环境。这家公司必须通过美国政府给日本政府施加压力,说服日本政府取消贸易壁垒,打开日本市场的大门;还必须开展公关活动,向日本政府官员疏通、游说,以及向日本人民群众宣传说明情况,争取他们的支持。

(三)公共关系的职能

一般说来,企业公共关系的目标是促使公众了解企业形象,通过企业与公众的双向沟通,改善或转变公众态度。公共关系作为一门经营管理的艺术,其职能主要表现在以下四个方面(如图9-16所示):

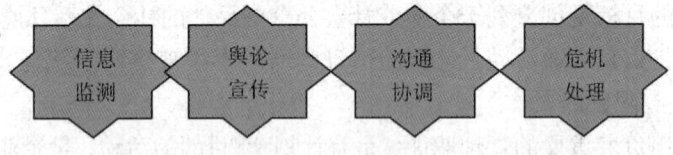

图9-16 公共关系的职能

1. 信息监测

公共关系所需监测的信息范围很广,归纳起来主要有两大类,即产品形象信息与企业形象信息。产品形象信息包括公众特别是用户对于产品价格、质量、性能、用途等方面的反映,对于该产品优点、缺点的评价以及如何改进等方面的建议。企业形象信息则包括公众对本企业组织机构的评价,如机构是否健全、办事效率如何等;公众对企业管理水平的评价,如对经营决策和营销管理的评价等;公众对企业人员素质的评价,如对决策者的战略眼光、决策能力、创新精神及员工的专业化水准及敬业精神等方面的评价;公众对企业服务质量的评价,如对服务态度、服务质量及责任感等方面的评价。根据上述动态信息的监测结果,企业公共关系人员应及时就相关问题进行评估和分析,并将信息反馈到决策层,以便进行相应的协调和控制,从而改进产品质量或管理水平。

2. 舆论宣传

公共关系作为沟通与促销组合因素之一,在刺激目标受众对企业产品或服务的需求、改善形象、提高知名度和美誉度等方面起着十分重要的作用。企业应重视通过广播、电视、报刊杂志等大众传媒的宣传,或通过策划相关的公共关系活动,来增进公众对企业或产品的正面了解,形成正面的评价。公关宣传相对广告而言,更加真实可信,更易为公众所接受,能使公众留下难忘的印象,但费用却微乎其微。

3. 沟通协调

企业是一定外部环境与内部条件综合作用的产物。对内而言,公共关系人员要尽力避免各种摩擦的产生,做好上情下达与下情上达工作,并为各职能部门之间的沟通当好"桥梁",借助情感沟通和心理认同,增强企业的凝聚力;对外而言,要积极争取公众对企业的理解和信任。一旦出现矛盾和纠纷,应设法及时进行有效的沟通,防止矛盾扩大,消除不良后果。

4. 危机处理

企业环境监测是公共关系部门的重要职能之一。信息监测工作的一个重要任务,就是通过合理的工作机制进行危机预警管理。此外,当企业遇到风险或危机事件并且足以使企业形象受到损害时,公关人员应该及时应变,妥善处理危机。在查清事情原因的前提下,区别对待。这里有两种可能的情形:一是对公众的误解或他人的蓄意陷害。对此要利用大众传媒进行必要的、充分的解释。公关人员不应该采取与公众对立的粗暴态度,而应以事实说话,帮助公众认清事实,必要时可借助行政或法律手段来保护企业形象和利益。二是确因企业自身过失危害了公众利益。对此公关人员应实事求是,主动承担责任,并应尽早将处理结果和改进措施公之于众,以显示企业的诚意,获得公众的谅解,使恶劣影响减小到最低限度,帮助企业重振声誉。

二、公共关系活动的方式

企业开展公共关系的活动方式有很多种,这与企业的规模、活动范围、产品类别、市场性质等密切相关,常见的主要有以下几种(如图9-17所示):

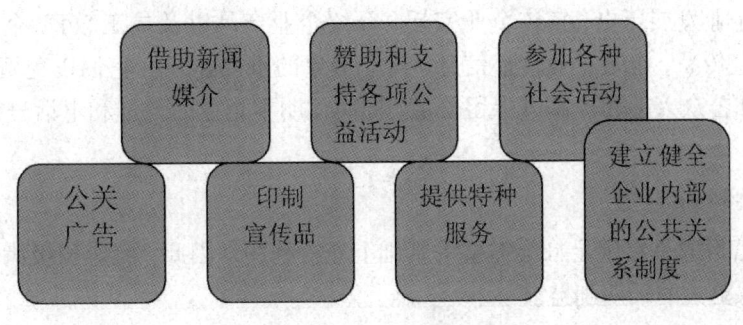

图9-17 公共关系的活动方式

(一)借助新闻媒介

新闻媒介一般指以报纸、杂志、广播和电视为主的新闻传播工具。新闻媒介面向社会,涉及范围广、影响大,能够支配社会舆论,引导公众意见,因而具有很强的说服力。因此,企业应当争取一切机会和新闻界建立联系,及时将具有新闻价值的信息提供给这些新闻媒介,扩大企业在消费者中的影响,加深顾客印象。

(二)赞助和支持各项公益活动

作为社会的一员,企业有义务支持各项公益活动,如赞助节日庆典、基金捐献等。这些活动往往为万众瞩目,各种新闻媒介会进行广泛的报道,企业能从中得到特殊的利益,建立一心为大众服务的形象。但在实践中,企业应注意自己的能力限度,以及活动的互惠性。

(三)参加各种社会活动

企业通过举办新闻发布会、展销会、看样订货会、博览会等各种社会活动,向公众进行市场宣传,推荐产品,介绍知识,以获得公众的了解和支持,提高他们对企业产品的兴趣和信心。

(四)公关广告

公关广告即企业为形成某种进步的具有积极意义的社会风气或宣传某种新观念而做的广告。如企业对过度吸烟、饮酒危害健康以及勤俭节约、遵守交通秩序等社会风尚的宣传均属此列。公关广告在客观效果上,能够有效地扩大企业的知名度和美誉度,树立企业关心社会公益事业的良好形象。

> **专家提示:**
> 公关广告与商业广告的区别在于:它是以宣传介绍企业的整体形象为内容,而不仅仅是宣传介绍企业的产品或劳务;它是以提高企业的知名度和美誉度为目的,而不仅仅是为了扩大销售;它是追求一种久远的、战略性的宣传效应,而不是像一般商业广告要求取得直接的、可度量的传播效果。

(五)印制宣传品

编辑介绍企业发展历史,宣传企业宗旨,介绍企业产品以及员工教育、企业经营现状及动态等内容的宣传品,也是企业传播信息,树立形象的重要途径。它们以免费赠送为主,印刷精美,以增加公众兴趣和提高其保留价值,同时注明本企业的地址和电话号码、邮编等,以方便随时联系。

(六)提供特种服务

企业的经营目的是在满足社会需要的基础上获得利润。因此,就应积极满足顾客的各种特殊需要,争取更大的长期利益。

(七)建立健全企业内部的公共关系制度

企业应当关心职工的福利,鼓励和肯定他们的工作积极性和创造性。要开展针对职工家属等的公共关系活动,密切与社会各界的联系。

三、公关促销的主要步骤

(一) 公共关系调查

公共关系调查是公共关系工作的第一步,是开展公共关系工作的基础和起点。通过调查可以掌握和了解社会组织的公关状态,历史与现状、内部与外部的全貌,并占有与之相关的材料,进行分析、综合和推理,提出解决问题的思路和方法。通过调查,可以起到了解形势、反馈信息、制定政策、沟通观点、监测环境、调解纠纷的作用,例如通过市场调查可了解关于公众对某产品或服务的态度、偏好、动机等,以帮助组织发动和策划切合实际的公共关系活动。同时,公共关系调查工作还可以及时发现问题,减少制定决策过程中的不确定因素。公共关系调查内容广泛,主要包括:组织自身状况调查、公众调查、环境调查方面的内容。

(二) 确定促销目标

企业的公关活动,有多种活动目标,在通常情况下有以下几种:

1. 新产品上市前,为让消费者和中间商对新产品有足够的了解,提高知名度,扩大声誉。
2. 企业转产时,改变自身形象,以适应新产品,争取得到广大消费者的认可和赞同,促进销售。
3. 提高投资者的投资信心和兴趣,以吸引更多的支持者和投资人。
4. 企业的意图受到误解时,为与消费者沟通,让公众了解企业,常会采用公关活动。
5. 企业的产品或服务经营造成不良后果时,立即向新闻媒体、有关部门解释原因,说明企业的补救措施,对公众表示企业一定会承担责任的诚意。
6. 让政府有关部门和人士了解企业,争取社会各界尤其是政府部门和一些名流人士的支持。
7. 加强同新闻界的沟通,改善与媒体间的关系。
8. 赞助公益事业,宣传已做出的公益贡献,增加公众对企业的了解和好感。
9. 利用企业纪念庆典、扩展、新产品开发等时机,举办得体适宜的公关活动,扩大企业影响,提高企业知名度。

(三) 公共关系计划

公共关系计划是组织为实现形象战略目标和获得公共关系活动成功而事先进行的有科学程序的谋划、构思和设计最佳方案的过程。公共关系计划,是在公共关系调研工作的基础上所展开的对未来公共关系工作的设计蓝图。公共关系计划将所确定的公共关系问题和发现的公共关系机会纳入如何解决的构思或谋划过程,从而为下一步的公共关系行动确定成功目标和途径。

确立了公共关系计划以后,还需要将公共关系的计划和方案付诸实施,为组织塑造、推销良好的社会形象。为确保公共关系实施的效果最佳,正确地选择公共关系媒介和确定公共关系的活动方式是十分必要的。公关媒介应依据公共关系工作的目标、要求、对象和传播内容以及经济条件来选择;确定公关的活动方式时,宜根据企业的自身特点、不同发展阶段、不同的公众对象和不同的公关任务来选择最适合、最有效的活动方式。

(四)公共关系效果评估

公共关系效果评估,对公关活动的每一个环节都起着控制作用。通过评估公共关系活动的效果,在肯定成绩的同时发现新的问题,以便不断调整组织的公关目标、公关政策和公关行为,使组织的公共关系工作成为有计划的持续的过程。

公共关系活动很难精确测量。概括地说,公关评价的指标包括以下几个方面:一是信息传播频率。衡量公共关系效果的最简易的方法是计算企业出现在媒体上的信息传播次数。发送信息的数量是公关效果评价的基础性信息,这通常可以从公关活动实施记录中精确地得到,如提供有关纸质媒体的报道版面和读者构成,电波媒体的传播时段,以及受众群体的分析报告等。二是受众反响。重点是通过调研,分析由公共关系活动而引起的公众对企业或产品的知名度、理解和态度方面的前后变化水平。三是假定在其他促销策略(广告、营业推广等)基本不变的情况下,尽可能估算公关对公众行为产生的影响,包括对销售额和利润产生的积极促进作用。

【复习思考题】

一、名词解释
1.促销   2.促销组合   3、广告   4、营业推广   5、公共关系

二、判断题
(　)1.促销的实质是引起消费者的注意与兴趣,激发其购买欲望,促成其购买行为。
(　)2.不同性质的产品,市场需求特点不同,但采用的促销策略应该是相同的。
(　)3.广告传播的内容是商品、劳务、观念或形象。广告是需要支付费用的。
(　)4.人员推销可以实现双向的信息沟通,是区别于其他促销手段的重要标志。
(　)5.企业在运用营业推广策略时,必须确定目标、选择工具、制订方案、预试方案、实施和控制方案,并评价结果。
(　)6.公共关系本身是指企业与它相关的社会公众之间的联系,个人之间的所谓人际关系同样属于公共关系的范畴。

三、单选题
1.促销的目的是引发刺激消费者产生_____。
A.购买行为   B.购买兴趣   C.购买决定   D.购买倾向
2.一般日常生活用品,适合于选择_____媒介做广告。
A.人员   B.专业杂志   C.电视   D.公共关系
3.下列各因素中,不属于人员推销基本要素的是_____。
A.推销人员   B.推销品   C.推销条件   D.推销对象
4.人员推销活动的主体是_____。
A.推销市场   B.推销品   C.推销人员   D.推销条件
5.营业推广是一种_____的促销方式。
A.常规性   B.辅助性   C.经常性   D.连续性

6. 公共关系是一项_____的促销方式。
A. 一次性　　B. 偶然　　C. 短期　　D. 长期

四、回答问题
1. 促销的作用主要有哪几方面？
2. 影响促销组合的主要因素有哪些？
3. 影响选择广告媒体的因素有哪些？
4. 人员推销的功能有哪些？
5. 对消费者的营业推广常见方式有哪几种？
6. 公共关系的活动方式有哪些？

五、案例分析
可口可乐公司在法国市场的"生死战"

可口可乐公司在上世纪20年代以前的业务范围还仅限于北美地区。1930年专门负责总公司海外业务的可口可乐出口有限公司的成立，以及浓缩液制作技术的采用，使可口可乐公司有可能大力发展海外业务，开拓国际市场，开展国际市场营销活动。

"二战"以后，可口可乐公司决定拓展法国业务，并打算在马赛建立生产浓缩液的新厂。为此，公司同当地企业界签订了装瓶特许权协议，并拨出大笔广告费，计划在几年内使每一位法国人每年享用6瓶可口可乐。然而，这项计划在一开始就受到来自各方面的阻力。

法共的《人道报》指责这一计划是对法国的经济侵略，它将导致法国的"可口可乐化"，并可能导致法国国际收支的严重失衡；法国饮料业界，如葡萄酒、果汁、矿泉水、啤酒等饮料行业因担心可口可乐会威胁他们的利润而纷纷指责可口可乐危害公众健康和国内工业发展；政府内部，对可口可乐公司的市场推广计划也存在着反对意见，法国海关、农业部和卫生部都指责可口可乐含有人工加入的过量咖啡因，对人体健康有害，财政部则借口这一计划可能会给法美贸易收支问题带来灾难而禁止可口可乐在法国经营。在各种力量的压迫下，法国政府于1950年2月拒绝了可口可乐公司借道摩洛哥运送一批浓缩液去法国的申请。

面对"整体上反美的"法国人，可口可乐公司并没有退缩，而是经过周密细致的分析，重新制订了开拓法国市场的计划：即一方面继续实施在产品策略、价格策略、渠道策略和促销策略等方面的各项计划，另一方面，它们决定把公共关系策略和国家政治权力运用到这次开拓国际市场活动中来，对这种"整体上反美的"情绪给予有力地回击。

首先，可口可乐公司积极在法国开展公关活动，争取各有关方面的理解和支持。它们雇佣了大量的当地法律和科学专家，利用他们在法国政界，尤其是在总统办公室和公共卫生机关的各种关系，将自己的主要观点以备忘录的形式递交给有关部门和议会议员，以求得他们的理解和支持。备忘录强调：可口可乐公司在76个国家享有自由销售权，调查证实，可口可乐符合健康法规，其广告活动既非夸大其辞，又无挑衅意味，饮料产销均由法国人掌握，可口可乐不会影响传统的饮料市场。同时，公司总裁法利还拜访了法国驻美大使，进行游说活动，要求法国外交部劝说财政部和内阁取消对可口可乐的禁令。

其次，可口可乐公司还在美国国内开展各种公共关系活动，以取得美国公众和舆论的支持。它们对报界说："可口可乐并没有伤害美国士兵的健康，而正是这些美国士兵把法国从纳粹统治之下解放了出来。"他们还抱怨法国人对美国的援助并没有多少感激之情。美国报界对此事大加渲染，有的要求禁止法国葡萄酒在美国的销售以示报复；还有的甚至把这一事件看作是冷战和全球意识形态斗争的一部分，他们说："那些晦涩难懂的革命道理也许会通过一瓶伏特加或者一杯白兰地得以传播，但你绝对想象不出两个靠在饮料柜前喝可口可乐的人会举杯祝愿他们的资本家跨台。"在可口可乐公司的鼓动和美国新闻界的渲染下，可口可乐事件引起了美国公众的极大不满，许多美国公民要求取消对法国的经济援助。这样，法国驻美大使提醒巴黎，可口可乐事件将被看作是敌视美国的象征，会威胁到对法国的援助。

最后，可口可乐公司采取措施在美国政界进行活动，争取获得美国政府的支持。他们终于成功地敦促美国国务院出面干预。美国驻法大使告知皮杜尔总理，反对法国政府对美国产品采取无理的歧视行为，并就法国海关阻扰可口可乐浓缩液进口一事表示抗议。在可口可乐公司的不懈努力下，法国政府于1954年4月悄悄地取消了从摩洛哥运输浓缩液的禁令。可口可乐公司也取得了这场"生死战"的全面胜利，成功地打开了法国市场的大门。

讨论：
1. 可口可乐公司面临了怎样的市场危机？
2. 可口可乐公司采用了什么营销策略，化险为夷？
3. 此案例给你带来了哪些启示。

参考资料

[1] 兰苓,《市场营销学》,中央广播电视大学出版社,2000(1)
[2] 吴勇、车慈慧,《市场营销》,北京:高等教育出版社,2001年(1)
[3] 崔立群、苏巧娜,《推销实务》,北京:高等教育出版社,2002年(1)
[4] 陶勇、韦明:《市场营销学》北京:中国财政经济出版社2002(1)
[5] 万后芬、汤定娜、杨智,《市场营销教程》,北京:高等教育出版社,2003年(1)
[6] 张雪飞、丁浩,《成功促销技巧》,北京:中国纺织出版社,2003(1)
[7] 吕一林,《现代市场营销学》,北京:清华大学出版社,2004(1)
[8] 吴建安,《市场营销学》,北京:高等教育出版社,2004(2)
[9] 李强,《市场营销学教程》,大连:东北财经大学出版社,2004年(1)
[10] 郭国庆,《市场营销学通论》,北京:中国人民大学出版社,2005年(3)
[11] 罗农,《市场营销实训》,北京:对外经济贸易大学出版社2005(1)
[12] 李福学、许以洪等,《市场营销学》,武汉:武汉理工大学出版社,2005年(1)
[13] 唐德才,《现代市场营销学教程》,北京:清华大学出版社,2005(1)
[14] 张卫东,《市场营销理论与实训》,北京:电子工业出版社2006(1)
[15]《营销大师的9堂课》,中央编译出版社,2005(1)
[16] 龚曙明,《市场调查与预测》,北京:清华大学出版社、北京交通大学出版社,2005年(1)
[17] 马连福、吕天虹,《现代市场调查与预测》(修订第二版),北京:首都经济贸易大学出版社,2005年(2)
[18] 李桂荣等,《市场调查与预测》,北京:经济管理出版社.2004年(1)
[19] 何立居,《市场营销理论与实务》,北京:机械工业出版社.2004年(1)
[20] 王方,《市场营销原理与实务》,大连.东北财经大学出版社.2005年(1)
[21] 任天飞,《市场营销案例评析》,长沙:国防科技大学出版社.2004年(1)
[22] 孙喜林、荣晓华、越红利等,《营销心理学》,大连:东北财经大学出版社.2005年(1)
[23] 罗子明,《消费者心理学》,北京:清华大学出版社,2002年(2)
[24] 乔娟、李小北、乔颖丽,《市场营销学》,北京:中国农业出版社,2005年(1)

读者反馈意见

亲爱的读者：

感谢您对《市场营销学》的支持和热爱，为了今后为您提供更好的服务，请您抽出宝贵的时间来填写下面意见反馈表，以便我们更好地对本教材做进一步的改进，同时如果您在使用本教材的过程中遇到了什么问题，或者有什么好的建议，也请您来信、来电告诉我们。

地址：北京市丰台区科学城南极星大厦 108 室
电话：010 – 83795649 / 83794403 / 83794590
电子邮箱：caikai6223@263.net
网址：WWW. KFHWH. N　　　QQ：649319527　QQ：1694299827

教材名称：《市场营销学》
个人资料：
姓名：_____ 年龄：_____ 所在院校/专业_____
文化程度：_____ 通讯地址：_____
联系电话：_____ 电子信箱：_____
您使用本书是作为： □指定教材 □选用教材 □辅导教材
您对封面设计的满意度：
□很满意 □满意 □一般 □不满意 □改进建议_____
您对本书印刷质量的满意度：
□很满意 □满意 □一般 □不满意 □改进建议_____
您对本书的总体满意度：
从语言质量角度看 □很满意 □满意 □一般 □不满意 □
从科技含量角度看 □很满意 □满意 □一般 □不满意 □
本书最令您满意的是：
□指导明确 □内容充实 □讲解详尽 □实例丰富
您认为本书在哪些地方应进行修改？（可附页）
_____
_____

您希望本书在哪些方面可进行改进？（可附页）
_____
_____